出雲・松江
石見銀山・境港・鳥取

MAP

付録 街歩き地図

出雲・松江
石見銀山・境港・鳥取

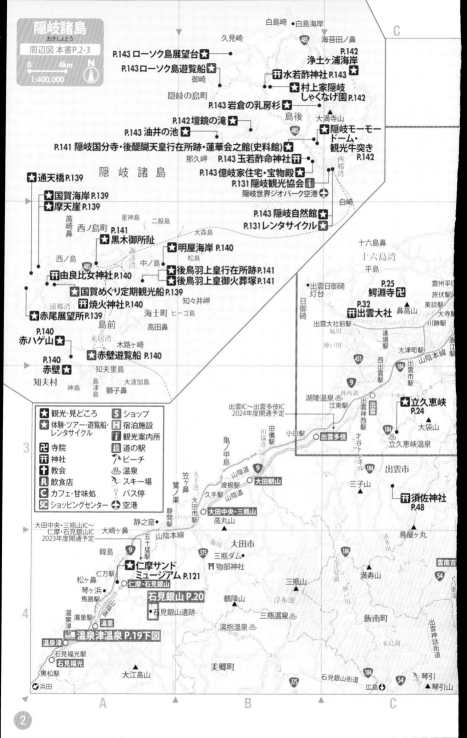

隠岐諸島
おきしょとう

周辺図 本書P.2-3

0　　4km
1:400,000

白島崎　白島海岸

久見崎

海苔田ノ鼻

485

P.143 ローソク島展望台 ★　　　　　　　　　P.142
P.143 ローソク島遊覧船 ★　　　　　　　浄土ヶ浦海岸
御崎　　　　　　　　　卍 水若酢神社 P.143

隠岐の島町　　　　　　　★ 村上家隠岐
しゃくなげ園 P.142

P.143 岩倉の乳房杉 ★

P.142 壇鏡の滝 ★　　　　　　　島後　　大満寺山 ▲

P.143 油井の池 ★　　　　　　　　　　　　★ 隠岐モーモー
ドーム・
P.141 隠岐国分寺・後醍醐天皇行在所跡・蓮華会之館(史料館) ★　　観光牛突き
P.142

那久岬　　　　P.143 玉若酢命神社 卍　西郷湾
★ 通天橋 P.139　　　　　　　P.143 億岐家住宅・宝物殿 ★

隠　岐　諸　島　　P.143 隠岐観光協会 ℹ️

★ 国賀海岸 P.139　　　　隠岐世界ジオパーク空港 ✈️
★ 摩天崖 P.139

高崎山 ▲　西ノ島町　　星神島　二股島　　　白崎
P.141　　　　　　　　　　　　　　　　　P.143 隠岐自然館 ★
★ 黒木御所阯　　大森島　P.131 レンタサイクル ★

西ノ島 485　　　★ 明屋海岸 P.140
諏訪湾　松島
西ノ島　　　中ノ島　★ 後鳥羽上皇行在所跡 P.141
卍 由良比女神社 P.140　　　★ 後鳥羽上皇御火葬塚 P.141

★ 国賀めぐり定期観光船 P.139
浦郷湾　　　★ 焼火神社 P.140　　知々井岬
★ 赤尾展望所 P.139　　島前　海士町 ヒーゴ島

P.140　　　　高田鼻 ▲
赤ハゲ山 ★　来居湾

P.140　木路ヶ崎
★ 赤壁遊覧船 P.140
赤壁 ★　　知夫里島

知夫村　神島　大波加島
島津島　獅子島 ▲

十六島鼻
十六島湾
平島

出雲日御碕　　　　雲州平田
灯台　　　　　　　旅伏駅

P.25
鰐淵寺 卍

出雲大社前駅　P.32
出雲大社 卍　鼻高山 ▲　大社駅
堀川　　　　　　遙堪駅
神戸川

出雲市駅
山陰本線
431　西出雲駅　　　大津町駅

出雲IC～出雲多伎IC　　　湖陵温泉♨️　江南駅　　才谷トンネル
2024年度開通予定

184
出雲　出雲神西駅

★ 立久恵峡
P.24

田儀駅　　　　　　　　　　　　大袋山 ▲

亀ノ甲駅　　　小田駅　出雲多伎　立久恵峡温泉♨️

久手港　山陰道　9　　　　　　　　　　　出雲市

凡例

★ 観光・見どころ	S ショップ
★ 体験・ツアー・遊覧船・ レンタサイクル	🛏️ 宿泊施設
卍 寺院	ℹ️ 観光案内所
卍 神社	🅿️ 道の駅
🕇 教会	🏖️ ビーチ
R 飲食店	♨️ 温泉
カフェ・甘味処	⛷️ スキー場
SC ショッピングセンター	🚌 バス停
	✈️ 空港

笠ヶ鼻　　　　　　　　　　　　三子山 ▲

鷺ヶ巣　　　山陰道　9
静間鼻　　　波根駅　山陰道　大田朝山 ▲
静静ヶ窓　静間駅　久手駅　山陰本線

大田中央・三瓶IC～　　大田市駅
仁摩・石見銀山IC　　高丸山 ▲
2023年度開通予定　　🅿️ 大田中央・三瓶山 ★

大崎ヶ鼻　　山陰本線　卍 須佐神社
韓島　　　　五十猛駅　　　　　　　P.48

大田市

仁万駅　仁摩・石見銀山IC　三瓶ダム　鳥屋ヶ丸 ▲
松ヶ浦　🅿️ 仁摩サンド　物部神社 卍
ミュージアム P.121
琴ヶ浜　仁摩・石見銀山　三瓶山 ▲
馬路駅　　石見銀山 P.20　　　　満寿山 ▲
温泉津IC　石見銀山遺跡　鶴降山 ▲　浮布池

温泉津　湯里駅　　　　　　　三瓶温泉♨️　飯南町
仁摩・温泉津道路
温泉津温泉 P.19下図
温泉津温泉 ♨️　　　　　　湯抱温泉♨️

石見福光駅　　　　　　　　　　　　　　　美郷町
黒松駅

📍浜田　大江高山 ▲　　　　　　　　　375　　琴引 📍

石見銀山街道　出雲神話街道　琴引山 ▲

54　　雲南吉

志津見
ダム

8

A　　　　B　　　　C

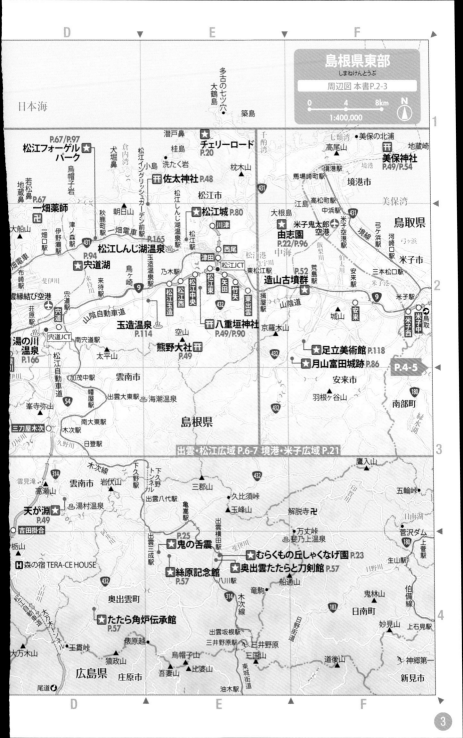

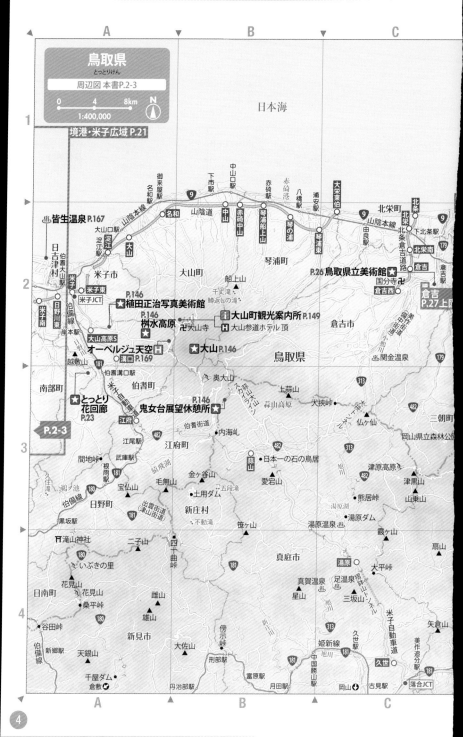

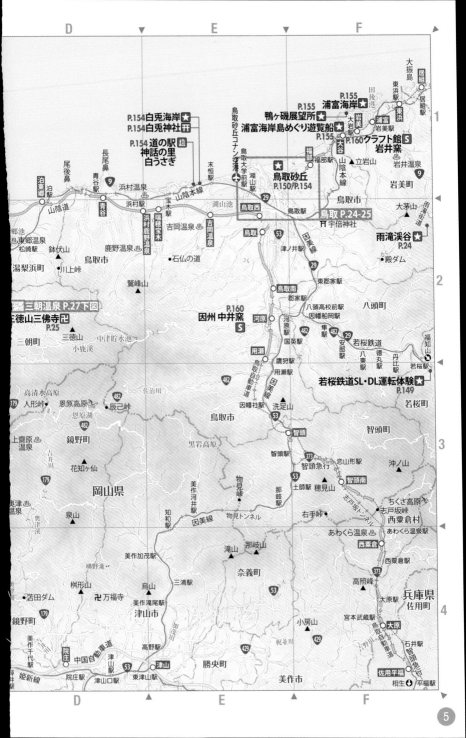

地図

D ▼ **E** ▼ **F**

大振山
居組
東浜駅
居組駅

田後港
浦浜
P.155 浦富海岸
P.155 鴨ヶ磯展望所
P.155 浦富海岸島めぐり遊覧船
岩美駅
岩美町
P.160 クラフト館
岩井窯 S
岩井温泉
立岩山
岩美町

P.154 白兎海岸 ★
P.154 白兎神社 ☖
P.154 道の駅
神話の里
白うさぎ

尾後鼻
長尾鼻
泊東郷
泊駅
青谷駅
青谷
山陰道
青谷駅
浜村温泉
浜村駅
山陰本線
末恒駅
鳥取砂丘コナン空港
鳥取大学前駅
湖山駅
福部
福部駅
山陰本線
大谷

★ 鳥取砂丘
P.150/P.154

郷池
東郷池
松崎駅
宝木駅
浜村鹿野温泉
瑞穂街道
吉岡温泉
吉岡温泉
湖山池
29
鳥取西
鳥取駅
53
鳥取 P.24-25
☖ 宇倍神社

大茅山
大神街道
雨滝渓谷 ★
P.24

湯梨浜町
川上峠
鳥取市
鹿野温泉
石仏の道
津ノ井駅
因美線
29
東郡家駅
殿ダム

鷲峰山

鳥取南
郡家駅
八頭高校前駅
因幡船岡駅
八頭町

三朝温泉 P.27下図
王徳山三佛寺 ☖
P.25
三朝町
三徳山
小鹿渓
中津野水道

P.160
因州 中井窯 S

河原
河原駅
国英駅
482
隼駅
29
安部駅
八東駅
徳丸駅
丹比駅

若桜鉄道

福知山
若桜駅

高清水高原
人形峠
179
恩原高原
恩原湖
辰己峠

用瀬
鷹狩駅
用瀬駅
鳥取自動車道
因美線
洗足山
53

若桜鉄道SL・DL運転体験 ★
P.149
若桜町

上齋原温泉
179
古井川
鏡野町

佐治川

因幡社駅

智頭
智頭駅

智頭町

奥津温泉
奥津渓

花知ヶ仙

岡山県

黒岩高原

373
智頭急行
恋山形駅
土師駅 穂見山
智頭南

沖ノ山

泉山

美作河井駅
因美線
物見峠
物見トンネル

那岐駅

右手峠

ちくさ高原
志戸坂トンネル
志戸坂峠
西粟倉村
あわくら温泉
あわくら温泉駅
西粟倉駅

知和駅

美作加茂駅

滝山

那岐山
奈義町

西粟倉

苫田ダム
鏡野町
179

桝形山
万福寺 ☖

烏山
美作滝尾駅
津山市

三浦駅

小房山

梶並川
429

53

高照峰

大原駅
兵庫県
佐用町

宮本武蔵駅
大原
鳥取自動車道
石井駅
智頭急行

院庄駅
中国自動車道
津山口駅
津山駅
姫新線
53
津山
東津山駅

高野駅
加茂川

勝央町

美作市

美作代駅
院庄

佐用平福
佐用駅
相生 平福駅

D ▲ **E** ▲ **F**

出雲・松江広域
いずも・まつえこういき

周辺図 P.2-3

0 2 4km
1:200,000
N

日本海

沖の二ツ島
若松鼻
地蔵鼻
長尾鼻

一畑薬師 P.67

大船山

一畑口

十六島鼻

出雲日御碕灯台

猪目の洞窟

十六島湾
十六島漁港
平島

P.66 木綿街道 ★
P.67 木綿街道交流館 ★
P.67 來間屋生姜糖本舗 S
P.26 RITA 出雲平田
酒持田蔵 H

園駅
湖遊館新駅駅
布崎駅

日御碕

愛宕山公園

平田船川
湯谷川
431

斐伊川

日御碕神社 P.48
高尾山

康国寺 卍

雲州平田駅

鷲峰
赤名山

P.25 鰐淵寺 卍
旅伏山 ▲

旅伏駅

出雲キルト美術館 ★
P.71

出雲大社 P.32
P.48 稲佐の浜 ★

矢尾峠

鼻高山 ▲

大寺薬師 卍

大寺駅

美談駅

五右衛門川

荘原駅

山陰本

出雲大社前駅

一畑電車大社線

高浜川
高浜駅

川跡駅

湯の川温泉 P.11下図

9

湖陵温泉

堀川

遙堪駅

出雲ドーム ●
武志駅

直江駅

出雲ロマン街道

荒神谷 ★
博物館
P.50

神戸川

浜山公園北口駅

出雲市

出雲市駅

出雲科学館

大津町駅

P.48
万九千神社 卍

斐川

武部峠 ▲
仏経山 ▲

出雲 P.8-9

431

184

P.52 西谷墳墓群史跡公園 ★
P.72 出西窯 S

加茂岩倉遺跡 ★
ガイダンス
P.51

斐伊川

出雲民藝館 ★
P.70

馬木不動尊 卍

西出雲駅

峯寺弥

出雲神西駅

出雲

山陰自動車道

船津朝山トンネル

朝山神社 卍
P.48

湖陵温泉

神西湖

しまね花の郷 ★
P.23

大田中央・三瓶山IC〜
仁摩・石見銀山IC
2023年度開通予定

184

大袋山 ▲

雲南市

54

江南駅

9

いづも大社CC
山陰本線

立久恵焼工房 S
P.73

立久恵峡 ★
P.24

立久恵峡温泉

温泉津

出雲多伎
華蔵温泉

才谷トンネル

広島

小田駅
山陰道

三

6

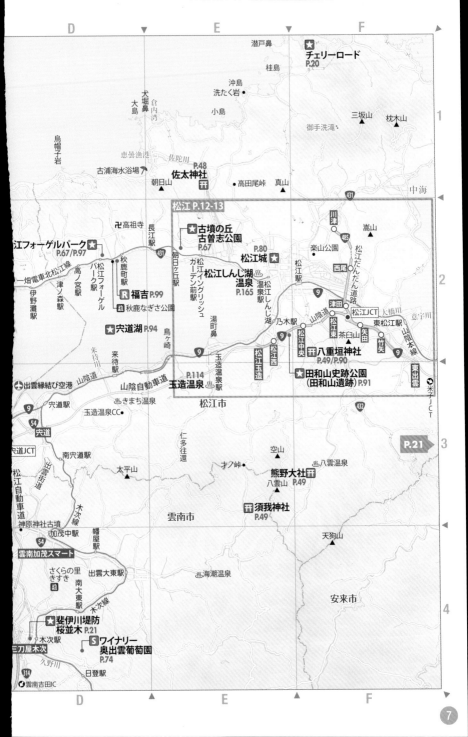

潜戸鼻

桂島

☆ チェリーロード P.20

沖島
洗たく岩 •

三坂山 ▲ 枕木山 ▲

犬堀鼻 倉内湾 大島
小島

烏帽子岩 御手洗滝 •

恵曇漁港 佐陀川 P.48
古浦海水浴場 佐太神社

朝日山 ▲ 高田尾峠 • 真山 ▲ 中海

中海

卍 高祖寺

松江 P.12-13

長江駅

431

☆ 古墳の丘 古曽志公園 P.67

川津

485 嵩山 ▲

松江だんだん道路

江フォーゲルパーク P.67/P.97 ☆

松江フォーゲルパーク駅

高ノ宮駅

秋鹿町駅

朝日ケ丘駅

松江城 P.80

松江イングリッシュガーデン前駅

桑山公園

西尾

一畑電車北松江線

津ノ森駅

R 福吉 P.99

松江しんじ湖温泉 P.165

松江しんじ湖温泉駅

松江駅

9

津田

松江JCT 大橋川

意宇川

伊野灘駅

秋鹿なぎさ公園

宍道湖 P.94

鳥ケ崎

湯町鼻

乃木駅

山陰道 松江東

東松江駅

米子JCT

出雲縁結び空港

山陰道

玉造温泉駅

玉造温泉 P.114

きまち温泉

宍道駅

玉造温泉CC •

南宍道駅

太平山 ▲

松江西

松江玉造

松江中央

八重垣神社 P.49/P.90

田和山史跡公園 (田和山遺跡) P.91

茶臼山 ▲ 矢田

竹矢

9

432

東出雲

松江市

空山 ▲ 八雲温泉

P.21

54 宍道

宍道JCT

松江自動車道

仁多往還

才ノ峠 •

熊野大社 P.49

八雲山 ▲

天狗山 ▲

南宍道駅

神原神社古墳

雲南市

須我神社 P.49

54 加茂中駅

幡屋駅

雲南加茂スマート

さくらの里きすき

出雲大東駅

南大東駅

海潮温泉

安来市

木次線

斐伊川堤防桜並木 P.21

木次駅

S ワイナリー奥出雲葡萄園 P.74

314 雲南吉田IC

日登駅

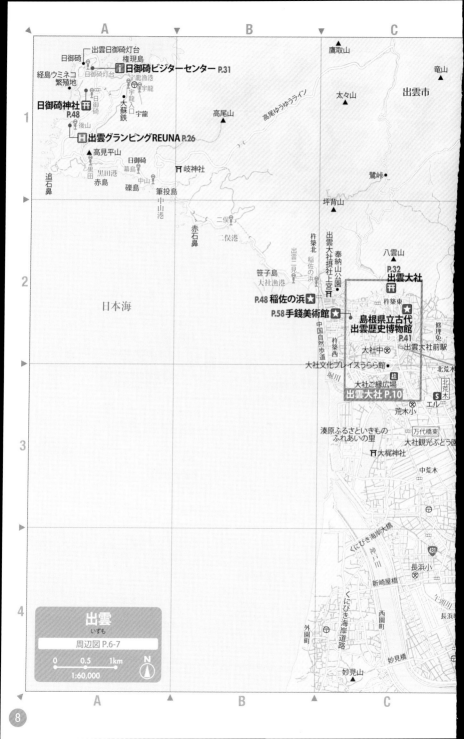

A B C

鷹取山▲

出雲日御碕灯台
日御碕
権現島
経島ウミネコ繁殖地 ● ❶ 日御碕ビジターセンター P.31
日御碕灯台
宇龍漁港
竜山▲
出雲市

高尾ゆうゆうライン

太々山▲

日御碕神社 ⛩ P.48
日御碕
大蘇鉄
宇龍鉄
宇龍
高尾山
後山
1

出雲グランピングREUNA P.26

▲高見平山
日御碕
黒田港
黒田
赤島
中山
礒島
筆投島
岐神社 ⛩
鷲峠 ●

追石鼻
中山港

坪背山▲

八雲山▲
P.32
出雲大社 ⛩

二俣
赤石鼻
二俣港
出雲二見
稲佐の浜
杵築北
泰納山公園
出雲大社摂社上宮 ⛩
杵築東

日本海
2

笹子島
大社漁港
P.48 稲佐の浜 ★
P.58 手錢美術館 ★
島根県立古代
出雲歴史博物館
P.41
出雲大社前駅
修理免

杵築西
大社中
北荒木
中国自然歩道
堀川
大社文化プレイスうらら館 ●
大社ご縁広場
出雲大社 P.10
北荒木
S 荒木
エル
荒木小

湊原ふるさといきものふれあいの里
万代橋東
大社観光ぶどう園
3

大梶神社 ⛩
中荒木

くにびき海岸大橋
神戸川
431
長浜小

新崎屋橋
くにびき海岸道路
長浜
外園町
西園町
妙見橋
4

外園町
妙見山▲

出雲
いずも

周辺図 P.6-7

0 0.5 1km
1:60,000
N

A B C

8

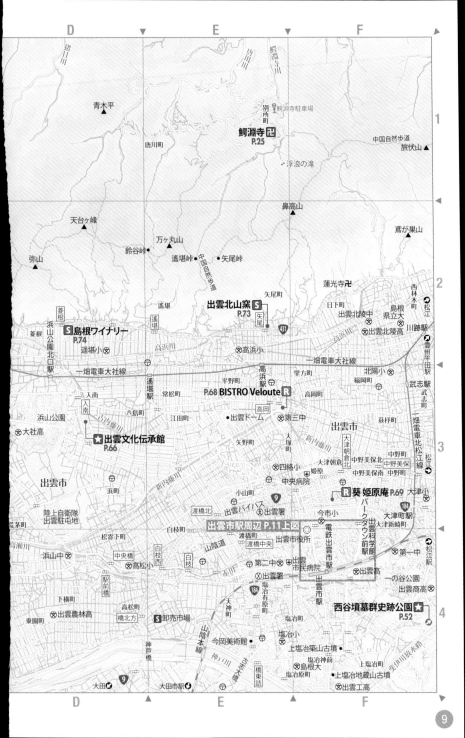

鰐淵寺 卍
P.25

青木平 ▲

別所町
鰐淵寺駐車場

中国自然歩道
旅伏山 ▲

唐川町

浮浪の滝

天台ヶ峰 ▲

鼻高山 ▲

鳶が巣山 ▲

万ヶ丸山 ▲

鈴谷峠

遙堪峠 ▲ 矢尾峠

弥山 ▲

蓮光寺 卍

中国自然歩道

矢尾町

西林木町

遙堪

矢尾峠

日下町

島根県立

出雲北山窯 S
P.73

出雲北山中
出雲北陵高

川跡駅

雲州平田駅

菱根

浜山公園北口駅

S 島根ワイナリー
P.74

高浜川

高浜小

一畑電車大社線

北陽小
福岡町

武志駅
武志町

遙堪小

431

一畑電車大社線

平野町

里方町

北陽小

一畑電車北松江線

浜山公園

一畑電車大社線

遙堪駅

常松町

江田町

高浜町

P.68 BISTRO Veloute R

高浜町

高岡町

松江駅

入南

八島町

入南

出雲ドーム

第三中

高岡

荻杼町

大社高

出雲文化伝承館
★ P.66

矢野町

出雲市

大塚町

出雲市

中野美保北
大津朝倉北

中野美保

一畑電車北松江線

松江駅

浜町

大津朝倉

中野美保南 中野町

四絡小

姫原

葵 姫原庵 P.69 R

大津小

陸上自衛隊
出雲駐屯地

小山町

中央病院

9

パークタウン
前駅館

大津町駅

出雲バイパス

出雲署

今市小

電鉄
出雲市駅

大津新崎町

荒茅町

渡橋北

出雲市駅周辺 P.11上図

出雲市役所

電鉄科学館
前駅館

第一中

松江駅

浜山瀬川

白枝下町

渡橋中央

山陰道

出雲
市民病院

一の谷公園

浜山中

松寄下町

高松小
中央橋

白枝西

第二中

出雲署

出雲高

出雲商高

下横町

白枝

新川

出雲市駅

西谷墳墓群史跡公園 ★
P.4

出雲農林高

高松町

9

塩冶有原町

塩冶小

東園町

橋北方

橋北橋

天神町

山陰本線

S 卸売市場

184

塩冶町

上塩冶築山古墳

上塩冶神前

大田 9

神芦橋

今岡美術館

島根大

塩冶原町

塩冶町

上塩冶地蔵山古墳

大田市駅

橋東詰

出雲工高

斐伊川放水路

9

出雲大社
いづもおおやしろ（いずもたいしゃ）
周辺図 P.8-9

0 100 200m
1:11,000
N

出雲大社 P.32
御本殿
神楽殿
千家国造館
拝殿
北島国造館
祖霊社 出雲大社社務所
真名井の清水
ムスビの御神像

日御碕

阿国寺（西蓮寺）

出雲大社連絡所

出雲の阿国の墓
妙行寺

島根県立古代出雲
歴史博物館 P.41

ますや

乗光寺 そば処 かねや P.61
神迎の道 P.58
手錢美術館 P.58

出雲そば 荒木屋 P.58/P.60

そば処 田中屋 P.61

大土地荒神社

神迎の道

ご縁横丁
出雲ぜんざい餅店 P.59/P.62

越峠荒木神社

正門前

古代出雲
歴史博物館前

誓願寺

大社の祝凧 高橋 P.64

ご縁横丁 P.59

くつろぎ和かふぇ
甘右衛門 P.63

勢溜の大鳥居

出雲かみしお。 P.64

神光寺

神門通り P.59

いずも縁結び本舗 北店 P.59

大社門前いづも屋 P.63

竹野屋

神門

神門

俵屋菓舗 神門店 P.65

大社健康スポーツ公園

大社小

甘味喫茶・お好み焼き みちくさ P.63

神門通り観光案内所 P.31

平和そば本店 P.61

荒神社

大社局

堀江薬局本店 艸楽 P.65

はまや土産品店 P.65

電鉄大社駅

川跡駅

赤塚荒神社

法海寺

出雲大社前駅

たけしや

一畑電車大社線

ファミリーロッジ旅籠屋
出雲大社店

出雲市大社行政センター

宇迦橋の大鳥居

大社文化プレイスうらら館

宇迦橋

吉兆館前

荒神社

吉兆館前

道の駅 大社ご縁広場 P.66

大社ご縁広場

出雲観光協会

旧沢大社駅

荒木局

旧大社駅

10

出雲市駅周辺
いずもしえきしゅうへん
周辺図 P.8-9
0　　　　100m
1:11,000
N

長田染工場 S P.71

京彩厨房 なが田 R P.69

今市小
北本町中央公園
今市東
商工会議所入口
市役所前
出雲市役所
中央通局
今市小前
184
今市
体育館前 山陰道
高瀬川
松江
上成橋
笠家旅館 H
八雲神社 慈眼寺 明顕寺
南泉寺
連紹寺
出雲本町局
本町
京町入口
くすのき広場

薬王寺
出雲まちなか美術館
駅通り四つ角
横町角
サンロードなかまち
延命寺
大念寺
武志山荘
出雲科学館パークタウン前駅
いとあん
グリーンリッチホテル 出雲 H P.169
元町通り
大念寺古墳
H
川跡駅
宍道駅
ツインリーブスホテル出雲 H P.169
今市町
エリアワン出雲
一畑電車北松江線
出雲科学館
大田市駅
駅前局
東横イン
電鉄出雲市駅
山陰本線
α-1出雲
JR出雲市駅
スーパーホテル出雲駅前
出雲前温泉らんぷの湯
出雲市駅
ビックハート出雲
駅南町(1)
観光列車「あめつち」〜天地の初発のとき〜 P.29
出雲観光協会 P.31
日吉神社前
出雲高

湯の川温泉
ゆのかわおんせん
周辺図 P.6-7
0　　　　200m
1:20,000
N

出雲縁結び空港
松江
斐川町荘原
宍道IC入口
宍道駅
荘原大橋
出雲空港入口
山陰道 9
湯の川温泉入口
湯の川温泉 湖静荘 H
新建川
湯の川
伊志見下
学頭
山陰本線
伊志見
荘原駅
湯の川温泉 松園 H
伊甚神社
宍道町
出雲市駅
松江市
諏訪神社
はらだ荘
H
清見寺
湯宿 草菴 H P.166
山陰自動車道
宍道IC
宍道JCT
出雲市
出雲空港CC
出雲いりすの丘
日本三美人の湯 湯元 湯の川 P.166
ひかわ美人の湯
斐川IC
三刀屋木次IC
松江自動車道

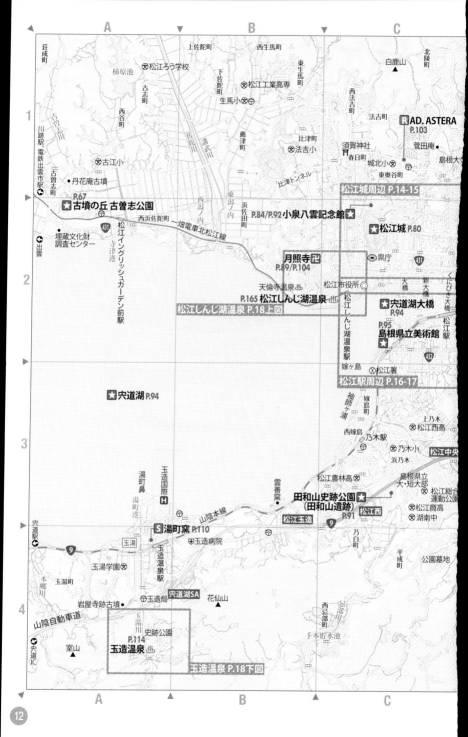

荘成町

柿原池

⊗松江ろう学校

上佐陀町

西生馬町

東生馬町

北陵町

白鹿山 ▲

古志町

西谷町

下佐陀町

⊗松江工業高専

生馬小 ⊗⊕

西法吉町

法吉町

R AD. ASTERA
P.103

P.67

⊗古江小

丹花庵古墳

1

川跡駅
電鉄出雲市駅

古志本郷町

比津町

⊗法吉小

比津トンネル

須賀神社
春日町

城北小 ⊗

東奥谷町

島根大〇

★古墳の丘古曽志公園

埋蔵文化財
調査センター

西浜佐陀町

一畑電車北松江線

松江城周辺 P.14-15

P.84/P.92 小泉八雲記念館 **★**

★松江城 P.80

〇出雲

松江イングリッシュガーデン前駅

西潟ノ内

東潟ノ内

浜佐田町

月照寺 卍
P.89/P.104

◉県庁

431

2

天倫寺温泉♨

松江市役所 ◎

大
橋

新大

くにびき大橋

P.165 松江しんじ湖温泉

松江しんじ湖温泉駅

★宍道湖大橋
P.94

松江しんじ湖温泉 P.18上図

P.95
島根県立美術館
★

嫁ヶ島

⊗松江署

松江駅周辺 P.16-17

★宍道湖 P.94

神師ヶ浦

西嫁島

乃木駅

上乃木

⊗松江西高

乃木小

浜乃木

松江中央

3

湯町鼻

玉造国際
H

松江農林高

松江市

田和山史跡公園
（田和山遺跡）
P.91

島根県立
大・短大部

⊗松江総合

⊗松江商高

湖南中

松江西

湯町港

雲善窯

山陰本線

松江玉造

9

S 湯町窯 P.110

宍道駅

9

⊕玉造病院

乃白町

平成町

公園墓地

玉湯

玉造温泉駅

玉湯学園 ⊗

宍道湖SA

花仙山 ▲

西忌部町

4

山陰自動車道

岩屋寺跡古墳

玉造局

玉湯川
史跡公園

千本防水池

宍道
IC

室山

本郷川
玉湯町

P.114
玉造温泉♨

玉造温泉 P.18下図

A   B   C

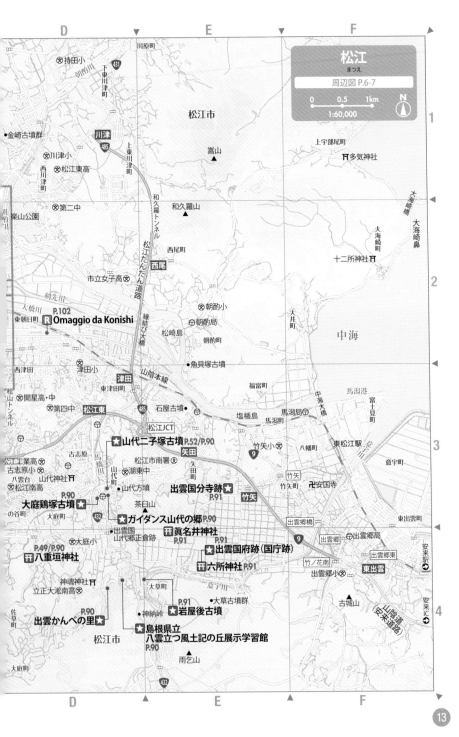

金崎古墳群

持田小

下東川津町

川原町

松江市

嵩山▲

上宇部尾町

多気神社

川津

川津小

上東川津町

松江東高

西川津町

和久羅山▲

西尾町

和久羅トンネル

松江だんだん道路

西尾

市立女子高

縁結び大橋

剣先川

大橋川

東朝日町

R Omaggio da Konishi P.102

朝酌小

朝酌局

松崎島

朝酌町

大井町

中海

大海崎橋

大海崎鼻

大海崎町

十二所神社

富士見町

津田小

西津田

山陰本線

魚貝塚古墳

津田

東津田町

桶山トンネル

開星高・中

第四中

石屋古墳

松江東

松江JCT

山代二子塚古墳 P.52/P.90

福富町

塩楯島

馬潟局

馬潟港

馬潟町

馬潟大橋

中海大橋

竹矢小

八幡町

東松江駅

意宇町

公江工業高

古志原

古志原小

八雲台

山代神社

松江南高

古志原

馬橋町

山代町

松江市南署

矢田

湖東中

山代方墳

茶臼山▲

出雲国分寺跡 P.91

矢田町

竹矢

竹矢町

安国寺

卍

東出雲町

ガイダンス山代の郷 P.90

大庭鶏塚古墳 P.90

出雲国山代郷正倉跡

一の谷町

大庭町

大庭小

眞名井神社 P.91

出雲国府跡(国庁跡) P.91

八重垣神社 P.49/P.90

出雲郷橋

出雲郷

出雲郷局

竹ノ花町

出雲郷東

東出雲

安来駅

六所神社 P.91

神魂神社

立正大淞南高

大草町

岩屋後古墳 P.91

出雲郷小

意宇川

大草古墳群

古城山

神納峠

出雲かんべの里 P.90

佐草町

島根県立
八雲立つ風土記の丘展示学習館 P.90

松江市

山陰道
(安来道路)

安来IC

大庭町

雨乞山▲

松江城周辺

まつえじょうしゅうへん

周辺図 P.12-13

0　100　200m
1:10,000
N

------- ぐるっと松江レイクラインバス

田原神社 卍

卍真光寺

島根大学旧奥谷宿舎 ●

石橋町

卍千手院
小倉寺

北川

西川

奥谷町

黒田町

堀川遊覧船乗場

ふなつ橋

⭐小泉八雲記念館 P.84/P.92

⊗松江北高

⭐小泉八雲旧居
（ヘルン旧居）P.85/P.92

P.100 神代そば R

P.100
⭐出雲そば きがる

順光寺

⭐田部美術館 P.85

Ⓒ明々庵 P.89/P.105

八雲記念館前

小泉八雲記念館前

R 出雲そば処 八雲庵

⭐ぐるっと松江 堀川めぐり
P.82

⚓堀川ふれあい広場
乗船場
P.82

新橋

城山稲荷神社 ⛩
P.81

⭐武家屋敷 P.85

🏣北堀局

⭐塩見縄手 P.83/P.84/P.88

⛩北堀町

北堀町

松江少年鑑別所 ●

⛩松江護国神社

松江城山公園

塩見縄手
北堀橋

宇賀橋

北惣門橋

⭐北堀橋
P.83

普門院（観月庵）Ⓒ P.89/P.104

普門院橋 Ⓛ
P.83

四十間堀川

内中原町

黒田町

椿谷 P.82

亀田山

⭐松江城 P.80

●松江ホーランエンヤ
伝承館
●検察庁

⭐松江歴史館 P.85

Ⓒ喫茶きはる P.109

日本銀行

城山内堀川

P.79 ぷらっと松江観光案内所 ｉ

P.81 松江神社 ⛩

†日本聖公会堂

北殿町
商
店
街

母衣局

P.81 興雲閣 ⭐

大手前堀川
遊覧船乗場・
歴史館前

北殿町

島根県立図書館 ●

P.82 大手前広場 ⚓
乗船場

中櫓 ●

裁判所 ●

R 中国山地 蕎麦工房 ふなつ
P.101

月照寺入口

南櫓 ●

●島根ふるさと館
物産観光館

大手町通り

母衣町

千鳥橋

国宝松江城
（大手門）

⊗内中原小

緑樹橋

県民会館

H サンラポーむらくも

島根県立武道館 ●

◎島根県庁

R Osteria Sante P.103

四十間堀川

花園橋

殿町

⚓カラコロ広場乗船場
P.82

交融橋

内中原小前 ⊗

県庁南入口

松江赤十字病院 ✚

県庁南入口

P.113 カラコロ工房 ⭐

R 古曽志そば
P.101

交融橋

島根県警察本部 ⊗

京橋川

片原町

幸橋

栄橋

勢灘
道路

中橋

カラコロ工房前

P.107 珈琲館 京店店 Ⓒ

大橋北詰 Ⓢ 一力堂 京店本店

P.113 お団子と甘味喫茶
月ヶ瀬 Ⓒ

芋町

P.112 B-Bridge Ⓒ

西茶町

須衛都久神社

松江ニューアーバン H

須衛都久
神社前

東茶町

大橋北詰

大橋北詰

R 味処
なにわ本店

Ⓢ八雲塗
やま本
P.111

P.18 上図

ｉ
松江市役所 ◎
松江観光協会
P.79

松江しんじ湖温泉駅

一畑電車北松江線

末次公園

末次町

宍道湖大橋北詰

P.165 皆美館 H

P.98 庭園茶寮 みな美 R

⭐宍道湖大橋 P.94

北詰
宍道湖
大橋

松江
大橋

市役所前

中原町

大橋南詰

和多見町

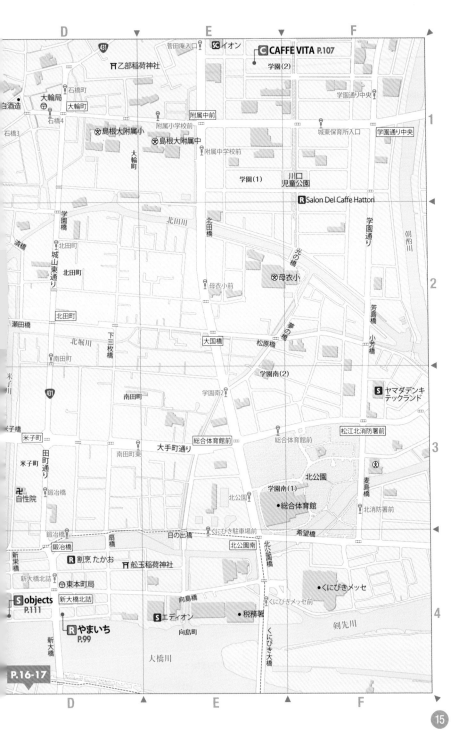

P.16-17

ルレストラン ハラ R P.79
松江観光協会 i
松江市役所 ◎
西茶町 須衛都久神社 🎌
東茶町
大橋北詰 P.111
R 味処 S 八雲塗 やま:
なにわ本店
中原町
松江しんじ湖温泉駅
一畑電車北松江線
松江しんじ湖温泉駅
H 白鳥
431
市役所前
末次公園
末次町
宍道湖大橋北詰
P.165 皆美館 H
P.98 庭園茶寮 みな美 R
松江大橋
大橋南詰
大橋南詰 和多見
宍道湖
大橋北詰
P.94
宍道湖大橋 ⭐

H 一畑
P.18上図
しんじ湖温泉入口
千鳥南公園
魚町
魚町
本町 🏣 白潟本町局
本町 商店街 白潟本町
常栄 卍

千鳥南公園

P.94 白潟公園 ⭐
宍道湖大橋南詰
天神町
P.109 三英堂 本店 S
P.105 中村茶舗 C
天神町

宍道湖大橋南詰
灘町
彩雲堂 本店 S
P.109 天神町
天神町中央

2
●NHK松江放送局
P.109
桂月堂 S
来迎寺 卍

宍道湖 P.94 ⭐
灘町
白潟天満宮 🎌
天満宮前

寺津屋 H

嫁島橋
横浜町
正源寺 卍

県立美術館

P.95 島根県立美術館 ⭐
堅町
横浜町

3
岸公園
袖師
袖師町
幸町
幸町
堅

P.110 袖師窯 S

嫁ヶ島
9
山陰本線
幸町
極楽寺 卍
新町
卍 洞光寺

------- ぐるっと松江レイクラインバス
松江署前
Ⓧ 松江署
卍 円成寺
松尾寺
松尾神社 🎌

松江駅周辺
まつええきしゅうへん
周辺図 P.12-13

P.94
⭐ 宍道湖夕日スポット
袖師町

0   100   200m N
1:10,000

袖師ヶ浦

C
清松庵 たちばな
P.95
🏣
玉造温泉駅

栄町

床几山 ▲
松徳学院中 ⊗

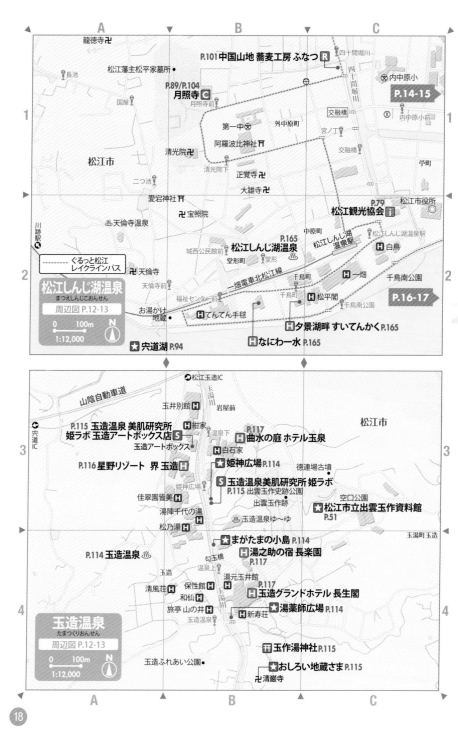

松江しんじ湖温泉
まつえしんじこおんせん
周辺図 P.12-13
0　100m
1:12,000
N

玉造温泉
たまつくりおんせん
周辺図 P.12-13
0　100m
1:12,000
N

松江市

龍徳寺卍
長池
松江藩主松平家墓所 •
P.89/P.104
月照寺 C
月照寺前
国屋
P.101 **中国山地 蕎麦工房 ふなつ** R
四十間堀川
内中原小 P.14-15
交瀋橋
内中原小前
第一中
外中原町
阿羅波比神社 ⛩
宮ノ丁
清光院卍
清光院下
正覚寺卍
交瀋橋
芝町
二つ池
愛宕神社 ⛩
大雄寺卍
宝照院卍
天倫寺温泉
P.79
松江観光協会 i
松江市役所

川跡駅
-------- ぐるっと松江
　　　　レイクラインバス

天倫寺
城西公民館前
堂形町
松江しんじ湖温泉
堂形
P.165
中原町
松江しんじ湖温泉駅
松江しんじ湖温泉駅
白鳥

天倫寺前
一畑電車北松江線
福祉センター前
千鳥町
千鳥町
一畑
松平閣
千鳥南公園
P.16-17

お湯かけ
地蔵 •
てんてん手毬 H
夕景湖畔 すいてんかく P.165
なにわ一水 P.165
宍道湖 P.94

松江玉造IC
山陰自動車道
玉井別館 H
玉湯川
岩屋前
宍道IC
P.115 **玉造温泉 美肌研究所**
姫ラボ 玉造アートボックス店 S
玉造アートボックス
紺家
温泉下
曲水の庭 ホテル玉泉 H P.117
白石家
松江市
P.116 **星野リゾート 界 玉造** H
姫神広場 P.114
徳連場古墳
佳翠苑皆美 H
湯陣千代の湯 H
松乃湯 H
玉造温泉ゆ〜ゆ
S **玉造温泉美肌研究所 姫ラボ**
P.115 出雲玉作史跡公園
出雲玉作跡
空口公園
松江市立出雲玉作資料館 P.51
まがたまの小島 P.114
湯之助の宿 長楽園 H P.117
P.114 **玉造温泉**
勾玉橋
温泉上
湯元玉井館
玉湯町玉造
清風荘 H
保性館 H
和仙 H
旅亭 山の井 H
玉造温泉
P.117
玉造グランドホテル 長生閣 H
新寿荘 H
湯薬師広場 P.114
玉作湯神社 P.115
おしろい地蔵さま P.115
清巌寺卍
玉造ふれあい公園 •

A　　B　　C

18

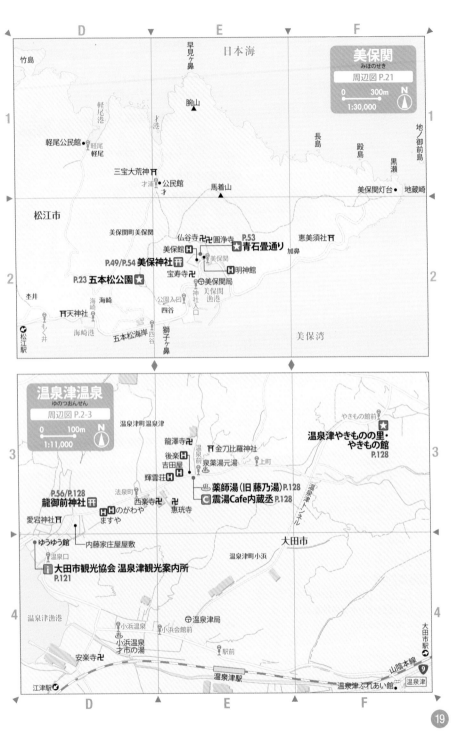

美保関
みほのせき

周辺図 P.21

0 300m
1:30,000
N

D E F

日本海

竹島

早見ヶ鼻

軽尾港

腕山

長島
殿島
黒瀬

地ノ御前島

軽尾公民館
軽尾

三宝大荒神卍
才浦 ●公民館
才

馬着山

美保関灯台 ● 地蔵崎

松江市

美保関町美保関

仏谷寺卍 卍圓浄寺 P.53

恵美須社卍

美保館H

★青石畳通り

加鼻

P.49/P.54 美保神社卍

●美保関

明神館

P.23 五本松公園★

宝寿寺卍

☎美保関局

杢井

海崎

卍天神社

美保関
漁港

公園入口

神社入口

四谷

松江駅

海崎港

五本松海岸

四谷

獅子ヶ鼻

美保湾

温泉津温泉
ゆのつおんせん

周辺図 P.2-3

0 100m
1:11,000
N

3

温泉津町温泉津

龍澤寺卍

卍金刀比羅神社

★温泉津やきものの里・やきもの館 P.128

やきもの館前

後楽H
吉田屋

温泉津元湯♨

上町

P.56/P.128
龍御前神社卍

輝雲荘H

法泉町

西楽寺卍

♨薬師湯(旧 藤乃湯) P.128

C 震湯Cafe内蔵丞 P.128

卍
恵珖寺

温泉津トンネル

愛宕神社卍

Hのがわや
ますや

● ゆうゆう館

──内藤家庄屋屋敷

大田市

温泉口

大田市観光協会 温泉津観光案内所 P.121

温泉津町小浜

温泉津漁港

4

小浜温泉♨

小浜会館前

☎温泉津局

小浜温泉
才市の湯

駅前

大田市駅

安楽寺卍

山陰本線 9

江津駅

温泉津駅

温泉津ふれあい館 ●

温泉津

D E F

19

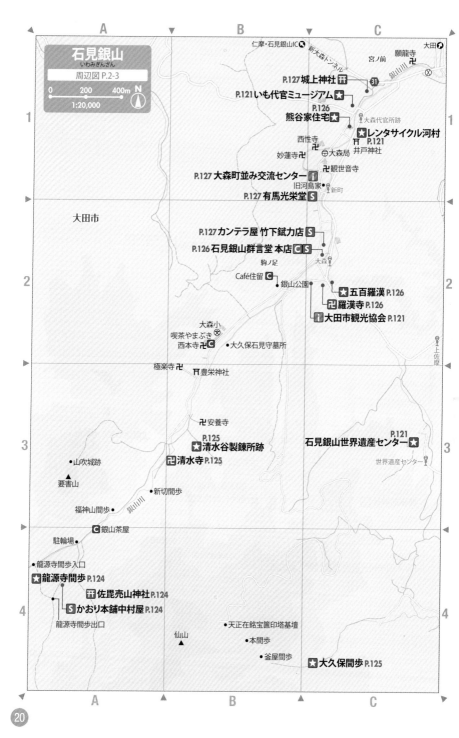

石見銀山
いわみぎんさん

周辺図 P.2-3

0　200　400m
1:20,000

N

大田市

仁摩・石見銀山IC
新大森トンネル
宮ノ前
願龍寺 卍
大田

P.127 城上神社 ⛩
31
銀山川

P.121 いも代官ミュージアム ★
P.126

熊谷家住宅 ★
大森代官所跡

★ レンタサイクル河村 P.121

西性寺 卍
妙蓮寺 卍
大森局
井戸神社

卍 観世音寺

P.127 大森町並み交流センター ℹ
旧河島家
新町

P.127 有馬光栄堂 S

P.127 カンテラ屋 竹下錻力店 S

P.126 石見銀山群言堂 本店 C S

大森

駒ノ足
Café住留 C

銀山公園
★ 五百羅漢 P.126

卍 羅漢寺 P.126

ℹ 大田市観光協会 P.121

大森小
喫茶やまぶき
西本寺 卍 C
● 大久保石見守墓所

上佐摩

極楽寺 卍
⛩ 豊栄神社

卍 安養寺

P.125
★ 清水谷製錬所跡

卍 清水寺 P.125

P.121
石見銀山世界遺産センター ★

世界遺産センター

● 山吹城跡
▲ 要害山

銀山川
● 新切間歩

福神山間歩 ●

C 銀山茶屋

駐輪場 ●

● 龍源寺間歩入口

★ 龍源寺間歩 P.124

⛩ 佐毘売山神社 P.124

S かおり本舗中村屋 P.124

龍源寺間歩出口

仙山
▲

● 天正在銘宝篋印塔基壇
● 本間歩
● 釜屋間歩

★ 大久保間歩 P.125

A　　　B　　　C

境港・米子広域
さかいみなと・よなごこういき
周辺図 P.2-3/P.4-5
0 — 2 — 4km
1:200,000

境港
さかいみなと
周辺図 P.21
0　　250m
1:22,000
N

A

宇井

日向浦

境水道大橋　境漁港

B

C

七類・西郷

境港

★水木しげる記念館 P.133
★ゲゲゲの妖怪楽園 P.133

★境台場公園 ★
P.20

海とくらしの
史料館
鳥取藩台場跡
(境台場跡)

P.137 妖怪ショップ
ゲゲゲ S

P.132
水木しげる
ロード ★

栄町

相生町

入船町

境港

本町

中町

東本町

東雲町 般若寺卍

花町

岬町

P.136
境港水産物直売センター S

大正町

京町

R 味処 美佐 P.134

諏訪神社 卍

神戸税関
境税関支署

妖怪神社 P.133

S 千代むすび酒造 岡空本店 P.137

境港駅

浜ノ町

明治町

境小 元町

SC パティオ

昭和町

P.131
境港市観光案内所
★ぐるっと観光! 貸自転車
P.131

第一中

ダイレックス
境港店前

431

御食事処 さかゑや R
P.135

上道町

蓮池町

馬場崎町
馬場崎墓地

下ノ川一号公園

湊町

市役所入口

上道町

卍境港総合病院

市民病院前

市役所入口

境港市役所

上道町

馬場崎田駅

馬場先町

市民会館

上道東第1号公園

上道東第2号公園

境線

境港市

上道小
境高

彫刻
ロード

米子駅

皆生温泉
かいけおんせん
周辺図 P.21
0　　150m
1:14,000
N

美保湾

P.167 皆生 菊乃家 H

かいけ彩朝楽 H

皆生温泉海水浴場

皆生シーサイド

ベイサイドスクエア皆生 H

華水亭 H

皆生グランド
ホテル天水 H

皆生温泉(4)

いこい亭 菊萬
P.167

海皆
浜生
公園

松涛園

皆生
温泉
街道

芙蓉別館 H

海色・湯の宿
松月 H 湯喜望 白扇

H 皆生温泉 東光園 P.167

皆生温泉(3)

皆生浄化センター

卍皆生温泉神社

福生西六区

浦島 H

皆生温泉前

皆生観光センター

H 皆生風雅

H 三井別館

皆生温泉(1)

米子市観光センター前

H 皆生つるや

皆生浄化センター入口

皆生市民プール

おーゆ H

♨皆生温泉
P.167

ウェルネスほうき路 H

皆生温泉(2)

米子市

皆生新田中央公園

新田神社 卍

皆生新田(3)

上福原(6)

境港

皆生(6)

新田

H 海湯のやかた
夢寛歩 皆生

卍山陰労災病院

皆生新田(1)

431

米子IC

A

B

C

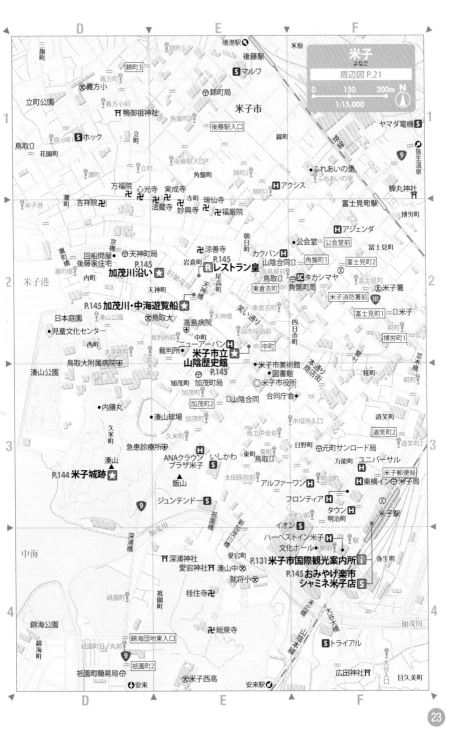

米子
よなご

周辺図 P.21

0　150　300m

1:15,000

N

三旗町

錦町3

境港駅

米原

後藤駅

ヤマダ電機

義方町3

錦町3

マルワ

義方小

錦町局

米子市

鴨御祖神社

後藤駅入口

錦町

立町公園

義方小前

角盤町4

後藤駅入口

鳥取8

旗ヶ崎

ホック

花園町

立町

立町

灘町

後藤駅入口

角盤町

錦町2

皆生温泉

蝉丸神社

万福院　心光寺　実成寺

瑞仙寺

錦町

アクシス

富士見町駅

博労町

米子港

吉祥院　法蔵寺

妙興寺

福厳院

富士見町

灘町

涼善寺

朝日町

アジェンダ

米子港

回船問屋

天神町局

岩倉町

カクバン

公会堂　公会堂前

富士見町

後藤家住宅 P.145

京橋

加茂川沿い ★

レストラン皇 P.145

山陰合同

角盤町1

富士見町2

内町

天神町

尾高町

鳥取8

タカシマヤ

角盤町局

富士見町

米子署

P.145 加茂川・中海遊覧船 ★

天神橋

東倉吉町

東倉吉町

米子消防署前

181

米子

日本庭園

湊山公園

笑い通り

四日市町

富士見町1

米子

児童文化センター

鳥取大

高島病院

博労町1

西町

裁判所前

天神橋

中町

旧市役所前

中町

並木橋

鳥取大附属病院

大学病院

医大前

裁判所

ニューアーバン

米子市立

山陰歴史館 ★ P.145

米子市美術館

本通り商店街

糀町

久米町

内膳丸

加茂町

加茂町局

図書館

米子市役所

糀町

湊山公園

山陰合同

加茂町2

加茂川

市役所入口

合同庁舎

道笑町

道笑町2

湊山球場

加茂町2

久米町

商工中金前

道笑町2

急患診療所

日野町

東町

元町サンロード局

P.144 米子城跡 ★

湊山

ANAクラウン

プラザ米子

いしかわ

鳥取8

万能町

ユニバーサル

米子郵便局

飯山

太田医院前

明治町

アルファーワン

東横イン

米子局

ジュンテンドー

フロンティア

タウン

明治町

米子駅

深浦橋

加茂川

新加茂川

祇園橋

イオン前

イオン

ハーベストイン米子

文化ホール

米子市国際観光案内所 P.131

駅前

弥生町

中海

深浦神社

愛宕神社

愛宕町

湊山中

就将小

P.145 おみやげ楽市
シャミネ米子店

錦海公園

祇園町

桂住寺

祇園町

錦海町

祇園町日ノ丸前

総泉寺

トライアル

加茂川

錦海団地東入口

祇園町簡易局

祇園町2

安来

安来駅

米子西高

広田神社

大谷入口

目久美町

鳥取
とっとり

周辺図 P.4-5

0　350　700m
1:38,000
N

地場産プラザ わったいな S P.159

鳥取港海鮮市場 かろいち S P.159

鳥取港

鳥ヶ島

港町

R **味覚のお宿 山田屋** P.157

鳥取大乾燥地研究センター●

賀露岸
賀露町西(4)
かにっこ館前
新道
神社前
展望公園
賀露町
神社裏
賀露町北
賀露大橋

浜坂

賀露町西

賀露町南(5)

⊗賀露小

✈ **鳥取砂丘コナン空港**

賀露町西(1)
八区
賀露町南
賀露町
晩稲

江津

袋川

イオンモール S

湖山町西
空港入口
鳥取バイパス
白浜団地
七区
R **更科** P.156

鳥取県立中央病院 ⊞

湖山町
空港入口
病院前
湖山町北
⊗鳥取湖陵高
湖陵高前
鳥取商高⊗
鳥商前
⊗湖東中
湖山東
⊗鳥取署
南隈
南隈

鳥取大橋

湖山西小⊗

山陰道
山陰本線
鳥取大学前駅
湖山
千代水

千代川

秋里

◀倉吉駅

鳥取大⊗
湖山小⊗
湖山駅前
湖山町東
千代水
千代水
商栄町

八千代橋

鳥取大附属中・小⊗
湖山駅
湖山町入口
岩吉
免許センター
八千代橋西詰

長

湖山町南
足山
安長

⊗鳥取緑風高
五反田町
安長

千代川緑地

鳥取市

湖山池オアシスパーク
●布勢古墳
布勢
里仁
徳吉
南安長

緑ヶ丘
緑ヶ丘1

湖山池

西桂見
桂見
桂見西
世紀小⊗
高草中⊗
徳尾
卍 **大野見宿禰命神社**

千代大

吉岡温泉IC

東桂見
コカ・コーラボトラーズジャパン
スポーツパーク
(布勢総合運動公園)
鳥取鹿野倉吉線
嶋入口
徳尾
国体道路
古海

29
古海
千代大橋西詰

大橋
鳥取西IC

9

鳥取南バイパス

大正小⊗
上古海

とっとり出合いの森

嶋
山陰道

山ヶ鼻

鳥取IC
9
宮谷
鳥取IC
八頭
菖蒲

千代川

A　　B　　C

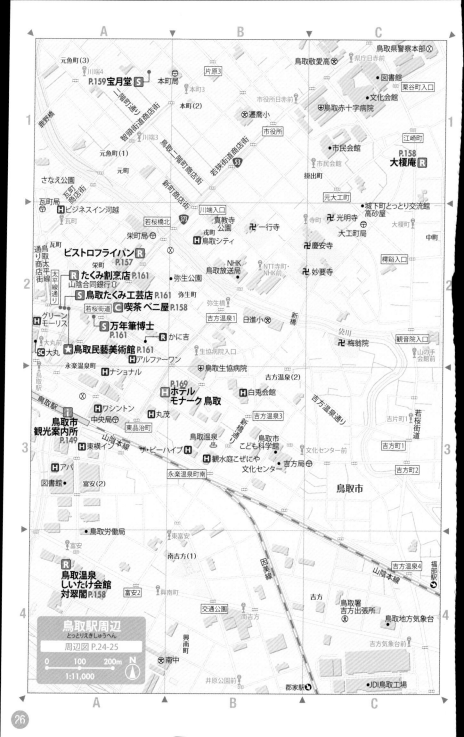

鳥取駅周辺
とっとりえきしゅうへん
周辺図 P.24-25
0　100　200m
1:11,000

P.159 宝月堂 S
元魚町(3)
川端4
本町局
片原3
鳥取敬愛高
鳥取県警察本部
県庁日赤前
図書館
栗谷町入口
文化会館
二階町通り
本町局
本町3
市役所日赤前
鳥取赤十字病院
木町(2)
遷喬小
鹿野橋
川端3
市役所
市民会館
江崎町
元魚町(1)
若狭街道商店街
P.158
大榎庵 R
元町
市民会館
掛出町
さなえ公園
瓦町商店街
新町商店街
元大工町
城下町とっとり交流館
高砂屋
瓦町局
ビジネスイン河越 H
瓦町
若桜橋北
川端入口
真教寺公園
戒町
一行寺
寺町
光明寺
大工町局
大榎町
中町
栄町局
樗谿入口
ビストロフライパン R
P.157
栄町
鳥取シティ H
慶安寺
鳥取商栄店街平線通り
たくみ割烹店 R P.161
弥生公園
NHK
鳥取放送局
NTT寺町・NHK前
妙要寺
大平線通り
鳥取たくみ工芸店 S P.161
山陰合同銀行
弥生町
喫茶 ベニ屋 C P.158
弥生町
弥生橋
新橋
グリーンモーリス H
若桜街道
万年筆博士 S P.161
かに吉
吉方温泉1
日進小
袋川
観音院入口
梅翁院
山の手会館前
大丸前
SC 大丸
鳥取民藝美術館 P.161
生協病院入口
アルファーワン
ナショナル H
鳥取生協病院
吉方温泉(2)
吉方温泉通り
鳥取駅
永楽温泉街
P.169
ホテル
モナーク鳥取 H
白兎会館
ワシントン H
中央局
丸茂 H
吉方温泉3
吉片町1
若桜街道
鳥取駅
鳥取市
観光案内所
P.149
山陰本線
東品治町
鳥取温泉
鳥取市
こども科学館
吉方町1
東横イン H
ザ・ビーハイブ H
新温泉通り
文化センター前
観水庭こぜにや H
吉方局
文化センター
吉方町2
アパ H
図書館
富安(2)
永楽温泉町南
鳥取市
吉方
鳥取労働局
東富安
南吉方(1)
山陰本線
吉方温泉4
福部駅
鳥取温泉
しいたけ会館
対翠閣 P.158 R
富安2
興南町
因美線
鳥取署
吉方出張所
鳥取地方気象台
交通公園
南吉方
吉方
興南町
南中
吉方気象台前
井原公園前
郡家駅
JDI鳥取工場

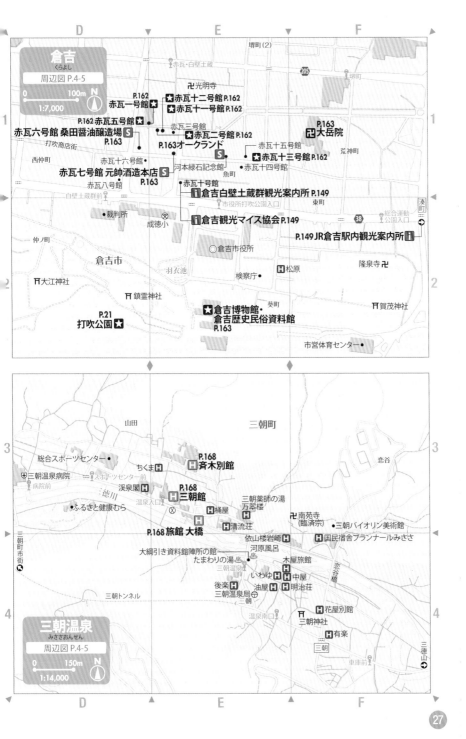

倉吉
くらよし

周辺図 P.4-5

0　　　100m
1:7,000

赤瓦・白壁土蔵

卍光明寺

堺町(2)

205

堺町

P.162
赤瓦一号館 ★

★赤瓦十二号館 P.162
★赤瓦十一号館 P.162

P.162 赤瓦五号館 ★

赤瓦三号館

P.163
大岳院
卍

赤瓦六号館 桑田醤油醸造場 S
P.163

★赤瓦二号館 P.162

P.163オークランド

★赤瓦十五号館

荒神町

打吹商店街

赤瓦十六号館 ●

河本緑石記念館

★赤瓦十三号館 P.162

西仲町

赤瓦七号館 元帥酒造本店 S
P.163

魚町

● 赤瓦十四号館

赤瓦八号館 ●

白壁土蔵群前

赤瓦十号館

倉吉白壁土蔵群観光案内所 P.149

市役所打吹公園入口

東町

湊町

■裁判所

⊗成徳小

倉吉観光マイス協会 P.149

38

総合運動
公園入口

仲ノ町

◎倉吉市役所

P.149 JR倉吉駅内観光案内所

倉吉市

羽衣池

検察庁 ●

● 松原

隆泉寺 卍

大江神社

鎮霊神社

葵町

賀茂神社

P.21
打吹公園 ★

★倉吉博物館・
倉吉歴史民俗資料館
P.163

市営体育センター ●

三朝温泉
みささおんせん

周辺図 P.4-5

0　　　150m
1:14,000

山田

三朝町

恋谷

総合スポーツセンター ●

ちくま

P.168
斉木別館

三朝温泉病院
病院前

スポーツセンター前

渓泉閣

P.168
三朝館

三朝薬師の湯
万翠楼

卍南苑寺
(臨済宗)

● 三朝バイオリン美術館

● ふるさと健康むら

温泉入口

桶屋

清流荘

依山楼岩崎

国民宿舎ブランナールみささ

P.168 旅館 大橋

大綱引き資料館陣所の館
たまわりの湯

河原風呂

木屋旅館

三朝温泉街

三朝トンネル

後楽

三朝温泉局

いわゆ

油屋

中屋

明治荘

三朝

温泉南口

三朝神社

花屋別館

有楽

三朝町市街

徳川

三徳山

車庫前

とりはずして使える

MAP

付録 街歩き地図

出雲・松江
石見銀山・境港・鳥取

おとな旅
プレミアム
PREMIUM

JN027064

TAC出版
TAC PUBLISHING Group

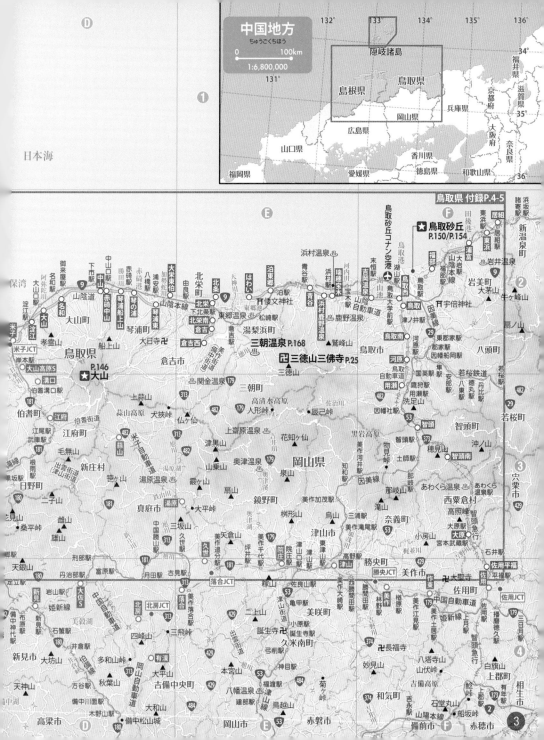

中国地方
ちゅうごくちほう
0　　　　100km
1:6,800,000

D

E

F

132°　　133°　　134°　　135°　　136°

隠岐諸島

34°

福井県
滋賀県

島根県　鳥取県

京都府

35°

兵庫県

奈良県

岡山県

大阪府

131°

広島県

山口県

香川県

徳島県

和歌山県

福岡県

愛媛県

36°

日本海

保湾

鳥取県　付録P.4-5

浜坂町
諸寄町

★ 鳥取砂丘
P.150/P.154

鳥取砂丘コナン空港

田後港

居組
居組駅

居組

浜村温泉

東浜駅

東浜

新温泉町

御来屋駅

下市駅

中山口駅

中山

阿弥陀川

山陰道

赤碕中山

大栄東伯

勝田川

赤碕船上山

八橋駅

浦安駅

浦富

北栄町

北条

はわい

泊東郷

泊

青谷駅

青谷

浜村駅

宝木駅

河内川

浜村温泉

末恒駅

鳥取港

福部

浦富

山陰本線

岩美駅

大岩駅

牛ヶ峰山

扇ノ山

2

湖山池

鳥取砂丘

鳥取駅

鳥取西

鳥取県

大山

名和

名和駅

大山駅

淀江駅

米子JCT

米子

岸本駅

大山高原S

溝口

米子道

伯耆町

江府

江尾駅

武庫山

江府町

毛無山

新庄村

笹ヶ山

淀江

赤碕

琴浦上北

倭文神社

琴浦船上山

祥の浦

琴浦東

大日寺卍

船上山

孝霊山

大山町

琴浦町

伯耆街道

倉吉市

北栄

北栄南

倉吉

倭文神社

東郷温泉

松崎駅

湯梨浜町

倉吉西

三朝温泉 P.168

三徳山三佛寺 P.25

三朝町

関金温泉

179

三徳山

高清水高原

313

上蒜山

蒜山高原

犬挟峠

仏ヶ仙

人形峠

辰己峠

上斎原温泉

花知ヶ仙

佐治川

岡山県

黒岩高原

物見峠

土師駅

知和駅

因美線

因幡社駅

53

智頭

智頭駅

智頭町

穂積山

智頭南

沖ノ山

482

若桜町

29

宍
粟
市

浜村鹿野温泉

鹿野温泉

鷲峰山

鳥取市

鳥取南

河原駅

河原

用瀬駅

用瀬

津ノ井駅

国英駅

鳥取自動車道

鹿野温泉

吉岡温泉

吉岡温泉

浜村鹿野温泉

鳥取大学前駅

29

東郡家駅

郡家駅

因幡岡本駅

若桜鉄道

徳丸駅

八頭駅

八頭町

若桜駅

丹比駅

481

牛ヶ峰山

宇倍神社

用瀬自動車道

臨時県駅

洗足山

因幡社駅

蟹狩駅

用瀬駅

智頭

智頭駅

智頭急行

373

大原駅

あわくら温泉駅

あわくら温泉

西粟倉村

高照峰

大原駅

宮本武蔵駅

石井町

佐用平福

平福駅

佐用JCT

佐用平福

佐用町

佐用駅

智頭急行

179

三日月駅

播磨徳久

白旗山

上郡町

相生市

大山

P.146

大山

鳥取県

船上山

孝霊山

大山町

二子山

桑平峠

雄山

日野町

二ノ山

伯耆町

根雨駅

黒坂駅

180

181

181

湯原

湯原温泉

真庭市

大平峠

三坂山

久世

出雲街道

中国勝山駅

482

津黒山

山乗山

霰ヶ山

奥津温泉

湯原湖

泉山

鏡野町

扇ノ山

美作加茂駅

烏山

美作滝尾駅

那岐山

滝山

奈義町

那岐駅

梶並川

小房山

大原駅

姫新線

中国自動車道

刑部駅

富原駅

月田駅

古見駅

313

落合JCT

真賀温泉

久世駅

美作追分駅

坪井駅

院庄駅

津山口駅

高野駅

院庄

津山市

津山駅

東津山駅

美作千代駅

勝央町

勝央JCT

美作市

大聖寺卍

楢原

佐良山駅

甲本駅

美咲町

林野駅

楢原駅

誕生寺駅

美作江見駅

美作土居駅

中国自動車道

佐用JCT

佐用平福

作東

卍佐用寺

179

上郡町

新見市

大坊山

181

富原駅

姫新線

美袋湖

北房JCT

北房

二上山

出雲街道

久米南町

誕生寺卍

弓削駅

小原駅

374

卍長福寺

八塔寺山

山伏峠

吉備高原

備中神代駅

180

蟹坂駅

四峰山

三飛山

429

本宮山

和気町

429

吉備中央町

八幡温泉

塩滝駅

津山線

鳥越山

484

岡山市

備中松山城

木野山駅

高梁市

備中川面駅

大和山

大平山

秋葉山

谷合峠

多和山峠

井倉駅

備中高梁

新見市

天神山

天銀山

丹治部駅

足立駅

岩山駅

新見

大佐SA

D

180

E

429

53

赤磐市

484

和気町

石堂丸山

吉永駅

山陽本線

鯰峠

有年駅

373

備前市

F

2

赤穂市

船坂峠

菊ヶ峠

妙見山

弓削駅

久米南町

3

1

9

9

あなただけの
プレミアムな
おとな旅へ!
ようこそ!

出雲・松江への旅

神々の物語と文化が息づく
日本神話の舞台へ

中国山地の北に位置し、
鳥取砂丘や大山をはじめ、
美しい自然や景勝地、温泉にも
恵まれている山陰地方。
出雲〜松江にかけての地域は
『古事記』や『日本書紀』などに
登場する日本神話の舞台で、
出雲大社や日御碕神社など、
由緒ある寺社が数多く集まる。
不昧公ゆかりの茶の湯文化、
石見銀山の銀鉱山遺跡、
日本海で水揚げされる魚介類、
隠岐の自然、鳥取民藝など、
旅行者の興味は尽きない。

SIGHTSEEING

出雲大社は
山陰の中心たる
存在。多くの
人々が訪れる

出雲大社　➡ P.32

神の住まう地を訪れる

森林の中に社殿が立ち並ぶ日御碕神社

SIGHTSEEING

宍道湖 ➡ P.94

夕日の名所である宍道湖。良い時間帯を狙って訪問

SIGHTSEEING

摩天崖 ➡ P.139

隠岐・島前の絶景スポット。放牧馬がのんびり草をはむ

実り豊かな山陰の産品に出会う

日本三大そばのひとつ「出雲そば」は
独特の食べ方を楽しみたい

SHOPPING

民藝運動の
精神を受け継い
だ器で、
日常に彩りを

出西窯 ➡ P.72

一畑電車沿いは、木綿の
市場町として栄えた地

GOURMET

日本海で
獲れた新鮮な
魚介や和牛など
美味も充実

京彩厨房 なが田 ➡ P.69

自然の恵みに感謝して
ほっとする憩いの時

ACTIVITY

広大な砂地を
生かした
アクティビティは
独特の楽しみ

砂丘 YOGA ➡ P.153

美肌の湯で知られる
玉造温泉。高名な
旅館も多数あり

HOT SPRING

レトロな
湯治場の風情が
残る歴史ある
湯の里

温泉津温泉 ➡ P.128

おとな旅プレミアム 出雲・松江 石見銀山・境港・鳥取

CONTENTS

出雲

松江

石見銀山

境港・隠岐・米子

鳥取

温泉郷

本書のご利用にあたって

● 本書中のデータは2023年11月現在のものです。料金、営業時間、休業日、メニューや商品の内容などが、諸事情により変更される場合がありますので、事前にご確認ください。

● 本書に紹介したショップ、レストランなどとの個人的なトラブルに関しましては、当社では一切の責任を負いかねますので、あらかじめご了承ください。

● 営業時間、開館時間は実際に利用できる時間を示しています。ラストオーダー(LO)や最終入館の時間が決められている場合は別途表示してあります。

● 営業時間等、変更する場合がありますので、ご利用の際は公式HPなどで事前にご確認ください。

● 休業日に関しては、基本的に定休日のみを記載しており、特に記載のない場合でも年末年始、ゴールデンウィーク、夏季、旧盆、保安点検日などに休業することがあります。

● 料金は消費税込みの料金を示していますが、変更する場合がありますのでご注意ください。また、入館料などについて特記のない場合は大人料金を示しています。

● レストランの予算は利用の際の目安の料金としてご利用ください。Bが朝食、Lがランチ、Dがディナーを示しています。

● 宿泊料金に関しては、「1泊2食付」「1泊朝食付」「素泊まり」は特記のない場合1室2名で宿泊したときの1名分の料金です。曜日や季節によって異なることがありますので、ご注意ください。

● 交通表記における所要時間、最寄り駅からの所要時間は目安としてご利用ください。

● 駐車場は当該施設の専用駐車場の有無を表示しています。

● 掲載写真は取材時のもので、料理、商品などのなかにはすでに取り扱っていない場合があります。

● 予約については「要予約」(必ず予約が必要)、「望ましい」(予約をしたほうがよい)、「可」(予約ができる)、「不可」(予約ができない)と表記していますが、曜日や時間帯によって異なる場合がありますので直接ご確認ください。

● 掲載している資料および史料は、許可なく複製することを禁じます。

■ データの見方

- ☎ 電話番号
- ㊟ 所在地
- ㊙ 開館／開園／開門時間
- ◎ 営業時間
- ㊡ 定休日
- ㊷ 料金
- ⊗ アクセス
- Ⓟ 駐車場
- ㊷ 宿泊施設の客室数
- ⓘ チェックインの時間
- out チェックアウトの時間

■ 地図のマーク

- ★ 観光・見どころ
- 卍 寺院
- ⛩ 神社
- ✝ 教会
- Ⓡ 飲食店
- Ⓒ カフェ・甘味処
- Ⓢ ショップ
- SC ショッピングセンター
- Ⓗ 宿泊施設
- ⓘ 観光案内所
- Ⓓ 乗船場
- 🅙 道の駅
- ♨ 温泉
- ⟰ ビーチ
- ✈ 空港
- 🚏 バス停

旅のきほん
1

エリアと観光のポイント
出雲・松江はこんなところです

出雲大社や松江城、日本海側の景勝地など
各所に神々の逸話や歴史を印す山陰の地。

多くの神話が息づく、神々のふるさと

出雲 →P.27 島根県
いずも

出雲大社をはじめ、国譲り神話の舞台でもある稲佐の浜、太陽神と出雲国創世神が鎮座する日御碕神社など、日本有数のパワースポットが点在。足をのばせば、立久恵峡といった大自然も満喫できる。

←→縁結びの神・招福の神として有名な出雲大社(左)、新スポットも多い神門通り(右)

観光のポイント｜必見の出雲大社を参拝し、ご利益を授かりたい。海沿いの景勝地も外せない

お城が見守る水の都で、穏やかな風情を体感

松江 →P.75 島根県
まつえ

松江の開祖である堀尾吉晴公が築城した松江城や堀川、そして江戸の風情が残る塩見縄手など、市中心部は古き良き街並みが印象的。宍道湖の夕日や神話が生きる美保関など、見どころは尽きない。

←→黒を基調とした松江城(右)、かつては武家屋敷が連なっていた塩見縄手(下)

観光のポイント｜国宝である松江城とその周辺が中心部のハイライト。感動的な宍道湖の夕景も見逃さずに

世界遺産にも登録された、貴重な銀鉱山遺跡

石見銀山 →P.119 島根県
いわみぎんざん

豊かな森林地帯に、幕府の財源を支えた銀鉱山遺跡が残る。銀精錬には大量の木材を使うが、ここは自然と共存しているのが特徴。近くにあるノスタルジックな温泉郷も併せて訪れたい。

↑明治時代の清水谷製錬所跡

観光のポイント｜坑道や有力商家が建つ古い街並みを訪れ、往時の繁栄ぶりを偲んでみたい

日本海

美しい大自然を誇る、絵の島・花の島

隠岐 →P.138 島根県
おき

観光できるのは4つの島々。各島には、火山活動と日本海の荒波によってつくられた名勝の数々や、由緒正しい神社などがある。

→島前を代表する景勝、国賀海岸

観光のポイント 変化に富む地形が織りなす絶景と、配流の島としての歴史が残るスポットを巡りたい

水木ワールド『ゲゲゲの鬼太郎』で知られる港町

境港・米子 →P.129 鳥取県
さかいみなと・よなご

水木しげるの出身地境港には、妖怪たちの銅像が並ぶ水木しげるロードや妖怪神社など、ゆかりのあるスポットが点在する。米子のおすすめは、360度の大パノラマを誇る米子城跡だ。

→妖怪を祀る妖怪神社

観光のポイント 境港では『ゲゲゲの鬼太郎』ワールドを堪能したい。特産の海の幸にも舌鼓を

悠久の時を経て育まれた砂丘のある街

鳥取 →P.147 鳥取県
とっとり

街を象徴する鳥取砂丘では砂のさざ波とも呼ばれる風紋など砂のアートが一面に広がり、四季折々に美しい景観が見られる。中心部なら、鳥取城跡・久松公園がおすすめ。

→海岸沿いに広がる砂丘

観光のポイント 広い砂丘のなかでも、日本海が見渡せる馬の背がベストビュースポット。砂の美術館も必見

©水木プロ

季節のイベントや旬の食材をチェックしておきたい

出雲・松江トラベルカレンダー

出雲大社をはじめとする寺社での古式ゆかしい祭事や、温泉街で催される
賑やかなイベントなど、季節ごとの楽しみも魅力的。

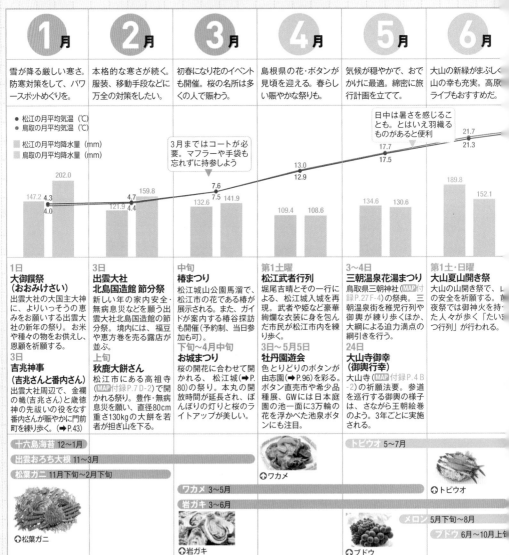

1月

雪が降る厳しい寒さ。防寒対策をして、パワースポットめぐりを。

2月

本格的な寒さが続く。服装、移動手段などに万全の対策をしたい。

3月

初春になり花のイベントも開催。桜の名所は多くの人で賑わう。

4月

島根県の花・ボタンが見頃を迎える。春らしい賑やかな祭りも。

5月

気候が穏やかで、おでかけに最適。綿密に旅行計画を立てて。

6月

大山の新緑がまぶしく、山の幸も充実。高原ドライブもおすすめだ。

● 松江の月平均気温（℃）
● 鳥取の月平均気温（℃）
■ 松江の月平均降水量（mm）
■ 鳥取の月平均降水量（mm）

3月まではコートが必要。マフラーや手袋も忘れずに持参しよう

日中は暑さを感じることも。とはいえ羽織るものがあると便利

気温：4.3 / 4.0 （1月）、4.7 / 4.4 （2月）、7.6 / 7.5 （3月）、13.0 / 12.9 （4月）、17.7 / 17.5 （5月）、21.7 / 21.3 （6月）

降水量：147.2 / 202.0 （1月）、121.9 / 159.8 （2月）、132.6 / 141.9 （3月）、109.4 / 108.6 （4月）、134.6 / 130.6 （5月）、189.8 / 152.1 （6月）

1日
大御饌祭（おおみけさい）
出雲大社の大国主大神に、よりいっそうの恵みをお願いする出雲大社の新年の祭り。お米や種々の物をお供えし、恩恵を祈願する。

3日
吉兆神事（吉兆さんと番内さん）
出雲大社周辺で、金襴の幟（吉兆さん）と歳徳神の先祓いの役をなす番内さんが賑やかに門前町を練り歩く。（➡P.43）

3日
出雲大社 北島国造館 節分祭
新しい年の家内安全・無病息災などを願う出雲大社北島国造館の節分祭。境内には、福豆や恵方巻を売る露店が並ぶ。

上旬
秋鹿大餅さん
松江市にある高祖寺（MAP付録P.7 D-2）で開かれる祭り。豊作・無病息災を願い、直径80cm重さ130kgの大餅を若者が担ぎ山を下る。

中旬
椿まつり
松江城山公園馬溜で、松江市の花である椿が展示される。また、ガイドが案内する椿谷探訪も開催（予約制、当日参加も可）。

下旬〜4月中旬
お城まつり
桜の開花に合わせて開かれる、松江城（➡P.80）の祭り。本丸の開放時間が延長され、ぼんぼりの灯りと桜のライトアップが美しい。

第1土曜
松江武者行列
堀尾吉晴とその一行による、松江城入城を再現。武者や姫など豪華絢爛な衣装に身を包んだ市民が松江市内を練り歩く。

3日〜5月5日
牡丹園遊会
色とりどりのボタンが由志園（➡P.96）を彩る。ボタン直売市や希少品種展、GWには日本庭園の池一面に3万輪の花を浮かべた池泉ボタンにも注目。

3〜4日
三朝温泉花湯まつり
鳥取県三朝神社（MAP付録P.27 F-4）の祭典。三朝温泉街を稚児行列や御輿が練り歩くほか、大綱による迫力満点の綱引きを行う。

24日
大山寺御幸（御輿行幸）
大山寺（MAP付録P.4 B-2）の祈願法要。参道を巡行する御輿の様子は、さながら王朝絵巻のよう。3年ごとに実施される。

第1土・日曜
大山夏山開き祭
大山の山開き祭で、山の安全を祈願する。前夜祭には御神火を灯した人々が歩く「たいまつ行列」が行われる。

十六島海苔 12〜1月
出雲おろち大根 11〜3月
松葉ガニ 11月下旬〜2月下旬

ワカメ 3〜5月
岩ガキ 3〜6月

トビウオ 5〜7月
メロン 5月下旬〜8月
ブドウ 6月〜10月上旬

◆松葉ガニ
◆ワカメ
◆岩ガキ
◆トビウオ
◆ブドウ

↑松江城と桜

↑とっとり花回廊のチューリップ

↑斐川のヒマワリ畑

↑大山の紅葉

7月

節は本格的な夏に。雨量が多いので、雨も携帯したい。

8月

夏休みに合わせ、前月末からお祭りや花火が各地で開催される。

9月

台風の接近が多くなる季節。天気予報に注意しながら旅をしたい。

10月

晴天に恵まれ、行楽のベストシーズン。秋祭りも充実している。

11月

各地で木々が色づきを見せる。季節の変わり目、体調に気をつけて。

12月

神の国らしい神事も行われる。暖かい服装で出かけよう。

25.7 / 25.3
27.0 / 26.8
22.6 / 22.6
16.8 / 16.7
11.6 / 11.6
6.9 / 6.8

9月までは残暑が続く。帽子や日傘などの対策も怠らずに

セーターやジャケットが必須。場合によってコートが必要な日も

252.4 / 200.9
113.7 / 116.6
197.9 / 204.0
119.5 / 144.1
130.6 / 159.4
137.6 / 194.0

上旬〜
玉造温泉夏まつり
玉造温泉で連夜開かれる。屋台やステージをはじめ、野外のステージで出雲神楽と安来節が日替わりで楽しめる。

7月〜8月中旬の土・日曜
米子がいな祭
米子市で開催される市民参加型の夏祭り。太鼓、がいなCON（ダンス）や万灯など見どころも豊富。花火大会が祭りを締めくくる。

第1土・日曜
松江水郷祭
約1万発の花火が打ち上げられる、西日本最大級の湖上花火大会。

中旬
鳥取しゃんしゃん祭
因幡の傘踊りをアレンジした「しゃんしゃん踊り」を、大勢の踊り子が華麗に舞い踊る。鳥取市中心部で開催される。

第1日曜
倉吉せきがね
里見まつり
『南総里見八犬伝』のモデルにもなったといわれる里見安房守忠義公を偲ぶ催し。ステージではさまざまな演目が披露される。

〜10月
三朝温泉 和紙灯り
鳥取県東部の伝統工芸品・因州和紙と三朝町内の山でとれたカズラで作られた和紙灯りが温泉街でともる。

1〜31日
神在月 松江水燈路
松江城（→P.80）周辺がライトアップされる光のイベント。メイン開催日には行燈2000個が城下町を照らす。遊覧船が夜間も運航。

第3日曜
松江祭鼟行列
松江開府を祝う伝統行事。鼟（どう）と呼ばれる大太鼓を載せた山車が市内を巡行。囃子に合わせた賑やかな鼟の音が響く。

中旬〜
フラワー
イルミネーション
とっとり花回廊（→P.23）で行われる中国で最大規模のイルミネーション。8万㎡、100万球の電飾と美しい花の競演は絢爛華麗。

18〜19日
一畑薬師茶会
出雲市の一畑薬師（→P.67）で開かれる。各流派による茶席が設けられ、通常非公開の東陽坊（残月亭写）茶室でもお茶が楽しめる。

3日
諸手船神事
美保関の二大神事のひとつ。国譲りの際、大国主神が息子の事代主神に諸手船で使者を送った様子を儀式化した美保神社の祭礼。

31日
除夜・万灯祭
一畑薬師（→P.67）の参道に行燈やろうそくが点灯される。この日のみ鐘が一般公開され、除夜の鐘を撞くことができる。

スイートコーン 7〜8月

↑メロン

出西しょうが 8月〜11月上旬

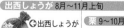
↑出西しょうが

↑柿

柿 10月〜11月中旬

栗 9〜10月

梨 8月下旬〜9月

↑梨

十六島海苔 12〜1月

出雲おろち大根 11〜3月

松葉ガニ 11月下旬〜2月下旬

ゆず 11〜12月

↑ゆず

※開催日程は変動することがありますので、事前にHPなどでご確認ください。

プレミアム滞在モデルプラン
出雲・松江
おとなの2泊3日

数多の神話の舞台となった地で、太古の人々の暮らしに思いを馳せる。特異な自然がつくる砂の造形美や江戸初期の姿が残る名城も趣深い。出雲そばや日本海の海産物など名物にも事欠かない。

⬆厳かな雰囲気が漂う出雲大社の御本殿は、日本最古の神社建築といわれる大社造。社には参拝に訪れる人影が絶えない

1日目

神聖な社に導かれ歴史と伝統を知る1日

ご縁を司る神に詣で、出雲に残る神話の世界、神話にまつわる場所を巡る。

厳粛なる 出雲大社 に参拝する

出雲大社 ➡P.32
いずもおおやしろ（いずもたいしゃ）

世のあらゆる縁を結ぶ神として知られる大国主大神を祀り、古くから信仰される社。旧暦の10月の神在月には八百万の神が集う地とされる。境内には社殿も多く、身を清め、ていねいに参拝したい。

| 9:20 | 出雲縁結び空港 |

車で約40分
国道431号を経由

| 10:00 | 出雲大社 |

徒歩約10分
勢溜の大鳥居を南に進む

| 11:30 | 門前町 |

徒歩約10分
島根県立古代出雲歴史博物館は出雲大社の東側に位置する

| 13:30 | 島根県立古代出雲歴史博物館 |

プランニングのアドバイス

出雲大社や周辺の温泉街へはレンタカーで移動したい。出雲大社はシーズンによって参拝の行列ができることもあり、時間に余裕をもって出かけたい。周辺には門前町や博物館が点在しており、目的の施設に合わせてルートを計画するとよいだろう。

出雲大社に祀られている大国主大神は大黒様と同一視される神様

懐かしい街並みの 門前町 を散策

神迎の道
かみむかえのみち
➡P.58

稲佐の浜から出雲大社の勢溜の大鳥居までの道。神在月には、八百万の神が通る道とされる。

神門通り ➡P.59
しんもんどおり

出雲大社の門前には食事処やみやげ店が軒を連ねる。参拝後にゆっくり歩きたい。

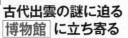

13:30	島根県立 古代出雲歴史博物館
↓	車で約30分 国道431号を経由
15:00	荒神谷博物館
↓	車で約10分 出雲ロマン街道を経由
16:30	出西窯
↓	車で約30分 山陰自動車道、国道9号 を経由
18:00	玉造温泉

古代出雲の謎に迫る
博物館 に立ち寄る

島根県立
古代出雲歴史博物館 ➡P.41
しまねけんりつこだいいずもれきしはくぶつかん

島根県の古代文化や出雲大社の歴史
を解説。出雲大社から出土した宇豆
柱や荒神谷遺跡の銅剣など貴重な展
示が並ぶ。

荒神谷博物館 ➡P.50
こうじんだにはくぶつかん

358本の銅剣が出土した荒神
谷遺跡に隣接する博物館。遺
跡発掘の様子を大型モニタ
ーで紹介している。

プランニングのアドバイス

食事には、出雲大社の門前町に
並ぶ、出雲そばの老舗や甘味処
がおすすめ。出雲市駅周辺は、
フレンチやイタリアンなど、洗
練された雰囲気で食事を楽しめ
る店が多い。

職人の技巧が表現された
焼物 にふれる

出西窯 ➡P.72
しゅっさいがま

全工程を手作業で
仕上げる伝統ある
窯元。作品の購入
や、工房見学も楽
しめる。

「美肌の湯」で名高い
玉造温泉 を散策

玉作湯神社 ➡P.115
たまつくりゆじんじゃ

『出雲国風土記』にも記述のある神
社。さわると願いが叶うといわれる
「願い石」はパワースポットとして多
くの人が訪れる。

玉造温泉 ➡P.114
たまつくりおんせん

日本最古の湯ともいわれる温泉街。美肌効果のある泉質は老若男女
に愛されており、川沿いの足湯にも気軽に立ち寄りたい。

2日目

街が誇る名城と美景に出会う1日

水都と呼ばれる市内の歴史を物語るエリアを巡る。

10:00 玉造温泉

車で約25分
国道9号を経由

10:30 松江城

徒歩約10分
松江城の北側、武家屋敷
が並ぶ塩見縄手を目指す

14:00 塩見縄手

バスで約25分
ぐるっと松江レイクライ
ンバスで県立美術館へ、
または夕日公園前下車

17:00 宍道湖

車で約2時間
国道9号、県道201号、
21号を経由

19:00 三朝温泉

プランニングのアドバイス

松江駅周辺には、しまね和牛や
ノドグロなど、ご当地食材を使
用した料理の店が点在する。宍
道湖の恵みを生かした七珍料
理が味わえる食事処も訪れてみ
たい。宍道湖の日没は17時〜
19時30分頃。事前に確認を。

国宝 松江城 に江戸時代の繁栄を見る

松江城 ➡P.80
まつえじょう

堀尾吉晴が築城。実戦・籠城に備えた造りの
城内には、国宝認定の決め手となった祈禱札
の跡も残る。

武家屋敷が並ぶ 塩見縄手 をそぞろ歩き

塩見縄手 ➡P.84
しおみなわて

武家屋敷が建つ城下の道。松江市の伝統
美観保存地区にも指定された、屋敷とく
ぐり松が見事。

幻想的な 宍道湖 の夕景を心に刻む

宍道湖夕日スポット ➡P.94
しんじこゆうひスポット

宍道湖に面して、夕景の美しいスポットが点在する。
時間が経つにつれて静かな湖面が赤く染まる景色
に感動したい。

三朝温泉 の極上宿で旅の疲れを癒やす

三朝温泉 ➡P.168
みささおんせん

古くから湯治場とされ、湯に浸かるも
よし、飲んでもよし、吸ってもよしの
ラジウム泉質を持つ。立ち寄り湯や自
然に囲まれた老舗旅館が点在。

3日目

鳥取の自然と絶景に包まれるドライブ

車で鳥取市内から海岸線沿いを走り、日本海の恵みに舌鼓。

9:00 三朝温泉

車で約1時間10分
県道29号、22号、
国道9号を経由

10:15 鳥取砂丘

車で約15分
国道9号を経由

11:30 鳥取港海鮮市場
　　　かろいち

車で約25分
県道41号、26号を経由

14:00 鳥取民藝美術館

徒歩約2分
鳥取民藝美術館の南側、
鳥取駅を目指す

16:00 鳥取駅

プランニングのアドバイス

鳥取駅周辺には、ご当地グルメや海鮮が自慢の飲食店が集まる。県内の魚市場には食事処が併設されている場所も多く、鳥取港で水揚げされたばかりのカニやイカなど、海の幸が堪能できる。

鳥取砂丘 で
自然の雄大さにふれる

鳥取砂丘 ➡ P.150
とっとりさきゅう

日本最大規模ともいわれる起伏のある砂丘。さらさらとした砂質と、天候や風など自然の力により生まれる砂の芸術も見どころ。

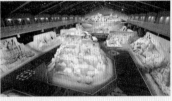

海の幸が並ぶ 市場 の
賑わいに溶け込む

鳥取港海鮮市場
かろいち ➡ P.159
とっとりこうかいせんいちばかろいち

鳥取港にほど近い海鮮市場。獲れたての海鮮をおみやげにしたい。

鳥取民藝 の
歴史と美を知る

鳥取民藝美術館 ➡ P.161
とっとりみんげいびじゅつかん

地元の医者・吉田璋也によって開館。吉田氏が収集した民藝作品のほか、因州 中井窯（➡ P.160）の染分皿など、吉田氏と関わりの深い鳥取民藝も展示。

爽快な空と日本海を背景に見る
桜は格別の趣

出雲路から伯耆・因幡への旅

花と絶景をめぐる

四季の花と紺碧の海・空、そして大地が織りなす、美しき光景。
旅人を感動の世界へと誘う、大自然の競演をたどって。

春、花の香に誘われて

日本海を背景に
約700本の桜が花開く

チェリーロード

松江 **MAP** 付録P.7 F-1

加賀から野波に続く日本海沿いの市道約5kmにわたり、ソメイヨシノが咲き誇る。開花ピークの日曜には、マリンゲートしまねでさくら祭りを開催。

☎0852-55-5720(松江観光協会 島根町支部) 🏠島根県松江市島根町加賀・野波 🚃JR松江駅から車で30分 🅿あり

約240本のソメイヨシノが
灯台に彩りを添える

境台場公園

さかいだいばこうえん

境港 **MAP** 付録P.22 C-1

かつて黒船の来襲に備えた砲台が設けられた場所に広がる公園。1991年に復元された白い灯台の周囲を約240本の桜が咲き誇る。

☎0859-47-0121(境港市観光案内所) 🏠鳥取県境港市花町 🚃JR境港駅から車で5分 🅿あり

境水道大橋を一望する
境台場公園にある

桜の名所として親しまれる鳥取城跡周辺の公園

鳥取城跡・久松公園
とっとりじょうせき・きゅうしょうこうえん

鳥取 **MAP** 付録P.25 E-3

秀吉の兵糧攻めで知られる鳥取城跡を中心とした公園に、ソメイヨシノをはじめ約240本の桜が植えられている。古い石垣と桜とのコントラストが風雅だ。

☎0857-22-3318（鳥取市観光案内所）
🏠鳥取県鳥取市東町　🕐休料園内自由
🚃JR鳥取駅から100円循環バスくる梨・緑コースで8分、仁風閣・県立博物館下車すぐ　🅿あり

仁風閣 じんぷうかく
🕐9:00〜17:00（入場は〜16:30）　🈺月曜（祝日の場合は翌日休）　💴150円　🈺月曜（祝日の場合は翌日休）　※2023年11月現在、改修工事のため閉館中

約2kmにわたって続く桜のトンネルをくぐって

斐伊川堤防桜並木
ひいかわていぼうさくらなみき

雲南 **MAP** 付録P.7 D-4

大正9年（1920）から昭和初期に植えられたソメイヨシノ、オオシマザクラ（一部）など約800本の桜がつくり出す、桜のトンネルが楽しめる。照明に浮かび上がる夜桜も幻想的。

☎0854-47-7878（雲南市観光協会）
🏠島根県雲南市木次町木次
🚃JR木次駅から徒歩3分　🅿あり

多種多様な桜が歴史ある公園を彩る

打吹公園
うつぶきこうえん

倉吉 **MAP** 付録P.27 D-2

倉吉のシンボル打吹山の麓にある、明治時代造園の公園。例年3月下旬から4月上旬にかけて多数の桜が、それに続きツツジが公園を彩る。

☎0858-22-1200（倉吉白壁土蔵群観光案内所）　🏠鳥取県倉吉市仲ノ町
🚃JR倉吉駅から日本交通バス／日ノ丸自動車バスで17分、市役所・打吹公園入口下車、徒歩3分
🅿あり

シーズンには倉吉春まつりが開催され、多くの観光客が訪れる

花々が季節を鮮やかに染める

広大な池に浮かぶ
約3万輪のボタン

由志園
ゆうしえん

大根島 **MAP** 付録P.21 D-2

広々とした池に色彩豊かなボタンが一面に広がる。GWに開催され、日本庭園とボタンが織りなす幻想的な景色は春の風物詩として有名。

➡ P.96

池にボタンを浮かべる
"池泉牡丹"が有名

特集 花と絶景をめぐる

種類の違うチューリップが
一面に咲き誇る姿は圧巻

青空に風車が映える
異国情緒豊かな花畑

伯太町チューリップ畑
はくたちょうチューリップばたけ

安来 **MAP** 付録P.21 E-3

赤、黄、ピンクなど色とりどりのチューリップ約50万本が1.5haの田んぼに開花。風車がオランダ情緒を演出。

☎0854-23-3300（安来市伯太地域センター）
所島根県安来市伯太町 安来市役所伯太庁舎周辺 開休料入場自由
交山陰自動車道・安来ICから車で15分 Pあり

街を見下ろす丘の斜面に咲く
約1000本のシャクナゲ

むらくもの丘
しゃくなげ園
むらくものおかしゃくなげえん

奥出雲 **MAP** 付録P.3 E-4

高台の斜面に遊歩道があり、5月上旬〜中旬には、和シャクナゲや洋シャクナゲなどが観賞できる。梅や桜なども植えられている。

☎0854-54-2260(奥出雲町観光協会)
🏠島根県奥出雲町横田
🕐園内自由
📅期間中無休 💴無料 🚌JR出雲横田駅から徒歩20分 🅿横田庁舎の駐車場を利用

5月になると色とりどりのシャクナゲが見られる

爽やかな潮風とツツジの香り、のどかな景観が心地よい

ツツジの名所で
輝く美保湾と花を堪能

五本松公園
ごほんまつこうえん

美保関 **MAP** 付録P.19 D-2

標高100〜150mの小高い丘の上の公園に約5000本のツツジが植えられ、4月下旬〜5月上旬に見頃を迎える。海とのコントラストも見事。

☎0852-73-9001(松江観光協会 美保関町支部) 🏠島根県松江市美保関町美保関 🕐📅💴園内自由 🚌美保関ターミナルからコミュニティバスで25分、五本松公園入口下車すぐ 🅿あり

フラワーパークへ出かけよう

公園で四季の花にふれる

しまね花の郷
しまねはなのさと

出雲 **MAP** 付録P.6 B-4

花畑やハーブ園が整備されたフラワーパーク。通年、島根県で栽培された高品質な花々が園内を彩る。

☎0853-20-1187
🏠島根県出雲市西新町2-1101-1
🕐9:30〜17:00(12〜2月は〜16:30)
📅12〜2月の火曜
💴200円 🚌JR西出雲駅から徒歩10分
🅿あり(160台)

💬色とりどりの花がゆるやかな丘に広がる

日本最大級の花の公園

とっとり花回廊
とっとりはなかいろう

米子郊外 **MAP** 付録P.4 A-3

多種多様な季節の花を愛でることができる、日本最大級のフラワーパーク。冬期に開催する、中国トップクラスの規模を誇るイルミネーションも人気だ。

☎0859-48-3030
🏠鳥取県南部町鶴田110
🕐9:00〜17:00(季節により変動あり) 📅7・8・12〜3月の火曜(一部営業日あり) 💴500〜1000円(季節により変動あり)
🚌JR米子駅から無料シャトルバスで25分 🅿2000台

💬園内から大山を一望。園内はフラワートレインで周遊できる

山深き美景を訪ねて

渓流沿いには温泉宿も点在している

太古の仙境といわれる清流沿いの渓谷美

立久恵峡
たちくえきょう

出雲 **MAP** 付録P.6 B-4

神戸川に沿って、高さ100～200mの岸壁・奇岩がそそり立つ。山桜が岩肌に咲く春、一帯が爽やかな空気に包まれる夏、鮮やかな紅葉が圧倒的な秋、雪化粧された冬と、季節ごとに荘厳な姿を見せてくれる。下流の2つの吊り橋間には遊歩道が整備され、一周1時間ほどで散策が可能。

☎0853-45-0102（立久恵峡わかあゆの里）
🏠島根県出雲市乙立町
🚉JR出雲市駅から一畑バスで30分、立久恵峡下車すぐ　Ｐあり

⬆峨々たる岩山を見上げる秘境で、自然散策を楽しんで

大小の滝が流れる神秘的な渓谷

雨滝渓谷
あめだきけいこく

鳥取 **MAP** 付録P.5 F-2

県下一の名瀑・雨滝をはじめ大小多くの滝がある。古くから有数の修行・信仰の地。

☎0857-30-8656（国府町総合支所 産業建設課）
🏠鳥取県鳥取市国府町雨滝
🚉JR鳥取駅から車で40分
Ｐあり ※2023年11月閉鎖中

台風7号被害で閉鎖中。開通情報はHPで要確認

水瓶岩（はんどいわ）、畳岩、烏帽子岩など見どころも多い

修験道の霊地であった静寂の境内と山一面が、紅色に染まる

『出雲国風土記』にも記述される大渓谷

鬼の舌震
おにのしたぶるい

奥出雲 MAP 付録P.3 E-4

岩壁が屹立するV字渓谷。風化や浸食による巨岩や奇岩が独自の景観をつくり出している。約2kmの遊歩道散策が人気。

☎0854-54-2260（奥出雲町観光協会） 所島根県奥出雲町三成 交JR出雲三成駅から車で15分 Pあり

圧巻のモミジの色づき見頃は11月中旬から

鰐淵寺
がくえんじ

出雲 MAP 付録P.9 E-1

武蔵坊弁慶が修行をしたと伝わる古寺。ひっそりとした山道には、山陰屈指といわれるモミジのトンネルが続く。

☎0853-66-0250 所島根県出雲市別所町148 時8：00～17：00（入山受付は～16：15） 休無休 料入山料500円 交一畑電車・雲州平田駅から生活バスで25分、鰐淵寺駐車場下車、徒歩10分 Pあり

三徳山にある山岳寺院絶壁にある奥院が有名

三徳山三佛寺
みとくさんさんぶつじ

三朝 MAP 付録P.5 D-2

修験道の行場である霊山・三徳山の古刹。断崖絶壁にある国宝投入堂は平安後期に建てられたとされるが、建立方法については今も謎。一帯には手つかずの自然が残り、国の史跡・名勝・国立公園にも指定されている。

☎0858-43-2666 所鳥取県三朝町三徳1010 時8：00～17：00受付は～15：00） 休無休（投入堂参拝は悪天候時には入山禁止の場合あり） 料本堂400円（宝物館拝観料含む）、投入堂参拝は別途800円 交JR倉吉駅から日ノ丸自動車バスで32分、三徳山参道入口下車すぐ Pあり

投入堂は国宝。修験者が法力で洞窟に堂を投げ入れたとの伝説が残る

ニュース＆トピックス

山陰旅の用意をするなら、歴史・文化、自然、アートにふれるプランを立ててみたい。文化財指定の建物に宿泊したり、大自然にすっぽりと包まれる体験もおすすめ。2025年春の県立美術館の開業も待ち遠しい。

登録有形文化財と大自然
異空間を 体感ステイ

便利なデジタル生活のなかで忘れがちな感性を研ぎ澄ませてくれる2つの宿。紡がれた歴史・文化にふれ、大自然を享受する時間を堪能したい。

RITA 出雲平田 酒持田蔵
リタ いずもひらた さけもちだくら

創業から140年余。日本酒の蔵元「酒持田本店」の土蔵が宿泊施設に生まれ変わった。日本酒風呂や、イタリアンや和食とのペアリングディナーが楽しみ。

島根県・出雲 **MAP** 付録 P.6 C-2
☎0853-31-9793
🏠島根県出雲市平田町810
🚃一畑電鉄雲州平田駅から徒歩10分
🅿1台 **in**14:00 **out**10:00
🏠1棟 **予特**1泊2食付3万2000円〜

2022年9月オープン

宿は登録有形文化財に指定の蔵

美肌効果が高い日本酒を使った日本酒風呂

地上2階と地下室からなる建物。往時の趣と構造を残す重厚な梁や柱

出雲グランピングREUNA
いずもグランピングレウナ

大山隠岐国立公園にある全棟一棟貸切の宿。地元食材を盛り込んだBBQディナーや朝食を大自然に囲まれながら。サウナ付きドームテントもある。

島根県・出雲 **MAP** 付録 P.8 A-1
☎0853-77-9551
🏠島根県出雲市大社町日御碕1141-3
🚃出雲大社から車で15分
🅿10台 **in**15:00 **out**10:00
🏠7棟 **予特**1棟1万3000円〜

2023年3月オープン

出雲大社をはじめ観光地に好アクセス

客室には「出雲ブランド商品」を取り入れ、より快適な空間となっている

気軽にアートを体感できる
地域密着型の 美術館 が誕生

鳥取県立美術館
とっとりけんりつびじゅつかん

2025年春オープン予定

「とっとりの未来を"つくる"美術館」として建設。創作活動できるテラスやカフェレストランのほかキッズスペースなども備わり、立ち寄りやすい。

鳥取県・倉吉 **MAP** 付録 P.4 C-2
☎未定 🏠鳥取県倉吉市駄経寺町2(予定地)
URL https://tottori-moa.jp/

3階建てで、展望テラスもある

提供：槇総合計画事務所　イメージ制作：ヴィック Vicc Ltd.

出雲

❖

島根県中東部に位置し、
県庁所在地・松江に次ぐ
経済都市として発展する出雲市。
市の中心部には出雲大社が控え
周辺にも歴史名所や史跡、
豊かな自然が多く、
訪れる人を魅了する。

神々が集う
都で、悠久の
時を感じて

旅のきほん **1**

エリアと観光のポイント

出雲はこんなところです

縁結びの神・出雲大社が、観光のメインスポット。
200万人を超える参拝客が毎年訪れるという。

名物の出雲そば。香り豊かな味わい

出雲を代表する観光地が、日本人ならその名を知らない者はいないほど有名な出雲大社だ。大国主大神を御祭神とする出雲大社は、『古事記』にも創建が記される由緒ある神社。2008年から「平成の大遷宮」が進められ、荘厳なたたずまいの御本殿や境内の各建造物は、よりいっそう神威を高めた姿を見せてくれる。

出雲大社以外にも、須佐神社や数々の銅剣・青銅器が発掘された荒神谷遺跡など、古代を偲ぶスポットが市郊外に点在。また変化に富んだ海岸線を有する日御碕やトロッコ列車で行く奥出雲へもアクセスが良く、穏やかな自然の風景が堪能できる。

↑勢溜の大鳥居の先には神聖な空気に包まれた参道が続く

出雲●

神秘的な神代の世界

出雲大社周辺
いづもおおやしろ（いずもたいしゃ）

八雲山を背にした神域では悠久の歴史に思いを馳せることができる。御本殿は神社建築のなかでは日本一の大きさ。全国から八百万の神が集まる旧暦10月には、神迎祭が行われる。

観光のポイント 神域は広大。勢溜の大鳥居をくぐり、正式ルートで参拝を

↑食事処が並ぶ表参道の神門通り

↑国宝の出雲大社御本殿

奇岩が続く景勝地

日御碕周辺
ひのみさき

大山隠岐国立公園の一角をなす日御碕は、ダイナミックな海岸線が続く名勝。先端に立つ白亜の出雲日御碕灯台や、桃山時代の面影を残す朱色の鮮やかな日御碕神社も名高い。

観光のポイント 灯台へ続くドライブウェイを走ろう。遊歩道散策もいい

↑2柱の神が鎮座する日御碕神社

↑日本海に臨む出雲日御碕灯台

日本海

足毛馬

日御碕

★出雲日御碕灯台
♯日御碕神社

高尾山▲

日御碕周辺

追石鼻

赤石鼻

稲佐の浜

⬆出雲大社の西側に位置し、百万の神々をお迎えするという稲佐の浜

十六島湾

鶴島

十六島漁港

平島

鷲峠●

鰐淵寺卍

旅伏山 ▲

島根県

鼻高山 ▲

大寺薬師卍

▲八雲山

出雲大社

出雲大社周辺

大寺駅

高浜川

⑤島根ワイナリー

431

高浜駅

川跡駅

出雲大社前駅

一畑電車大社線

遙堪駅

浜山公園北口駅

★出雲文化伝承館

●出雲ドーム

武志駅

北松江線

一畑電車

斐伊川

万九千神社卍

出雲市

9

大津町駅

堀川

出雲科学館
パークタウン前駅

山陰本線

184

出雲市駅

神門寺卍

431

9

山陰本線

神戸川

出雲 MAP 付録P.11 D-2（出雲市駅）

観光列車で
楽しむ山陰の旅

山陰特有の自然と文化を表現

観光列車「あめつち」
～天地の初発のとき～

かんこうれっしゃ「あめつち」
～あめつちのはじめのとき～

2023年7月で5周年を迎えた鳥取駅～出雲市駅間運行の観光列車。車内は因州和紙など山陰の伝統工芸品を使用。

出雲 MAP 付録P.11 D-2（出雲市駅）
☎0570-00-2486（JR西日本お客様センター）
運転日 週末を中心に1日1往復運行（要確認）
料4630円（鳥取駅～出雲市駅）※詳細はHP「観光列車の旅時間」で要確認

⬆車体の紺碧（こんぺき）色は、山陰の海と空を表現

市内観光は車が主役

出雲の街を移動する

出雲市駅を起点に観光スポットが点在するエリア。
出雲大社や参道はもちろん、海側・山側の名所も訪れたい。

**鉄道とレンタカーを基本に
目的地に合わせた移動手段を**

　出雲市内の観光名所は、出雲市駅を中心に四方に点在する。出雲大社の参拝は、出雲市駅から一畑バスを利用したい。参拝や参道散策は徒歩となるが、無料の駐車場があるのでレンタカーの移動でも困らない。

　一畑電車の沿線には、古刹や花の名所など、立ち寄りスポットも多く、電鉄出雲市駅から松江方面へ途中下車しながら移動するのもよい。日御碕周辺や奥出雲は、JR出雲市駅からレンタカーがおすすめ。日御碕周辺へは一畑バスが利用できるが、1～2時間に1本の運行のため計画をしっかり立てたい。

↑風情ある一畑電車の車両と駅舎

出雲大社 → 日御碕周辺
バス◉約25分
一畑バス・日御碕方面行きを利用
車◉約20分(10km)
県道29号を経由

🚉日御碕神社

🚉出雲大社

稲佐の浜★

出雲大社 → 稲佐の浜
徒歩◉約20分
国道431号沿いを西へ進む

一畑電車大社線

出雲大社前駅　浜山公園北口駅　遙堪駅　高浜駅　川跡駅　武志駅

パークタウン前駅　出雲科学館　大津町駅

一畑電車北松江線

431　電鉄出雲市駅

↓大田市駅

9　山陰本線　江南駅　出雲神西駅　出雲IC　西出雲駅　出雲市駅

184　山陰本線

山陰自動車道

出雲市駅 → 出雲大社
鉄道・徒歩◉約30分
電鉄出雲市駅から一畑電車で25分、出雲大社前駅下車、徒歩5分
バス◉約25分
一畑バス・出雲大社行きを利用
車◉約20分(9km)
県道28号、国道431号を経由

ローカル鉄道・一畑電車を活用して出雲めぐり

出雲大社の参拝や、途中下車で立ち寄りスポットにも移動できる

　出雲大社前駅・電鉄出雲市駅と松江しんじ湖温泉駅を横断する島根県のローカル路線。のどかな景観のなか、出雲大社への参拝や点在する観光スポットへの移動に便利。(詳しくは
➡P.66)

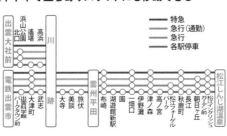

━━ 特急
━━ 急行(通勤)
━━ 急行
━━ 各駅停車

出雲大社前　浜山公園北口　遙堪　高浜　川跡　武志　大津町　パークタウン前　電鉄出雲市　雲州平田　旅伏　大寺　美談　伊野灘　津ノ森　高ノ宮　松江フォーゲルパーク　秋鹿町　長江　朝日ヶ丘　松江イングリッシュガーデン前　松江しんじ湖温泉

出雲科学館　布崎　湖遊館新駅園　一畑口

184　吉田掛合IC

54

出雲

日本海

松江しんじ湖温泉駅➡

旅伏駅
雲州平田駅
布崎駅
湖遊館新駅駅
園駅
一畑口駅
伊野灘駅
津ノ森駅
高ノ宮駅

一畑電車北松江線

美談駅

出雲市駅 ➡ 湯の川温泉
鉄道・徒歩●約30分
JR山陰本線で15分、荘原駅下車、徒歩15分
車● 約20分(14km)
県道197号を経由

宍道湖

✈ 出雲縁結び空港

宍道駅
来待駅

湯の川温泉♨

荘原駅

宍道IC
宍道IC
山陰本線
松江IC

斐川IC

荒神谷遺跡★

松江自動車道

山陰自動車道

南宍道駅

木次線

出雲市駅 ➡ 荒神谷遺跡
車●約15分(11km)
県道197号を経由

雲南加茂スマートIC

加茂中駅

幡屋駅

出雲大東駅

三刀屋木次IC

木次駅
南大東駅

日登駅

松江自動車道

木次線

下久野駅

備後落合駅➡

(お役立ちinformation)

観光情報を得る
●出雲観光協会 MAP 付録P.11 D-2
☎0853-31-9466
●神門通り観光案内所 MAP 付録P.10 C-2
☎0853-53-2298
●日御碕ビジターセンター MAP 付録P.8 A-1
☎0853-54-5400

出雲観光ボランティアガイド
出雲大社周辺地域の魅力を教えてくれるボランティアガイド。出雲大社のほか、日御碕や稲佐の浜、旧大社駅のガイドも希望すれば応じてもらえる。団体の場合はもちろん、一人旅でもOK。(繁忙期を除く)
出雲大社かたりべガイドの会
☎0853-53-2112(出雲観光協会 大社営業所)
⏰随時(予約制) 💴2時間まで5000円
(1時間超過ごとにプラス1000円)
※5日前までに要申し込み 🌐 www.izumo-kankou.gr.jp/volunteer/7001

お得なきっぷを利用して巡る
出雲エリアを移動するなら、出雲を横断する一畑電車を活用したい。旅のプランに合わせてお得に利用できるきっぷも用意されている。
☎0853-62-3383(一畑電車営業課)
▶ 1日フリー乗車券
一畑電車全区間が1日乗り降り自由。出雲大社前駅、電鉄出雲市駅などで購入できる。
💴1600円
▶ 古代出雲歴博入場券＆フリーチケット
一畑電車全区間が1日乗り降り自由。島根県立古代出雲歴史博物館常設展入場券がセット。
💴1800円

縁結びスポットを巡るタクシー
出雲大社や稲佐の浜など、神々ゆかりのパワースポットを巡る観光タクシーを運行している。モデルコース以外でも、ルートを相談することもできる。
▶ 観光タクシー 出雲大社コース
出雲大社、出雲日御碕灯台、島根県立古代出雲歴史博物館などを周遊できる観光タクシー。
▶ 観光タクシー 祝!松江城国宝指定
　国宝巡りコース
出雲縁結び空港を出発し、出雲大社、松江城、神魂神社を巡る観光タクシー。
☎0853-21-2478(出雲一畑交通)

出雲の街を移動する

⬆国の登録文化財にも指定されている
一畑電車の出雲大社前駅

⊃現在の拝殿は、昭和34年
(1959)に竣工。注連縄の張
り方は一般の神社とは左右
が逆になる

神々が坐す聖地で祈りを捧げる

出雲大社
いづもおおやしろ(いずもたいしゃ)

**日本海沿岸の巨木文化の伝統を強く感じさせる
古代の超高層木造建造物**

『日本書紀』によれば、創建は斉明天
皇5年(659)以前だが、現在ある御本殿
は延享元年(1744)に造営された。高さ8
丈(約24m)の、木造社殿としては日本最
大の建造物だ。かつては高さ16丈、資
料によっては32丈あったともいわれる。
御祭神の大国主大神は、国譲りのため
に壮大な神殿を強く希望し、神々によっ
て建てられたのが出雲大社だとされる。
出雲信仰の聖地で、大国主大神は「だ
いこくさま」として親しまれている。

MAP 付録P.10 B-1

☎0853-53-3100 🏠島根県出雲市大社町杵築東
195 🕐6:00(11〜2月6:30)〜20:00 🈚無休
🎫宝物館300円 🚃JR出雲市駅から一畑バス・大
社線で22分、正門前下車すぐ／一畑電車・出雲大
社前駅から徒歩5分 🅿あり(385台、季節によっ
て変動あり)
※詳しくはHPを確認

⬆国宝の御本殿は
八足門内の楼門の奥にそびえる

∞
出 雲 大 社
参拝のポイント

御祭神は大国主大神
おおくにぬしのおおかみ

御祭神の大国主大神は多くの
名前を持つが、「だいこくさま」
として親しまれている。縁結び・
五穀豊穣・病気平癒・
商売繁盛・必勝祈願な
どにご利益があると
され、人気が高い。

⬆境内に立つ大国主大神像

縁結びで知られる

旧暦の10月11〜17日に開かれ
る神在祭では、八百万の神が
出雲大社に集まり、縁結びの
会議をする。あるいは大国主
大神が恋多き神であることから
縁結びの神社として知られるよ
うになったという。

出雲●歩く・観る

出雲大社

旧暦10月は神在月（かみありづき）

旧暦の10月は神無月（かんなづき）というが、これは全国の神々が出雲に集合し、それぞれの国を不在にするためだ。したがって出雲では神在月といい、神々の宿舎「十九社」が東西に建てられている。

平成の大遷宮

2008年4月から2019年3月まで（2期事業を含む）、大事業である「平成の大遷宮」が60年ぶりに行われた。御本殿をはじめ、境内・境外にある23の摂社・末社の改修がなされ、美しく生まれ変わった。

美しく蘇った御本殿大屋根

出雲大社にお参りする

彰古館
文庫

12 素鵞社
筑紫社
10 御本殿
神殿正面遥拝所
宝庫
氏社
天前社
氏社
御向社
鏡の池
西十九社 **11**
楼門
西回廊
東回廊
14 神楽殿
9 八足門
おくにがえり
会館
御守所 **13**
8 拝殿
11 東十九社
国旗掲揚塔
祈禱受付
待合所
神祐殿
(宝物殿)
P.36-37 鳥瞰図

牛馬舎 **7**
6 銅の鳥居
社務所
手水舎 **5**
勅使館
御慈愛の
御神像
4 ムスビの御神像
杵那築森

P
千本松の森
3 松の参道

野見宿禰神社
三の鳥居 (鉄の鳥居)
祓橋
相撲場

浄の池
2 祓社

千家尊福公銅像

1 勢溜の大鳥居

正門前
一畑電車 出雲大社前駅

N
0   50m

参拝の作法とマナー

参拝の基本は二拝四拍手一拝で、各社殿すべてをこの作法で拝礼する。賽銭を注連縄に投げるのは失礼となる。

服装はお参りに適したものを
神聖な場所なので、肌の露出度の高い服は避けたい。ピンヒールは玉砂利の参道を歩きにくいので不向き。

鳥居をくぐるときには、一礼を
鳥居は手前で一礼してからくぐるようにしたい。神様の家の玄関に訪れたつもりで、敬意を表そう。

お参りは「二拝四拍手一拝」で
深いお辞儀を2回、胸の高さで手を合わせ、右指先を少し下にずらして4拍手、再び深いお辞儀を1回する。

ご祈禱は神楽殿や拝殿で
団体ツアー、あるいは個人での昇殿参拝やご祈禱は拝殿や神楽殿で行う。ご祈禱自体の所要は30分程度。

出雲大社 拝観コース

拝観の目安		1	2	3	4	5	6	7	8	9	10	11	12	13	14
約1時間30分		勢溜の大鳥居	祓社	松の参道	ムスビの御神像	手水舎	銅の鳥居	牛馬舎	拝殿	八足門	御本殿	十九社	素鵞社	御守所	神楽殿
			徒歩すぐ	徒歩1分	徒歩3分	徒歩2分	徒歩2分	徒歩すぐ	徒歩すぐ	徒歩すぐ	瑞垣の外側から拝観	徒歩すぐ	徒歩1分	徒歩2分	徒歩2分

見どころもご利益もしっかりチェック!!

良縁を授かるお参りへ

二の鳥居である勢溜の大鳥居から参拝を始めるのが一般的で、下りの参道を通って拝殿に向かい、八足門で御本殿にお参りする。ルールを守り、正しく参拝することが、ご利益を授かる最良の方法だ。

1 勢溜の大鳥居
せいだまりのおおとりい
正門といわれる木製の二の鳥居

木の鳥居で、大社への入口となる二の鳥居。鉄筋コンクリート製の一の鳥居は高さ23m。大勢の参拝客で賑わうので勢溜といわれる。

↺ この鳥居をくぐると、下りの参道が続く

2 祓社
はらえのやしろ
下り参道に建つ小さな社

祓井神四柱が祀られ、ここで身を清める。注意しないと見過ごすことになる小社。

↺ ここで最初の参拝をするが、もちろん二拝四拍手一拝。混雑に注意

3 松の参道
まつのさんどう
鉄の鳥居を過ぎて静寂なる参道を進む

樹齢400年を超す松並木の参道は、3つに区切られていて、真ん中は神様や高貴な人だけが通ることができたという。現在は通行禁止。

4 ムスビの御神像
ムスビのごしんぞう
大国主がムスビの神に

海のかなたから「幸魂・奇魂」という魂が現れ、大国主大神はムスビの大神になったという。

↺ 松の参道の右手にあり、大国主大神がムスビの大神になった場面を再現

5 手水舎
てみずしゃ
身と心を清めてお参りへ

柄杓で水を汲み左手、右手と清め、左手で水を受けて口をすすいで心身を清める。

※2023年11月現在、新型コロナウイルス感染予防のため柄杓の使用を廃止している

[注目ポイント]
境内のあちこちに見られるウサギ像

「因幡の白兎（いなばのしろうさぎ）」を題材にした大国主大神とウサギの「御慈愛の御神像」や、平成の大遷宮を記念して建立されたうさぎの石像も見られる。

↺ 見事な松並木の祓橋近くにある三の鳥居は鉄製

[参道は両端の道を歩く]
3つに区切られた参道の中央は神様の道とされ、参拝者は左右いずれかを通る。

出雲大社

出雲大社 境内

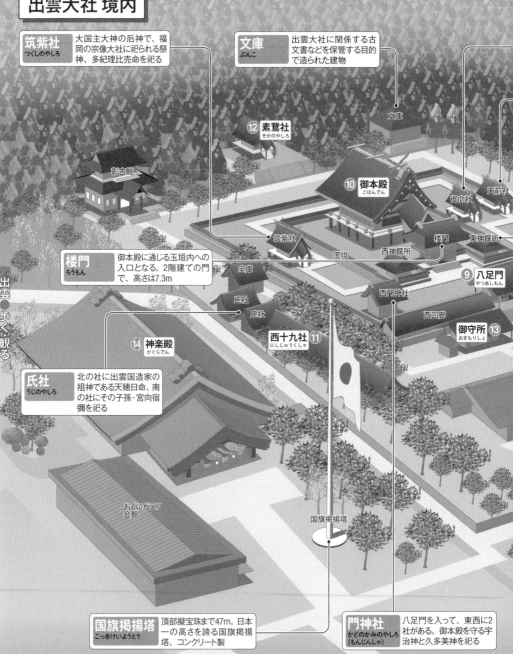

筑紫社
つくしのやしろ
大国主大神の后神で、福岡の宗像大社に祀られる祭神、多紀理比売命を祀る

文庫
ぶんこ
出雲大社に関係する古文書などを保管する目的で造られた建物

彰古館

⑫ **素鵞社**
そがのやしろ

文庫

⑩ **御本殿**
ごほんでん

御向社

天前社

筑紫社

西神饌所

楼門

東神饌所

楼門
ろうもん
御本殿に通じる玉垣内への入口となる。2階建ての門で、高さは7.3m

宝庫

玉垣

⑨ **八足門**
やつあしもん

氏社

氏社

西門神社

西回廊

御守所 ⑬
おまもりしょ

⑭ **神楽殿**
かぐらでん

西十九社 ⑪
にしじゅうくしゃ

氏社
うじのやしろ
北の社に出雲国造家の祖神である天穂日命、南の社にその子孫・宮向宿彌を祀る

おくにがえり
会館

国旗掲揚塔

国旗掲揚塔
こっきけいようとう
頂部擬宝珠まで47m。日本一の高さを誇る国旗掲揚塔。コンクリート製

門神社
かどのかみのやしろ
(もんじんしゃ)
八足門を入って、東西に2社がある。御本殿を守る宇治神と久多美神を祀る

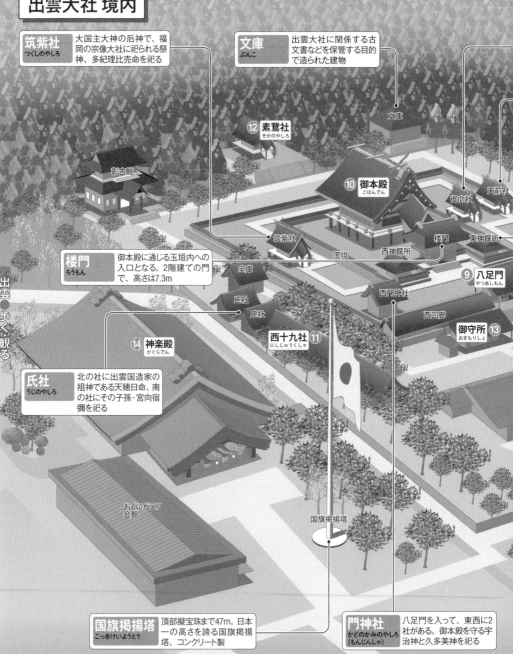

出雲●歩く観る

宝物殿
ほうもつでん

昭和56年(1981)完成の建物。出雲大社の歴史や信仰がわかる文化財、美術品が数多く展示されている。
🕐8:30〜16:30(入館は〜16:00)　💴300円

↑古代本殿を支えたとされる心御柱

御向社
みむかいのやしろ

大国主大神の正妻、須勢理比売命を祀る

天前社
あまさきのやしろ

大国主大神が難に遭ったのち、やけどの治療と看護をした女神を祀る

神饌所
しんせんしょ

楼門の東西2カ所にある。神へのお供え物を準備しておくための建物

観祭楼
かんさいろう

境内で行われる歌舞・演芸を鑑賞した場所

東門神社
釜社
観祭楼
東回廊

⑪ **東十九社**
ひがしじゅうくしゃ

釜社
かまのやしろ

食物を司る神・宇迦之御魂神を祀る。古伝新嘗祭(こでんしんじょうさい)では、この社から御釜を拝殿に移して御釜神事が行われる

⑧ **拝殿**
はいでん

神祜殿
(宝物殿)

⑥ **銅の鳥居**
どうのとりい

牛馬舎 ⑦
ぎゅうばしゃ

手水舎 ⑤
てみずしゃ

雑務所

③ **松の参道**
まつのさんどう

勅使館
ちょくしかん

例祭に訪れる勅使の宿泊などに使われる。伊東忠太の設計で、大正10年(1921)に完成

勅使館

6 銅の鳥居
どうのとりい
毛利藩が寄進した鳥居

毛利藩の主が寄進し、孫の毛利綱広が青銅製に作り直したもので、銅製鳥居では最古級。さわると金運が上がるという。

⬆鳥居に刻まれた銘から当時は素戔嗚尊が祭神だったことがわかる

7 牛馬舎
ぎゅうばしゃ
神馬の鼻はピカピカに輝く

`ご利益スポット`

銅の鳥居をくぐった左手に位置する。神馬像(下右)の鼻をさわると子宝に恵まれるといい、多くの参拝客の手で鼻はきれいに光っている。

⬆神牛(左)には学力向上のご利益があり、菅原道真ともつながりがあるという

8 拝殿
はいでん
大社造と切妻造の折衷様式。木曾檜材を使った木造建造物

昭和28年(1953)に焼失したが、昭和34年(1959)に浄財によって再興された。拝殿ではご祈祷や古伝新嘗祭などの祭事が行われる。

⬆拝殿の注連縄は長さ6.5m、重さは1tある

9 八足門
やつあしもん
御本殿への参拝はここでする

拝殿の後方にある御本殿の参拝は八足門の前からとなる。八足門は御本殿を囲む瑞垣の門のことで、開かれてはいるが、正月などの特別な期間以外は中に入ることができない。

⬆八足門の奥にはさらに楼門があり、御本殿は見られない

10 御本殿
ごほんでん
圧倒的な建物に言葉を失う

大国主大神が鎮座する、高さが24mもある大社造の巨大木造建造物。延享元年(1744)の造営で、国宝に指定されている。背面から見ればその大きさがより実感できるはずだ。 `国宝`

⬆檜皮葺きの大屋根には47tもの檜の樹皮が使われている

`注目ポイント`
かつての本殿を支えていた柱の出土跡

2000~01年に境内から直径1.35mの巨木3本を1つに組んだ巨大な柱が発掘され、言い伝えられてきた御本殿の高さが48mだったという現実性が指摘され、話題となった。

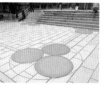

⬇発見された柱は鎌倉時代のもの

**神様に正面からお参りするなら
御本殿西側の正面遥拝所へ**

御本殿において、大国主大神は西向きに鎮座しているため、八足門からお参りすると「横向き」に参拝してしまうことになる。正面からお参りするためには、御本殿の西側にまわったところに設けられた遥拝所から再度参拝すればよい。

11 十九社
じゅうくしゃ
神々の宿泊施設

神議(神在祭)の7日間、全国から集まった八百万の神が宿泊する社で、御本殿の東西両側に並び、各々19枚の扉があることからこの名がついた。扉が開くのは神在月の期間だけで、普段は遥拝所だ。

🕐東十九社(上)、西十九社(下)。いずれも江戸時代中頃に再建されたものという

12 素鵞社
そがのやしろ
隠れた人気のパワースポット

御本殿の裏手、瑞垣の外に建つ社で、祭神は素戔嗚尊。八雲山の麓に鎮座する。稲佐の浜から持ってきた砂を供え、その代わりに素鵞社の砂をもらって神様の加護を得るという信仰がある。

🔽背後に迫る八雲山は山自体が御神体で、出雲大社の神体山だとする説もある

次のページへ

39

13 御守所
おまもりしょ
縁起あるお守りを授かる

八足門の左手すぐにあり、お守りやお札が購入できる。それぞれさまざまな種類が用意されているのでよく吟味を。

⚘6:00〜20:00の間、開いている

こんな縁起のいい授与品があります

⚘縁結び絵馬。金運上昇や合格祈願などもできる

⚘縁むすびの糸。常時身につけておくと効果絶大

⚘縁結箸。稲田姫（櫛名田比売）の神話にちなむ

14 神楽殿
かぐらでん
迫力の巨大注連縄がシンボル

明治12年(1879)に結成された出雲大社教がその教化を目的に、御本殿とは別に大国主大神を祀ったことに始まる。現在の建物は昭和56年(1981)に造営されたもの。巨大な注連縄で知られる。

注目ポイント

日本最大級の注連縄

神楽殿の正面に張られた注連縄は長さが13.5m、周囲最大8m、重さが5.2tにもなる日本最大級のもの。一般の注連縄とは違い、「大黒締め」と呼ばれる左綯いの技法で綯われている。2018年7月、6年ぶりの掛け替えが行われた。

出雲●歩く●観る

国譲りの条件として造営されたという壮大な神殿の伝承と真実

出雲大社の巨大神殿

高さ8丈（24m）、千木の長さは8.3m、3本の勝男木は5.4mもある出雲大社。
かつてその高さは2倍もあったという伝承は、遺構の発掘により真実味を帯びはじめてきた。

平安時代の本殿遺構

平安時代中期に源 為憲が公家の子弟のために書いた教科書『口遊』に「雲太・和二・京三」とあり、これは当時の建物を大きさの順で表現したものとされる。1位は出雲大社、2位は東大寺大仏殿（大和）、3位は平安京大極殿（京）という意味だ。その頃の大仏殿は高さ約45mあったとされ、出雲大社はそれ以上の規模だったことになる。本居宣長は『玉勝間』で「神殿の高さ、上古には三十二丈（約97m）あり。中古には十六丈（約48m）あり。今の世のは八丈（約24m）也」と記している。

2000～01年の境内の発掘調査で3本の杉材を束ねた差し渡し約3mの柱が発見され、往時の大社の平面図とされる『金輪御造営差図』のとおりであることが明らかになった。分析の結果、この遺構は宝治2年（1248）の御本殿跡と考えられ、伝承にある巨大神殿の実在が有力視されている。

↷鎌倉時代の杵築大社（出雲大社）とその周辺を描いた絵図。『出雲大社并神郷図』〈千家家所蔵・島根県立古代出雲歴史博物館提供〉

↷16丈説による平安時代の出雲大社模型。神殿から延びる階段は約109mあったという〈出雲大社所蔵・島根県立古代出雲歴史博物館提供〉

↷出雲大社境内遺跡出土の宇豆柱。宝治2年（1248）遷宮の本殿の遺構とされる。ほかに心御柱、南東側柱も発見されている〈出雲大社所蔵・島根県立古代出雲歴史博物館提供〉

江戸時代以降に建てられた御本殿

出雲大社では、現在までに記録に残っているだけでも31回も遷宮が行われている。また、平安末期から鎌倉時代にかけて、5度にわたり御本殿が倒壊している。

寛文7年（1667）に、徳川幕府の援助により造営遷宮がなされ、高さ8丈（約24m）の御本殿が完成している。現在の御本殿は延享元年（1744）に完成したものだ。

出雲大社の歴史と古代ロマンを知る

島根県立古代出雲歴史博物館
しまねけんりつこだいいずもれきしはくぶつかん

実物の宇豆柱や高さ16丈説に基づく出雲大社御本殿の模型、加茂岩倉遺跡（→P.51）から出土した銅鐸などの展示があり、古代出雲の歴史や文化の豊かさが訪れる者を圧倒する。

↷古代の出雲の姿を知ることができる博物館

出雲 **MAP** 付録P.10 C-1

☎0853-53-8600　所島根県出雲市大社町杵築東99-4
🕐9:00～18:00（11～2月は～17:00）入館は各30分前まで
休第1・3火曜（変更の場合あり）
料常設展620円、企画展は別途
交一畑電車・出雲大社前駅から徒歩7分　P244台

八百万の神に祈る、古くから変わらない儀式

神を迎える神事と古式ゆかしき祭礼

五穀豊穣と豊作の祈りが捧げられる古伝新嘗祭、5月に行う出雲大社最大の神事・大祭礼、そして旧暦10月の神在祭など、古代からの伝承を引き継ぐ荘厳な神事が営まれる。

旧暦の10月、出雲大社とその周辺では、八百万の神をめぐって多くの神事・祭事が厳かに営まれる。

↑国譲り神話の舞台でもある稲佐の浜に、篝火を焚いて神々を迎える。出雲大社の神在祭は、旧暦10月10日の神迎祭に始まり、17日の神等去出祭(からさでさい)で幕を閉じる

稲佐の浜の神籬に降臨した神々は龍蛇様を先導に出雲大社へ

旧暦10月10日　神迎祭
かみむかえさい

大国主大神のもとに集まる八百万の神を、稲佐の浜に斎場をしつらえて神職たちが迎え、龍蛇様の先導で大社に向かう。出雲国造の祝詞と巫女の舞が神々をもてなす。

縁結び会議が7日間にわたって開かれる

旧暦10月11〜17日　神在祭
かみありさい

大社の摂社である上宮(MAP付録P.8 C-2)で、神々による縁結びの会合がなされる。神々の宿舎である十九社では連日祭りを実施。期間中、地元の人々は静寂を保つ。

↑全国の神々が出雲大社に集まり、人々の御縁を結ぶ会議である「神議(かみはかり)」が開かれるという

出雲●歩く・観る

大社三大祭のひとつで最大の祭典

5月14〜16日　大祭礼
だいさいれい

大社が一年で最も賑わいをみせる大祭礼では、古式に則った行事や祭典の数々が行われる。

かつて「山陰無双之節会、國中第一之神事ナリ」と称された出雲大社で最も盛大な祭り。天皇陛下のお仕えである勅使を迎えて祭礼が営まれ、古式豊かな光景に包まれる。

○前夜から参籠潔斎を行った国造、神職が、この例祭のみで着用する正服に身を包み、厳粛に祭事を執り行う

街を巡る悪魔祓いの民間行事
1月3日　吉兆さんと番内さん
きっちょうさんとばんないさん

古くから大社町に伝わる行事で、囃子方と一緒に出雲大社や町内を賑やかに練り歩く。「吉兆さん」とは「歳徳神」と縫い取りのある錦の幟のことで、高さは10mほどにもなる。

「番内さん」は、鬼の面と神楽衣装を身につけた厄年の男性による幟の先導役で、先端の裂けた青竹で地面を叩きながら家々をまわり、悪魔祓いを行う。

☎0853-31-9466
（出雲観光協会）

○出雲大社の本殿前で神謡を詠う

年間の主な祭事

1月1日	**大御饌祭** おおみけさい 神前に供物を捧げ、皇室や国家、国民の繁栄や安泰を祈る
2月3日	**節分祭** せつぶんさい 邪鬼悪霊を祓い、五穀豊穣などを大国主大神に祈る神事
旧暦元日	**福神祭** ふくじんさい 神楽殿大広間にお籠もりして、福の神・大国主大神に祈る
2月17日	**祈穀祭** きこくさい 御神酒や御飯、魚など山海の幸を神前に献上、五穀豊穣を祈る
5月14〜16日	**大祭礼** だいさいれい
6月1日	**涼殿祭** りょうでんさい(すずみどののまつり) 出雲の森から御手洗井に敷かれた真菰の上を国造が歩き祈念
8月14日	**神幸祭** しんこうさい 身逃神事とも称し、禰宜が奉仕する古くから伝わる神事
8月15日	**爪剥祭** つまむきさい 神前に塩・稲穂・瓜・茄子・大角豆・大根などの神饌を供える
旧暦10月10日	**神迎祭** かみむかえさい
旧暦10月11〜17日	**神在祭** かみありさい
旧暦10月17日・26日	**神等去出祭** からさでさい 神々を見送り旅の無事を祈る
11月23日	**献穀祭** けんこくさい 御本殿の神前にその年の穀物を献じ、大国主大神に感謝を捧げる
11月23日	**古伝新嘗祭** こでんしんじょうさい 出雲国造にとって最も重要な神事。国造の霊力を復活させる
12月27日	**御饌井祭** みけいさい 元日に本殿に供える水のための井戸・御饌井を清める神事
12月31日	**大祓** おおはらえ 罪や穢れを祓い身を清める儀式

伝統を継承する遷宮

遷宮には膨大な時間と木材、さらに伝統的な技術と研究が駆使される

日本最大の神社建築が鎮座する出雲大社の遷宮は新たに造営するのではなく、
修繕や補修を目的とする。これによって御祭神・大国主大神の力は蘇ることになる。

◎御祭神・大国主大神が御仮殿から御本殿へと遷座する本殿遷座祭。厳かな雰囲気のなかで執り行われる（撮影：中野晴生）

遷宮の意義

60年ごとに社殿が新たに生まれ変わる

　出雲大社の遷宮は、伊勢神宮（三重県伊勢市）などのように20年に一度と決まっているわけではなく、おおよそ60年に一度となっている。また、伊勢神宮や穂高神社（長野県安曇野市）のようにすべてを一新することはなく、社殿の補修・改修のみという遷宮だ。その最重儀が、新たになった本殿へ御祭神にお帰りいただく本殿遷座祭である。

　なぜ造営ではないのか。遷宮の目的は、建物の維持、建築技術の継承、さらに社殿を清浄に保つためといわれる。しかし、たとえば出雲大社の御本殿は高さが24m（10階建てのビルに相当）、檜皮葺きの大屋根の面積は約180坪（約595㎡）で、軒先の厚さは約1mにもなる。この巨大建造物の資材を集めるのは至難の業で、平安時代にもその困難が記録されているという。さらに、約60年周期の遷宮は技術的にもその継承は難しく、「平成の大遷宮」の修造では多くの文献から技術や工夫が研究された。出雲大社の遷宮は、膨大な資源と歳月、さらに先人たちの智恵と技術が詰まった、文字どおりの文化財だ。

本殿遷座祭 ◀ 御祭神が御遷座される

　2008年に開始された「平成の大遷宮」は、その最も重要な祭事「本殿遷座祭」を2013年5月10日に60年ぶりに開催した。御仮殿に祀られていた御祭神を御本殿に再び迎える神事で、これによって神の力は蘇るとされる。境内には全国から1万2000人もの参拝者が集まった。前日の9日には御本殿を清める清祓式が行われた。

遷宮の歴史をたどる

斉明天皇によって始められた

　『日本書紀』の斉明天皇5年（659）に「命出雲国造修　厳神之宮」という記述があり、出雲大社（杵築大社）が正史に初めて登場した記事とされる（熊野大社という説もある）。出雲大社をより素晴らしいものに造れと、出雲国造に命じたという意味なので、少なくともこれ以前から大社はあったことになる。

　永久3年（1115）には、稲佐の浜に漂着した巨木などを使って「寄木の御造営」と呼ばれる遷宮が行われている。慶長14年（1609）には豊臣秀頼によって遷宮がなされたが、当時の本殿の高さは約19.6mで仮殿式と呼ばれるものだった。寛文7年（1667）には徳川幕府の援助により約400年ぶりに正殿式本殿が竣工し遷宮しているが、高さは24mに復帰している。また、この遷宮は神仏分離をいち早く実現したものでもあり、祭神も素戔嗚尊から大国主大神に再び改められている。

　現在の社殿が造営・遷宮された延享元年（1744）以降の遷宮は、文化6年（1809）、明治14年（1881）、昭和28年（1953）、そして2013年に行われている。

◎寛文7年（1667）に完成した出雲大社の社殿（復元模型）。この造営で境内から仏教色は除かれた〈島根県立古代出雲歴史博物館所蔵〉

大社造——受け継がれる様式

出雲大社に代表される大社造（たいしゃづくり）と呼ばれる神社建築は、祭祀に使われていた高床式の宮殿が社殿へと変遷した様式といわれる。正面と側面がともに2間ほどのほぼ正方形の切妻造（きりづまづくり）（山状の形の屋根を持つ建物）の妻入り（つまいり）（出入口が建物の棟と直角になる側にある）建物。

内部は9本の柱で組んだ、田の字形の構造を持ち、中央の柱は心御柱（しんのみはしら）と呼ばれるが、これは梁を支えるものではない神聖な柱とされる。出雲大社の場合、階段は正面右寄りに付き、神座の位置は正面から見て東側にあるので祭神は西を向くことになる。

⬆️須佐神社本殿。大社造の社殿としては神魂神社（MAP 付録P.13 D-4）本殿が現存最古のものとして知られるほか、熊野大社（➡P.49）、佐太神社（➡P.48）、美保神社（➡P.54）などが、大社造の社殿を持つ

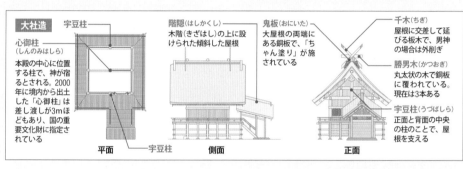

大社造

宇豆柱

心御柱（しんのみはしら）
本殿の中心に位置する柱で、神が宿るとされる。2000年に境内から出土した「心御柱」は差し渡しが3mほどもあり、国の重要文化財に指定されている

階隠（はしかくし）
木階（きざはし）の上に設けられた傾斜した屋根

鬼板（おにいた）
大屋根の両端にある銅板で、「ちゃん塗り」が施されている

千木（ちぎ）
屋根に交差して延びる板木で、男神の場合は外削ぎ

勝男木（かつおぎ）
丸太状の木で銅板に覆われている。現在は3本ある

宇豆柱（うづばしら）
正面と背面の中央の柱のことで、屋根を支える

平面　　　宇豆柱　　　側面　　　正面

平成の大遷宮

2008年4月から始まった出雲大社の60年ぶりの「平成の大遷宮」は2016年3月に社殿修造が完了。2019年には境内整備も終了した。

平成になって初めての遷宮では、境内・境外すべての社殿が修造されたが、中心は御本殿の修繕だった。防水性に優れた檜皮葺きの大屋根は面積が約180坪、軒先の厚さは1mにもなる巨大なもの。そのすべてを撤去して新たに葺き直すのに使われた、特殊なサイズの檜皮は約64万枚で、原材料の調達には兵庫や岡山などの山林からも集められた。また、鬼板や千木、勝男木などを覆う銅板に「ちゃん塗り」という塗装が施されている。これは防腐のための塗装技術で、その塗装剤の配合を事前調査で科学的に解明し、明治の遷宮以来約130年ぶりに再現してもいる。

こうした困難を伴う資材の長年にわたる準備や、技術的な研究・研鑽などによって御本殿はよみがえった。2013年5月10日、新しくなった御本殿へ御神体を戻す本殿遷座祭が無事斎行された。

⬆️特殊な寸法の檜皮の総重量は約47t。葺き替えには3年の歳月を要した（撮影：中野晴生）

⬅️勝男木などを覆う銅板に、松ヤニやエゴマ油、鉛などを混ぜた塗料を使用した「ちゃん塗り」と呼ばれる塗装が施された。昭和の遷宮では行なわれず、実に130年ぶりとなる施しだ

伝統を継承する遷宮

45

出雲の地に息づく神話と、社に刻まれた太古の記憶

神々が住まう聖域をめぐる旅

大国主大神が祀られる出雲大社は、古くから神聖な社としてたたずみ、出雲神話を今に伝えている。
古代の書物や出土品から明らかになる出雲の地の歴史や文化を紐解き、神が宿る古社に詣でたい。

神話の世界が明らかになる
王権神話と出雲国造

記紀に語られてきた出雲の勢力
2つの遺跡から出現した画期的な出土品

『古事記』上巻の3分の1が出雲神話で占められているが、これは大和朝廷が出雲を無視できなかったことを示しているのだろう。古代出雲は考古学的にも「神話の世界」として見られてきたが、昭和59年(1984)の荒神谷遺跡(➡P.50)、さらに1996年には加茂岩倉遺跡(➡P.51)の発掘調査により大量の銅剣や銅鐸が発見され、出雲が弥生時代の青銅器文化圏の主要地域であったことが確実になった。

出雲の有力豪族だった出雲国造は、大国主神の国譲りを天照大御神に命じられて天降った天菩比命(天穂日命)を始祖とし、出雲氏(のちの千家家・北島家)が出雲大社の祭祀を受け継いで現在にいたっている。出雲国造の本拠は意宇郡にあったが、のちに出雲郡に移り、杵築(出雲)大社の祭祀職務に就いたとされる。

7世紀〜 建立に多くの謎が残る
杵築大社の創建

大国主神の天御舎・杵築大社とその周辺は、
古墳時代からすでに神聖な地だった

杵築(出雲)大社の創建は不明だ(杵築大社が出雲大社と呼ばれるようになったのは基本的には明治4年(1871)から)。国譲りの条件として大国主神は天つ神側に壮大な宮殿の建造を求めたと記紀にあり、また『出雲国風土記』では神々が宮を建てたとあり、これが出雲大社の起源説話とされる。

『日本書紀』の垂仁天皇23年では、出雲に皇子を派遣して大神を拝ませる話があり、斉明天皇5年(659)には社殿を修造したことが記されている。出雲大社境内遺跡からは神祭りの存在を思わせる古墳時代の玉類などが出土し、このあたりは当時からすでに聖地だったことがうかがえる。

↑『杵築大社近郷絵図』。寛文の造営の前まで、神仏習合により鐘楼などの仏教施設が建っていた〈出雲国造 北島建孝所蔵・島根県立古代出雲歴史博物館提供〉

『出雲国風土記』 古代出雲の地誌

各国に「風土記」の編纂が命じられたのは和銅6年(713)で、国内の土地の状態や地名の由来、特産物、伝承などを記録して報告することを目的とした。『出雲国風土記』の構成は総記から始まり、次に意宇・島根・秋鹿・楯縫・出雲・神門・飯石・仁多・大原の9郡の詳細が続き、最後に巻末条となる。20年の歳月を費やし、天平5年(733)に完成している。

「国引き」神話は意宇郡の項目に記載され、日本海を舞台とした壮大な交流がうかがえる。奥付では編纂の最終責任者を、国造で意宇郡の大領でもあった出雲臣広島と記されており、国司ではないことがこの風土記の大きな特徴となっている。

↑現存するのは写本で、200本ほどもあるとされる。各国の「風土記」はそのほとんどが散失し、残っているのは出雲・常陸・播磨・豊後・肥前の5カ国のものだけ〈島根県立古代出雲歴史博物館所蔵〉

記紀神話に見る出雲の国の成立と大国主神の活躍

大国主神と国譲り神話

**「だいこくさま」と親しまれる大国主神。「国造り」や「国譲り」、「稲羽の素兎」など
多くの印象的な神話の主人公として、また女神たちと数々の浮き名を流したことでもよく知られる。**

須佐之男命の子孫・大国主神の国造り

　記紀などの日本神話によると、粗暴な須佐之男命（素戔嗚尊）に悩んだ姉の天照大御神は天岩戸に隠れてしまい、高天原は混乱する。八百万の神々は協議して須佐之男命を追放。出雲に降った須佐之男命は美しい櫛名田比売に出会う。しかし、櫛名田比売はその地を荒らす八岐大蛇への生け贄にされそうになっていた。須佐之男命は八岐大蛇を退治して、その尾から出てきた草那芸（草薙）の大刀を天照大御神に献上した。須佐之男命の子、あるいは6世の子孫が大国主神とされる。

　『古事記』では大国主神は少名毘古那神と出会い、ともに葦原中国の国造りを行い、やがて少名毘古那神は常世に去っていった。葦原中国という出雲世界の支配者になった大国主神は多くの名前を持つが、広い地域で立場や状況によって異なった名前の人として信仰されていたからだともいわれる。「稲羽の素兎」神話では蒲の穂が薬草として登場し、これにより大国主神は医療の神ともされる。

大国主神の国譲りの決心と出雲大社

　大国主神が少名毘古那神と協力して葦原中国の国造りを完成すると、高天原の天照大御神は建御雷之男神を葦原中国に派遣して国譲りを強要する。大国主神は自分の息子の一人である事代主神に意見を聞いてほしいと建御雷之男神に返答し、出雲を高天原の勢力に譲る決心をする。『古事記』では大国主神の子・建御名方神だけは譲ることに反対し、力比べで建御雷之男神に挑むが、最後は屈服して諏訪に追放されたと記される。大国主神は国譲りの条件として壮大な宮殿の建造を要求し、この建造物が杵築（出雲）大社の起源とされる。

↑素戔嗚尊（須佐之男命）（左）と稲田姫命（櫛名田比売）が描かれた板絵。八岐大蛇伝説をめぐる主人公。2012年に発行された「古事記編纂1300年」を記念した特殊切手の図柄となった〈松江市・八重垣神社所蔵〉

↑古来たびたび氾濫を繰り返した斐伊川（ひいかわ）。暴れ川の姿が、八岐大蛇神話のモデルになったともいわれている

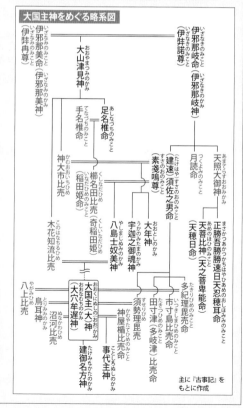

大国主神をめぐる略系図

主に『古事記』をもとに作成

神々が住まう聖域をめぐる旅

47

『古事記』の世界を旅する。
神話の舞台

『古事記』をはじめ『日本書紀』や『出雲国風土記』に語られる神話の世界が広がる、不思議と謎に満ちた出雲。神々ゆかりの地を巡る。

神名火山の麓に鎮座する古社
佐太神社
さだじんじゃ
松江 **MAP** 付録P.7 E-1

11月20〜25日の神在祭が有名で、25日には神等去出神事が厳粛に行われる。大社造の3殿が並立する姿は美しく、国の重要文化財。佐陀神能はユネスコ無形文化遺産だ。

↑出雲国の二の宮で、「神在の社」として広く信仰されている

☎0852-82-0668
⬛島根県松江市鹿島町佐陀宮内73
⬛参拝自由 ⬛JR松江駅から車で20分 Ｐあり

社殿の朱色が海に映える
日御碕神社
ひのみさきじんじゃ
出雲 **MAP** 付録P.8 A-1

須佐之男命を祀る上(神)宮と天照大御神を祭神とする下宮が同じ境内に鎮座する。下宮は「日沈宮」とも呼ばれる。日御碕の浜には鳥居が建ち、かつてはここが参道の入口だった。

↑『出雲国風土記』には「美佐伎社」とあり、島根半島の西端に位置する

⬛島根県出雲市大社町日御碕455 ⬛参拝自由 ⬛山陰自動車道・出雲ICから車で35分 Ｐあり

国譲り神話の舞台となった浜
稲佐の浜
いなさのはま
出雲 **MAP** 付録P.8 B-2

大国主神と建御雷之男神が国譲りの交渉をしたと伝えられている。神迎祭（➡P.42）で神々を迎える浜でもある。

☎0853-53-2298（神門通り観光案内所）
⬛島根県出雲市大社町杵築北稲佐
⬛大社駅から車で7分 Ｐあり

↑稲佐の浜の中央にある弁天島

須佐能袁命の御魂が鎮まる
須佐神社
すさのおのみこと
すさじんじゃ
出雲 **MAP** 付録P.2 C-3

『出雲国風土記』に、須佐能袁命がこの地を開拓し「小さいが良い国なので自分の名前は岩や木でなく、土地につけよう」と、この土地に須佐と名付け、自らの御魂を鎮めた社。

☎0853-84-0605 ⬛島根県出雲市佐田町須佐730 ⬛参拝自由 ⬛松江自動車道・三刀屋木次ICから車で30分 Ｐあり

↓不思議なパワーが感じられる境内

ここでも神在祭が行われる
朝山神社
あさやまじんじゃ
出雲 **MAP** 付録P.6 B-4

主祭神は大国主神の妻・真玉著玉之邑日女命。旧暦10月1日から10日に神在祭があり、ここに集まった神々は10日の夕刻に出雲大社へ向かうという。神々の宿舎・朝山十九社もある。

☎なし ⬛島根県出雲市朝山町1404 ⬛参拝自由 ⬛JR出雲市駅から車で15分 Ｐあり

↑『出雲国風土記』に「浅山社」とある

神在祭で神々が最後に集う
万九千神社
まんくせんじんじゃ
出雲 **MAP** 付録P.6 B-3

神在祭で集まった八百万の神が最後に立ち寄り、締めくくりと宴会（直会）を行って旅立つ古社。

☎0853-72-9412 ⬛島根県出雲市斐川町併川258 ⬛参拝自由 ⬛JR出雲市駅から車で12分 Ｐあり

↑神等去出祭という神送りの神事がある

【地図内の表記】
日本海
楯縫郡
猪目洞窟 P.48
韓竈神社 P.48
たてぬい
八上姫神社
御井神社
万九千神社 P.48
日御碕神社 P.48
出雲大社 P.32
出雲郡
いずも
出雲●
稲佐の浜
朝山神社 P.48
神門郡 かんど
須佐神社 P.48
斐伊川
雲南◉
三屋神社
飯石郡 いいし
八岐大蛇公園
天が淵 P.49

伊邪那岐と伊邪那美の物語
黄泉比良坂
よもつひらさか

松江 MAP 付録P.21 D-2

伊邪那美命から追われて黄泉の国から逃げた伊邪那岐命が、この坂にあった大岩で道をふさいだという神話がある。

☎0852-55-5840(松江市東出雲支所地域振興課)
🏠島根県松江市東出雲町揖屋 🕐🈺料見学自由
🚌JR揖屋駅から車で5分 🅿6台

↑伊邪那岐命の禊ぎで須佐之男命が生まれる

↑近くには伊邪那美命を祀る揖夜(いや)神社もある

佐太神社 P.48

島根郡

●松江

黄泉比良坂 P.49

宍道湖

秋鹿郡
あいか

●松江

意宇郡
おう

八重垣神社 P.49 90

神魂神社 P.49

揖夜神社

熊野大社 P.49

須我神社 P.49

大原郡
おおはら

●境港

美保神社 P.49 54

美保湾

中海

安来●

米子●

神社の古代の郡名
郡名は『出雲国風土記』記載の古代の郡名
●は現在の街名

神社

「出雲国一の宮」として崇拝
熊野大社
くまのたいしゃ

松江 MAP 付録P.7 F-3

『出雲国風土記』に記される出雲大社と並び崇拝されてきた古社。主祭神は須佐之男命とされ、稲田姫命(櫛名田比売)、伊邪那美命を祀る神殿も建てられている。

☎0852-54-0087 🏠島根県松江市八雲町熊野2451 🕐🈺料参拝自由
🚌JR松江駅から車で25分 🅿あり

仁多郡
にた

八岐大蛇神話の舞台
天が淵
あまがふち

雲南 MAP 付録P.3 D-3

斐伊川上流にあり、出雲神話にある八岐大蛇が棲んでいたところ、あるいは須佐之男命に「八塩折の酒」を飲まされて酔った大蛇が逃げ込んだ場所という別の伝承もある。

☎0854-47-7878(雲南市観光協会)
🏠島根県雲南市木次町湯村 🕐🈺料見学自由
🚌JR木次駅から車で20分 🅿なし

↑蛇帯という石は大蛇の足跡だと伝わる

↑拝殿のほかにも多くの社殿がたたずむ

↑全国にあるえびす社の総本社でもある

諸手船神事でもよく知られる
美保神社 ➡P.54
みほじんじゃ

美保関 MAP 付録P.19 E-2

主祭神は大国主神の御后神・三穂津姫命と第一の御子神・事代主神。本殿は美保造と呼ばれる特殊な様式の建物。

縁結びの「夫婦椿」も生える
八重垣神社 ➡P.90
やえがきじんじゃ

松江 MAP 付録P.13 D-4

八岐大蛇神話の主人公、素盞嗚尊(須佐之男命)と稲田姫命(櫛名田比売)の夫婦を祀る、縁結びにご利益がある人気の神社。

↑宝物収蔵庫には、神社のなかで日本最古となる壁画を所蔵している

日本最初の宮と呼ばれる社
須我神社
すがじんじゃ

雲南 MAP 付録P.7 E-3

八岐大蛇を退治した須佐之男命が稲田姫命(櫛名田比売)と住む場所としてこの地を見つけ、心がすがすがしくなり宮殿を建てた。そのため「日本初之宮」と呼ばれている。背後の八雲山には奥宮(夫婦岩)が祀られている。

☎0854-43-2906 🏠島根県雲南市大東町須賀260 🕐8:30〜17:00 🈺無休 🈺料無料
🚌JR松江駅から車で25分 🅿あり

↑「八雲立つ 出雲八重垣 妻籠みに 八重垣作る その八重垣を」。須佐之男命はここで日本初の和歌を詠んだ

日本の古代史を大きく塗り替えた、発掘された画期的な2つの遺跡
発掘された古代出雲

昭和59年（1984）夏、荒神谷遺跡から調査発掘された大量の銅剣の発見は、日本古代史において出雲の重要性を改めて知らされる大きな事件となった。

弥生時代に燦然と輝く青銅器文化

　まず、青銅器は錆びる前は光り輝いていたことをイメージしておきたい。日本に青銅器がもたらされたのは弥生時代の前期からで、制作も始まる。北部九州が銅剣・銅矛の文化圏だったのに対し、銅鐸は近畿を中心とした地域に多く出土するが、出雲にはこの2つの文化圏を融合するような青銅器文化があったことがわかってきた。矛や剣などの武器類は大型化し、祭祀に使われたと考えられるが、銅鐸と同様その性格は今なお不明だ。

島根の青銅器出土遺跡

　かつて島根県は青銅器の発見が少ない地域だったが、荒神谷遺跡と加茂岩倉遺跡の発掘によって大量の青銅器が発見されたことにより、日本の青銅器文化における出雲の重要性が認識されることになった。島根は位置的に近畿地方を中心とする銅鐸文化圏と北部九州の銅矛・銅剣文化圏の中間にあるため、出雲出土の銅鐸は近畿地方から、銅矛は北部九州から持ち込まれたとされる。しかし、「出雲型銅剣」と呼ばれる銅剣は出雲で制作されたとも指摘されている。荒神谷遺跡から出土した銅剣には「×」印が刻まれており、加茂岩倉遺跡から出土した銅鐸にも同じような印があるものも見られ、両遺跡の関係が注目されている。志谷奥遺跡（松江市鹿島町）では銅剣と銅鐸がセットで出土している。

出雲の主な青銅器出土遺跡

日本海

志谷奥遺跡

青木遺跡
真名井遺跡

西川津遺跡

荒神谷遺跡
松江市

加茂岩倉遺跡

出雲市

安来市

雲南市

大田市

奥出雲町

考古学上の大発見となった大量の銅剣
荒神谷遺跡　こうじんだにいせき

1ヵ所の遺跡から、かつてない358本もの銅剣が発見されたのは昭和59年（1984）のことで、多くの考古学者を驚かせた。翌年の調査では東方7mのところから銅鐸6個、銅矛16本が併せて埋められているのが発見され、銅矛には九州に出土例のある綾杉文（刃の部分にある矢羽状の研ぎ分け）を持つものもあった。銅鐸と銅矛がセットになって見つかったのはこの遺跡だけだ。

↑この発掘までは全国で約300本の銅剣が発見されていたにすぎない。銅剣はすべて同じ型式のものだった。島根県立古代出雲歴史博物館（→P.41）で展示〈文化庁所蔵・島根県立古代出雲歴史博物館提供〉

←青銅器は隠すように埋められていた〈文化庁所蔵・島根県立古代出雲歴史博物館提供〉

遺跡の隣接地に、2005年開館
荒神谷博物館
こうじんだにはくぶつかん
出雲 **MAP** 付録P.6 C-3

館内には遺跡の詳細な情報が展示され、モニターでは映像で劇的な発掘調査の様子などが興味深く見られる。夏季には博物館の前の池に3万本もの古代蓮が咲く。

↑荒神谷遺跡から出土したレプリカが並ぶ

☎0853-72-9044　⏺島根県出雲市斐川町神庭873-8　🕐9:00～17:00（入館は～16:30）　🗓火曜（祝日の場合は翌日休）、展示替え期間　💴無料（展示室は有料）　🚃JR荘原駅から車で5分　🅿あり

⊕加茂岩倉遺跡の銅鐸。同じ鋳型で作られた銅鐸は、近畿や四国地方からも発見されている。島根県立古代出雲歴史博物館（➡P.41）で展示〈文化庁所蔵・島根県立古代出雲歴史博物館提供〉

39個の銅鐸発見は国内最多の出土例
加茂岩倉遺跡 かもいわくらいせき

1996年、荒神谷遺跡の南東3.4kmの場所から合計39個の銅鐸が発見された。これらの銅鐸は、大型銅鐸の中に小型銅鐸を収めた「入れ子」状態で埋められていた。また、なかには亀やトンボ、四足獣、さらに人面など、絵画や文様なども見られる点が特徴的である。

⊕遺跡は農道工事の最中に、谷奥にある丘陵斜面から偶然見つかった

出土した銅鐸のレプリカの展示もある
加茂岩倉遺跡ガイダンス
かもいわくらいせきガイダンス
出雲 MAP 付録P.6 C-3

ビデオ映像やパネル展示などで遺跡を解説。散策コースでは出土状況を再現した模型も見られ、当時の様子をうかがうことができる。施設周辺の景観も美しい。

☎0854-49-7885
🏠島根県雲南市加茂町岩倉837-24　🕘9:00〜17:00　🚫火曜（祝日の場合は開館）　🆓無料
🚃JR加茂中駅から車で5分
🅿あり

⊕復元遺構も遠望できる

玉作りの技　全国最大規模の生産地

出雲の玉作りは弥生時代前期から始まり、古墳時代の中〜後期になるとその遺跡は出雲全域に見られるようになる。松江市玉湯町には出雲石とも呼ばれる良質の碧玉を産出する花仙山（MAP 付録P.12 B-4）があり、弥生時代から平安時代まで盛んに玉作りが行われた。宮崎や東京、北海道などの遺跡から出土した玉に、花仙山産のものがあることが判明している。

松江市出雲玉作資料館
まつえしいずもたまつくりしりょうかん

玉造温泉 MAP 付録P.18 C-3

古代から続く玉作りの技法と歴史が学べる資料館。史跡出雲玉作跡から出土した玉関係遺物のほか、近代めのう細工やその工具なども展示している。

☎0852-62-1040　🏠島根県松江市玉湯町玉造99-3
🕘9:00〜17:00（入館は〜16:30）　📅月曜　🆓300円
🚃JR玉造温泉駅から車で5分　🅿あり

王墓の誕生

1世紀～ 古代の出雲の姿を伝える遺跡群

青銅器の時代は終わりを迎え
出雲に四隅突出型墳丘墓が現れる

　他地域に先駆けて青銅器の祀りが終焉した出雲地域は、墳丘墓の時代を迎える。墳丘墓は、弥生時代中期以降造られるようになるが、弥生時代後期の1～2世紀頃になると、出雲文化圏で特徴的といわれる四隅突出型墳丘墓が出現するようになる。墳丘の四隅に舌状の突出部が大きく張り出しているもので、出雲を中心に日本海沿岸に分布している。西谷墳墓群、仲仙寺墳墓群などが知られる。

◐四隅突出型墳丘墓・西谷3号墓模型。45×32m、高さ4.5mの長方形墳丘に、長さそれぞれ7mほどの突出部が延びる。墓上には4本の柱穴を持つ墓上施設があったとされる〈島根県立古代出雲歴史博物館所蔵〉

四隅突出型墳丘墓を復元。展示室も見学できる
西谷墳墓群史跡公園
にしだにふんぼぐんしせきこうえん
出雲 **MAP** 付録P.6 B-3

4つの隅が突出した弥生時代後期の四隅突出型墳丘墓と呼ばれる大きな墓が並ぶ。なかでも、歴代の出雲王が眠る4基は、全国最大級の大きさを誇る巨大な四隅突出型墳丘墓であり、その姿は壮観だ。

↑2号墓は弥生後期後半の造営

☎0853-25-1841(出雲弥生の森博物館) 働島根県出雲市大津町2760 働見学自由(2号墓展示室は9:00～16:30) 働無休 働無料 ❎JR出雲市駅から車で10分 ❷あり

出雲東部で規模の大きい四隅突出型墳丘墓
仲仙寺墳墓群・塩津山墳墓群
ちゅうせんじふんぼぐん・しおつやまふんぼぐん
安来 **MAP** 付録P.21 D-3

仲仙寺墳墓群仲仙寺支群9号墓、宮山支群4号墓の弥生時代に造られた王墓・四隅突出型墳丘墓が整備されている。塩津山墳墓群のうち、山陰道のトンネル上に整備された1号墳は、弥生時代の王墓の特徴を色濃く残す古墳である。

↑トンネル上に残る塩津山1号墳

☎0854-23-3240(安来市文化財課) 働仲仙寺墳墓群:島根県安来市西赤江町、塩津山墳墓群:島根県安来市久白町 働働働見学自由 ❎JR荒島駅から塩津山墳墓群へ徒歩10分、仲仙寺墳墓群へ徒歩20分 ❷あり(塩津山墳墓群のみ)

島根出土の銅鏡 古墳時代の権威の象徴

　加茂岩倉遺跡の南東約1.8kmに位置する、1辺約30mの古墳時代前期の方墳・神原神社古墳は、昭和47年(1972)の発掘調査で鉄製品のほかに、「景初三年」銘がある三角縁神獣鏡が出土したことで注目された。「景初三年」は魏の明帝が邪馬台国の卑弥呼に銅鏡100枚を下賜したとされる年で、そのなかの1枚ではないかという説もある。

◐神原神社古墳から出土した景初三年銘の三角縁神獣鏡は重要文化財。現地には古墳の石室が復元されている。島根県立古代出雲歴史博物館(→P.41)で展示〈文化庁所蔵・島根県立古代出雲歴史博物館提供〉

3世紀～ 出雲国へと収斂する東西勢力

大形化する古墳群

出雲の東西に築造された巨大古墳
伸長した豪族たちの権勢がうかがえる

　古墳時代に入ると、四隅突出型墳丘墓にかわって大形墳が造られるようになる。古墳時代前期には、出雲西部では神原神社古墳(**MAP** 付録P.7 D-4)のある周辺、出雲東部では安来市荒島丘陵の2カ所が大形古墳造営の中心地だった。荒島丘陵の大成古墳(**MAP** 付録P.21 D-2)、造山1号墳は全国的にも見ても最大級の方墳だ。

　前方後方墳では、6世紀中頃に造られた山代二子塚古墳が出雲では最大規模。前方後円墳では、同じ頃に造られた出雲西部の大念寺古墳(**MAP** 付録P.11 F-2)が最大だ。

古墳時代前期に造られた日本最大級の方墳
造山古墳群
つくりやまこふんぐん
安来 **MAP** 付録P.21 D-2

造山1号墳は古墳時代前期の方墳としては全国最大規模を誇る。史跡公園として整備された2号墳は出雲地方に特徴的な全長50mの前方後方墳。造山古墳群周辺の墳墓群は「古代出雲王陵の丘」の名称で史跡公園となっている。

◐前方後方墳の2号墳が整備されている

☎0854-23-3240(安来市文化財課) 働島根県安来市荒島町 働働見学自由 ❎JR荒島駅から徒歩10分 ❷あり

出雲に造られた最大規模の前方後方墳
山代二子塚古墳 **→P.90**
やましろふたごづかこふん
松江 **MAP** 付録P.13 D-3

日本海沿岸地域、さらには朝鮮半島、大陸と、古代から海上の道で結ばれていた

日本海をめぐる海上交通

**出土品や神話からも、古くから出雲は日本海沿岸各地と交流していたことがわかる。
朝鮮半島と大陸とは交易と敵対を繰り返し、江戸期には北前船の寄港地として賑わった。**

日本海沿岸地域との交流

　長崎県壱岐の原の辻遺跡からは弥生時代の出雲の土器が出土しているが、一方で朝鮮系無文土器と呼ばれる土器が九州北部から出雲に伝わり、出雲市大社町の原山遺跡などから発掘されている。松江市の田和山遺跡（➡P.91）からは朝鮮半島にあった楽浪郡の硯が出土している。
　『古事記』に見える大国主神の婚姻は、東からは高志（越）国の沼河比売、西は胸形（福岡県宗像）の多紀理毘売命と、広域にわたっている。『出雲国風土記』の「国引き神話」では、八束水臣津野命が新羅や高志の都都（能登半島の珠洲）などから土地を引き寄せて領土を拡大したという。これらの考古学的な出土品や神話などから、出雲は古代から日本海を舞台に広い文化圏を形成し、交流していたと考えられる。

新羅との対立と渤海国との交易

　出雲に新羅からの渡来神を祀る神社が11社もあることからも、新羅との特別な関係がうかがえる。しかし、天智天皇2年（663）に、白村江の戦いで唐・新羅連合軍に敗退。天平4年（732）になると日本と友好関係にあった渤海国が唐との対立を強め、新羅は渤海の朝鮮半島南下を警戒して唐に接近という情勢となる。
　渤海との交易の航路は出雲や出羽、能登など、日本海側全域におよび、8〜10世紀初頭にかけて36回も日本に使節を派遣した。

中世の主要な港

8〜9世紀の環日本海の主な交流

日本海の海運ネットワーク

　出雲地域における律令時代の流通は陸上交通がメインだったが、中世になると中央の荘園領主への物資の輸送は量的にもコストの面でも優れた日本海を利用するようになり、日本海西部にそのネットワークを形成した。
　出雲の美保郷はそれを管理するための関所が設置された。西日本海の各地に多くの津（港）が造られ栄えたが、現在の島根県では鷺浦や温泉津などがそれらの津だった。美保郷は美保関という地名となり、江戸時代には北前船（西廻り航路）の寄港地としても賑わった。

⬆️美保関の青石畳通りは、北前船で栄えた往時の面影を伝えている

青石畳通り
あおいしだたみどおり

美保関 **MAP** 付録P.19 E-2

美保神社から佛谷寺へ向かう参道で、北前船の物資の積み降ろしのために江戸後期に海から切り出した青石などで敷設されたもの。雨に濡れるとより青みが増すことからこの名がある。

☎0852-73-9001（松江観光協会 美保関町支部）　🏠島根県松江市美保関町美保関　🚗米子自動車道・米子ICから車で40分

福の神と縁結び
出雲信仰

縁結びのご利益は御師の布教活動が奏功
大国と大黒は習合して福の神となった

出雲大社の御祭神・大国主大神は、縁結びの神として人気だが、この縁結びというご利益は、御師による布教活動などで広まったとされる。出雲では旧暦10月は神無月ではなく神在月と呼ばれるが、この神々が集う神在祭を通じて縁結び信仰が広がっていったようだ。

出雲大社は龍神信仰でも知られる。神迎神事では出雲にやって来る八百万の神を先導する神を「龍蛇様」として崇敬している。龍蛇は、さらに火除けや水難除け、商売繁盛の神としても信じられており、龍蛇神札を台所などに祀る人もいる。

また、大国主大神は「だいこくさま」と親しまれ、同音の仏教の神・大黒（天）とともに、江戸時代になると福の神として信仰されるようになった。

松江市にある美保神社は、事代主神を「えびすさま」として祀る神社の総本宮としても知られ、福をもたらしてくれるといわれている。

↑大社龍蛇神〈島根県立古代出雲歴史博物館所蔵〉

島根半島は西の日御碕から東の美保関に至る東西約65kmの半島で、国引き神話の舞台としてもよく知られる。その半島の西側に鎮座する出雲大社と東側の美保関に位置する美保神社をセットで参拝することを「えびすだいこく両参り」と称している。

縁結びの神として人気の大国主大神を「だいこくさま」として祀る出雲大社と、事代主神を「えびすさま」として祀る美保神社を両参りすることで、ご利益がよりパワーアップするといわれ、江戸時代からの人気の参拝法となっている。事代主神は大国主神の御子神で、出雲神話の国譲りで重要な役割を果たしている。

美保神社
みほじんじゃ

美保関 **MAP** 付録P.19E-2

大国主神の御后神・三穂津姫命と御子神・事代主神を祀る。事代主神は「えびすさま」として親しまれ、美保神社は全国にあるえびす社の総本社とされる。えびすさまは「鳴り物好き」という信仰があり、多くの楽器が奉納され、国の重要有形民俗文化財となっている。

↑諸手船神事など、国譲り神話にちなんだ神事も再現される

☎0852-73-0506　所島根県松江市美保関町美保関608
開休料参拝自由　交JR松江駅から車で45分　Pあり

↑『出雲国大社之図』。出雲大社に集合した神々が合議して縁結びを決めている様子〈島根県立古代出雲歴史博物館所蔵〉

出雲・松江 歴史年表

西暦	元号		事項
BC100	弥生時代 後期	**弥生時代～古墳時代**	
		四隅突出型墳丘墓が現れる	
AD		この頃、**荒神谷遺跡 ⊃ P.50** に銅剣358本ほか、**加茂岩倉遺跡 ⊃ P.51** に銅鐸39個を埋葬か	
250	古墳時代 前期	四隅突出型墳丘墓が発達し、大形化する	
		古墳が造られ始める(神原神社古墳、大成古墳、造山1号墳・3号墳など)	
		玉造・花仙山周辺で玉作りが始まる	
		出雲大社境内遺跡で、玉を使った祭祀が行われる	
400	中期	宍道湖北岸、石見中・西部などで、大形の古墳が造営される	
		須恵器が作られ始める	
500	後期	横穴式の古墳が現れる	
		この頃から、たたら製鉄が始まる	
		出雲地域で、大形古墳が造営される(山代二子塚古墳、大念寺古墳など)	
		出雲、石見地域で、仏教寺院が建てられ始める	
594	推古 2	**飛鳥時代**	
		鰐淵寺 ⊃ P.25 創建と伝わる	
659	斉明 5	出雲国造に命じて、杵築大社(**出雲大社 ⊃ P.32**)を修築させる	
		出雲国・石見国・隠岐国が置かれる(**出雲国府跡 ⊃ P.91**)	
663	天智 2	白村江の戦いで、唐・新羅連合軍に日本の軍勢が敗れる	
692	持統 6	**鰐淵寺 ⊃ P.25** の金銅観音菩薩立像が造られる	
701	大宝 元	大宝律令が制定される。翌年、出雲は上国、石見は中国、隠岐は下国に区分される	
710	和銅 3	**奈良時代**	
		平城京が造営される	
712	5	『古事記』成立。出雲神話が記される	
716	霊亀 2	出雲国造果安、神賀詞を奏上	
720	養老 4	『日本書紀』成立。出雲神話が記される	
724	神亀 元	隠岐国、配流の遠国とされる	
732	天平 4	朝鮮半島の新羅を警戒し、山陰の海岸に山陰道節度使を配置する	
733	5	出雲臣広嶋編纂による『出雲国風土記』が完成する	

西暦	元号		事項
794	延暦 13	**平安時代** 平安京遷都	
799	18	渤海国使、隠岐国に来着	
814	弘仁 5	渤海国使、出雲国に来着	
825	天長 2	渤海国使、隠岐国に来着	
835	承和 2	出雲国の正倉が焼失する	
838	5	小野篁、遣唐使船への乗船を拒否したために官位剥奪され、隠岐へ流罪となる	
861	貞観 3	渤海国使、隠岐国に来着	
876	18	渤海国使、出雲国に来着	
892	寛平 4	渤海国使、出雲国に来着	
948	天暦 2	日御碕大神宮(**日御碕神社 ⊃ P.48**)創建	
970	天禄 元	杵築大社(**出雲大社 ⊃ P.32**)が『口遊』に当時の建物では最も高層で、東大寺大仏殿、平安京大極殿を超える建築として「雲太・和二・京三」と称せられる	
1061	康平 4	杵築大社(**出雲大社 ⊃ P.32**)の社殿が顛倒	
1067	治暦 3	杵築大社(**出雲大社 ⊃ P.32**)遷宮	
1102	康和 4	この頃から、他国では10月のことを「神無月」と呼ぶようになる	
1109	天仁 2	杵築大社(**出雲大社 ⊃ P.32**)の社殿が顛倒	
1115	永久 3	杵築大社(**出雲大社 ⊃ P.32**)遷宮	
1141	保延 7	杵築大社(**出雲大社 ⊃ P.32**)の社殿が顛倒	
1145	久安 元	杵築大社(**出雲大社 ⊃ P.32**)遷宮	
1172	承安 2	杵築大社(**出雲大社 ⊃ P.32**)の社殿が顛倒	
1185	文治 元	**鎌倉時代** 壇ノ浦で、平家滅亡する	
1190	建久 元	杵築大社(**出雲大社 ⊃ P.32**)遷宮	
1221	承久 3	承久の乱。後鳥羽上皇、隠岐に配流される	
1235	嘉禎 元	杵築大社(**出雲大社 ⊃ P.32**)の社殿が顛倒	
1239	延応 元	後鳥羽上皇、隠岐で没する	
1248	宝治 2	杵築大社(**出雲大社 ⊃ P.32**)造営遷宮。巨大柱の御本殿が建立される	
1332	正慶 元 元弘 2	前年の元弘の乱により、後醍醐天皇が隠岐に配流される。翌年、隠岐を脱出	
1338	暦応 元 延元 3	**室町時代** 足利尊氏、征夷大将軍に。室町幕府を開く	
1343	康永 2 興国 4	出雲国造家が、千家・北島家の両家となり、杵築大社(**出雲大社 ⊃ P.32**)の祭務、所領などの分担を定める	
1392	明徳 3 元中 9	京極高詮、出雲国守護となる	
1399	応永 6	足利義満、大内氏に代えて京極高詮を石見国の守護とする。翌々年、山名氏に代わる	

戦国時代以降は⊃**P.93**へ

神々が住まう聖域をめぐる旅

神話の国で誕生した、神々を迎え祀る多彩な舞

神々の舞── 出雲・石見の神楽

**神を迎えるための奉納舞として生まれた神楽。島根には、県内ほぼ全域に神楽が伝承されている。
県下で神楽を行う団体は200を超え、全国屈指の「神楽県」として知られる。**

各地それぞれ地域色ある島根の神楽

島根の神楽は、出雲、石見、隠岐の旧国ごとに違った特徴が見られる。

出雲神楽は、佐太神社(➡P.48)で伝承される奉納舞・佐陀神能が源流とされている。佐陀神能は江戸初期に、佐太神社の神職が京都で学んだ能を取り入れて確立させた。神事舞の「七座」と「式三番」、演劇的な舞楽「神能(神楽能)」の3部で構成され、この様式が出雲各地の神社に伝わり、出雲神楽となった。儀式的な要素が濃く、ゆったり舞うのが出雲神楽の特徴だ。佐陀神能はユネスコの無形文化遺産に登録されている。

石見神楽は、明治時代に石見の神社の氏子たちによって形づくられた。儀式的な舞は少なく、ほとんどが仮面演劇風の神楽能で構成される。神楽能の演目は娯楽性が強く、刺繍で飾った華美な衣装をまとい、和紙製の軽い面をつけて速いテンポで舞う。石見東部の山間地では、古来の神楽の形式を持つ大元神楽が伝承されており、国の重要無形民俗文化財に指定されている。

隠岐神楽は、離島という地域性もあって、県内のほかの地域とは異なる歩みをしてきた。江戸時代までは、社家と呼ばれる専門の神楽師のみが行っていた。演劇的要素は少なく、巫女舞が多くを占めている。

島根の神楽の演目

出雲神楽では、神話や神社の縁起を題材とする神楽能が多い。代表演目の『国譲』は、大国主神と天照大御神の国譲り神話がテーマ。神々が参拝客に行う餅まきで盛り上がる。ほかに、女神が邪鬼退治をする日御碕神社の縁起の『日御碕』、佐太神社の縁起物語『大社』などが知られる。

石見神楽は、神話を題材にした勧善懲悪劇が多い。人気の『塵輪』は、典型的な悪鬼退治劇だ。悪狐退治の物語『黒塚』は、ユーモラスな台詞回しで評判が高い。代表演目『大蛇』は、八岐大蛇神話の物語。巨大な提灯蛇胴が舞台をうごめきまわるシーンは圧巻だ。

神楽は各地の神社の祭礼で奉納されるほか、公演や神楽競演大会でも披露される。

↑出雲神楽の『大社』。佐太神社に参詣中の帝の臣下の前に佐陀大神が現れる〈佐太神社〉

↑翼を持つ鬼・塵輪が登場する、石見神楽の人気演目『塵輪』〈ゆのつ温泉 夜神楽〉

↑『八幡』では、八幡宮の祭神・八幡麻呂が悪魔王を退治する〈ゆのつ温泉 夜神楽〉

↑石見神楽の『大蛇(おろち)』で火を吐く大蛇。蛇の使い手は胴内にいるため姿がない〈ゆのつ温泉 夜神楽〉

ゆのつ温泉 夜神楽
ゆのつおんせん よかぐら

温泉津温泉の龍御前神社では、毎週土曜の夜8時から、伝統の石見神楽を披露している。伝統の神楽を、神聖な空気漂う神社で見学できる。演目は日によって異なる。

☎0855-65-2998(温泉津温泉旅館組合) 毎週土曜20:00〜21:00(追加公演日・休演日あり)
2000円(全席指定予約席)
URL iwami-kagura.jimdo.com

龍御前神社
たつのごぜんじんじゃ

温泉津温泉 MAP 付録P.19 D-3

☎0855-65-2065(大田市観光協会温泉津観光案内所) 島根県大田市温泉津町温泉津イ738-1 参拝自由 JR温泉津駅から徒歩11分 Pなし

※石見神楽の上演予定は、鳥取県西部公式観光サイト「なつかしの国石見」www.all-iwami.comで確認を

出雲●歴史

風土記の時代から近代まで、生活を支えた奥出雲の鉄

たたら──奥出雲の鉄づくり

**たたら製鉄は日本で独自に発展した伝統的な鉄づくりの製法だ。
明治になって近代的製鉄法が伝わるまで、製鉄の中心地は中国山地の山奥にあった。**

古代から続く製鉄技術

たたら製鉄は、古くから続く日本の伝統的な製鉄法。粘土の炉に砂鉄と木炭を入れ、吹子の風で木炭を燃焼させて鉄を作り出す。奥出雲町のある中国山地は、材料の砂鉄や木炭用の木材が豊富だった。そのため、中世以降の鉄需要の激増により、全国有数の鉄生産地となった。

明治になって洋式製鉄法が普及したため、大正12年（1923）、すべてのたたらが廃業した。しかし、昭和52年（1977）に、日本刀の材料である玉鋼を作るため、たたら製鉄は奥出雲町に復活し、今も続いている。2016年、奥出雲町と安来市、雲南市に伝わるたたらの歴史や伝統技術、行事が日本遺産に認定された。

↑たたらと刀剣館では月に2回、日本刀の鍛錬実演を行っている

たたら製鉄の歴史と伝統を知るスポット

たたらの伝統が息づく奥出雲町や安来市で鉄づくり集落の面影や歴史にふれてみたい。

奥出雲たたらと刀剣館
おくいずもたたらととうけんかん

たたらが生き続ける場所

日本刀制作に使用する玉鋼を生産するために復活した「日刀保たたら」について、映像やパネル展示で解説している。吹子の模型展示で体験ができ、実物大のたたら炉断面模型は圧巻。

☎0854-52-2770　⬛島根県奥出雲町横田1380-1　⊕9:30〜17:00（最終受付16:30）　⊛月曜（祝日の場合は翌日休）　¥530円（刀剣鍛錬実演日は1270円）　Ⓧ JR出雲横田駅から車で3分　Ⓟあり

奥出雲 MAP 付録P.3 E-4

絲原記念館
いとはらきねんかん

庭園が美しい鉄師の旧家

たたら製鉄師の頭取として活躍した絲原家の歴史やたたら資料、美術工芸品などを展示する記念館。隣接する絲原家の一部と出雲流庭園も公開。事前予約すれば案内もしてくれる。

☎0854-52-0151　⬛島根県奥出雲町大谷856-18　⊕9:00〜17:00（入館は〜16:00）　⊛水曜（1〜3月）、展示替え期間（3月・6月・9月に各5日間）　¥1000円（庭園含む、季節により変動あり）　Ⓧ山陰自動車道・安来ICから車で1時間　Ⓟあり

奥出雲 MAP 付録P.3 E-4

たたら角炉伝承館
たたらかくろでんしょうかん

たたらの過渡期の炉を紹介

角炉とは、伝統的なたたらの近代化に向け明治期に考案されたレンガ製の製鉄炉。従来の粘土製の炉とは異なり、連続操業を可能にする画期的技術で、館内では角炉の遺構と歴史を展示。

☎0854-52-2672（奥出雲町教育委員会教育魅力化課）　⬛島根県奥出雲町阿井1325-6　⊕9:00〜17:00　⊛12月末〜2月　¥無料　Ⓧ JR出雲三成駅から車で20分　Ⓟあり

奥出雲 MAP 付録P.3 D-4

和鋼博物館
わこうはくぶつかん

たたらや鉄の歴史を紹介

たたら製鉄を総合的に紹介する博物館。生産用具の展示や映像、国の重要有形民俗文化財となった足踏み式天秤鞴も展示している。ミュージアムショップ（10〜15時）もある。

☎0854-23-2500　⬛島根県安来市安来町1058　⊕9:00〜17:00（入館は〜16:30）　⊛水曜（祝日の場合は翌日休）　¥310円　Ⓧ JR安来駅から徒歩15分　Ⓟあり

安来 MAP 付録P.21 E-2

出雲大社 参道案内

稲佐の浜から勢溜へ続く 伝統を伝える道

神迎の道
かみむかえのみち

MAP 付録P.10A-2

旧暦の10月。出雲地方では「神無月」ではなく「神在月」と呼ぶ月。全国の神々が大社に集う。その際、稲佐の浜から出雲大社へと神々が通られる道。

神々が通る道として知られる神迎の道には、趣ある出雲そばの老舗がたたずむ

神門通りから神迎の道へ。参道でグルメ＆お買い物

ご縁に導かれ、神々を訪ねる途

出雲大社の参道には、出雲そばの名店や甘味処が並ぶ。神々が通られる神聖な道で、ご縁にあやかるみやげも探したい。

創業200年を超える老舗そば店

A 出雲そば 荒木屋
いずもそば あらきや

MAP 付録P.10B-2

日本で最も古い出雲そば店として有名な店。風情を感じられる店内で割子そばを堪能。

出雲そば ➡ P.60

参拝途中のおすすめスポット

手銭美術館
てぜんびじゅつかん

MAP 付録P.10A-2

数百点もの古美術品が並ぶ島根県の美術品や、楽山焼、布志名焼などの伝統工芸を展示する美術館。江戸時代に建てられた米蔵と酒蔵を改装した施設で美しい庭園も鑑賞できる。

☎0853-53-2000 ⬜島根県出雲市大社町杵築西2450-1 ⬜9:00〜16:30 ⬜火曜(祝日の場合は翌日休)、展示替え期間 ⬜800円 ⬜一畑電車・出雲大社前駅から徒歩15分 ⬜あり

茶の湯を広めた不昧公ゆかりの茶器も展示される

そば処 かねや P.61

★ 手銭美術館 P.58

A 出雲そば 荒木屋 P.60

出雲大社 P.32

神迎の道 ★

P.64大社の祝凬 高橋 S

P.61そば処 田中屋 R

勢溜の大鳥居

正門前

P.62ご縁横丁 出雲ぜんざい餅店 C

P.59ご縁横丁 B

C 大社門前 いづも屋 P.63

P.63くつろぎ和かふぇ 甘右衛門 C

S 俵屋菓舗 神門店 P.65

P.64 出雲かみしお. C

P.59いずも縁結び本舗 北店 D

i 神門通り 観光案内所 P.31

P.63 甘味喫茶・お好み焼き みちくさ C

P.65 堀江薬局本店 艸楽 S

S はまや土産品店 P.65

出雲大社前駅

神門通り ★

一畑電鉄 大社線

宇迦橋の大鳥居

大社文化プレイス・うらら館

宇迦橋

道の駅 大社ご縁広場 i P.66

100年の昔から栄える
出雲大社の参詣道

神門通り
しんもんどおり

MAP 付録P.10 C-2

出雲の地ならではの飲食店
や物産店が数々並ぶ参詣道。
名物料理の数々を食べ歩い
たり、縁結びグッズを見て
まわったり、レトロな駅舎
を見たり。見どころたくさん。

ご利益にあやかれそう
なみやげや休憩スポッ
トが集まり、参拝後
の散策にぴったり

◐宇迦橋の
大鳥居

地元の厳選素材を使った本格派

Ⓒ ご縁横丁
出雲ぜんざい餅店
ごえんよこちょういずもぜんざいもちてん

MAP 付録P.10 B-2

地元の老舗和菓子店が厳選素材で作る
一品。上品な甘さに心がほぐれる。

出雲ぜんざい➡P.62

神門通りなかばにある出雲
大社しんもん横丁にも立ち
寄りたい。スイーツのテイク
アウトなど6店舗が入る

「ご縁」を感じる人気スポット

Ⓑ ご縁横丁
ごえんよこちょう

MAP 付録P.10 B-2

楽しみどころ満載の横丁
飲食店やみやげ物店など10店
舗が軒を連ねる。出雲ならで
はのご当地商品を取り揃えて
いる。季節のイベントも開催。

☎0853-31-4586
🏠島根県出雲市大社町杵築南840-1
🕐9：00〜18：00(12〜2月は〜17：00) 🈚店舗により異な
る 🚃一畑電車・出雲大社前駅から徒歩7分 🅿なし

◐出雲大社の勢溜
の大鳥居にほど近
い横丁

◐出雲の地で愛
されるぜんざい
の名店やみやげ
物店が並ぶ

Ⓓ いずも縁結び本舗 北店
いずもえんむすびほんぽ きたてん

MAP 付録P.10 C-2

ご縁あふれるワクワク空間
数々のみやげ品が並び、品揃え豊富な店内。
縁結び関連のものはもちろん、鳥取・島根の
特産品なども充実。

☎0853-53-2884
🏠島根県出雲市大
社町杵築南775-1
🕐10：00〜17：00
🈚無休
🚃一畑電車・出雲大
社前駅から徒歩3分
🅿なし

◐ハート形に仕上げ
られた、かわいいか
まぼこ。もちろん味も
バッチリ

割子そば930円
3段重ねになった出雲そば特有の「割子そば」。1段目を食べ終えたら、そばの旨みが加わったつゆを2段、3段と移していく

風土が育てた伝統の味わい

香り高き出雲そば

地元産のそばの実を、そのまま石臼で挽いて作る出雲特有の風味。
色が濃く香り豊かなそばを味わえる老舗が軒を連ねる。

⬆すすぎ工程を行わないことで、そば特有の香りを損なうことなく味わえる釜あげそば690円

出雲そば 荒木屋

いずもそば あらきや

MAP 付録P.10 B-2

200年という歴史が物語る
日本で最も古い出雲そばの老舗

地元の玄そばをていねいに石臼挽きにし、そば本来の香りがいちばん引き立つ絶妙な配合で作られる。細めの麺でありながら、コシが強いのも魅力。自家の井戸水を使い、うるめイワシからとったつゆはやさしい口当たりと上品な味わい。

☎0853-53-2352
所島根県出雲市大社町杵築東409-2 営11:00～17:00(売り切れ次第終了) 休水曜 交一畑電車・出雲大社前駅から徒歩10分 Ｐあり

| 予約 | 不可 |
| 予算 | Ⓛ690円～ |

⬇歴史ある店構えで2階席もある(左)。昔ながらの階段箪笥に風情が感じられる(右)

60

三色割子3段1200円
ネギやもみじおろしといった、通常の薬味のものとは別に、卵、とろろがのったものと合わせ、3種類のそばが味わえる

↑昔ながらの低い天井が落ち着く

↑釜揚げそば700円。女性好みの甘めのつゆはそば湯とも相性抜群

そば処 かねや
そばどころ かねや

MAP 付録P.10 A-2

古くから「3たて」にこだわる観光客にも人気のそば店

出雲市四ツ角の古い街並みに店を構えるそばの老舗で、出雲大社からの立地の良さから観光客にも人気。「挽きたて、打ちたて、茹でたて」にこだわる手打ちそばは、香り高く、コシが強いのが特徴だ。

☎0853-53-2366
🏠島根県出雲市大社町杵築東四ツ角659
🕐10:30～14:30　🚫火・木曜
🚉一畑電車・出雲大社前駅から徒歩10分
🅿あり

予約	不可
予算	Ⓛ700円～

そば処 田中屋
そばどころ たなかや

MAP 付録P.10 B-2

香り豊かなそばの味と食感を楽しむ

昭和47年(1972)の開業から、今も変わらない味を提供する。そばは、国産の玄そばを石臼挽きした粉を毎朝手打ち。挽きぐるみなので、香りが引き立ち、モチモチの食感とコシの強い歯ごたえが楽しめる。

↑出雲大社正門前に店を構える

☎0853-53-2351
🏠島根県出雲市大社町正門鳥居前　🕐11:00～16:00　🚫木曜
🚉一畑電車・出雲大社前駅から徒歩7分　🅿なし

三色割子1254円
温泉玉子、とろろ、天かすがのった3種類のそばが味わえる。それぞれ薬味を絡めることで違った味わいが楽しめる

↑天井が高く開放感のある店内

予約	不可
予算	Ⓛ1000円～

平和そば本店
へいわそばほんてん

MAP 付録P.10 A-3

徹底した品質管理でそば本来の旨みを引き出す

昭和25年(1950)創業。ていねいにそばを手打ちしており、手作りにこだわる店。そば本来の豊かな風味と香りを存分に引き出した一品が味わえる。割子そばと、地元にファンの多いかつ丼のセットも人気。

☎0853-53-3240
🏠島根県出雲市大社町杵築西2034
🕐11:00～L014:30(そばがなくなり次第終了)　🚫木曜(臨時休あり)　🚉一畑電車・出雲大社前駅から徒歩15分　🅿あり

割子蕎麦(3段)900円
挽きぐるみの国産そば粉を使った二八そば。うるめ節がベースのつゆは甘辛く上品な味わいで、そばの味をいっそう引き立てる

予約	不可
予算	Ⓛ1000円～

↑静かな通りの一角に建つ

出雲発祥と伝わるご当地自慢の甘味

和の情緒
出雲ぜんざい

1

出雲●歩く・観る

老舗和菓子店の甘味処や味わい極めた専門店など、ぜんざいの歴史と文化を伝える店が並ぶ。
丸くてかわいい餅や、店ごとに趣向を凝らした一杯に奥深さを感じて。

小豆の上品な甘みを堪能
厳選素材を使った一品

ご縁横丁
出雲ぜんざい餅店

ごえんよこちょういずもぜんざいもちてん

MAP 付録P.10 B-2

出雲の老舗和菓子店、坂根屋が
営む甘味処。出雲地方の契約農
家から仕入れたもち米や大納言小
豆など、上質な素材を使用したぜ
んざいが楽しめる。上品な甘さの
小豆は口当たりなめらか。ゆで餅
のもっちりとした食べ応えも魅力。

☎0853-53-5026
🏠島根県出雲市大社町杵築南840-1
🕘9:00～18:00(12～2月は～17:00)
🈂不定休 🚉一畑電車・出雲大社前駅
から徒歩7分 🅿なし

1.ご縁横丁の一角に建つ。
「出雲ぜんざい餅」をはじ
め、手みやげにぴったり
な和菓子も販売 2.座敷
があり、ゆったりくつろ
げる 3.出雲ぜんざい600
円。昼夜の温度差が大き
い土地で育った小豆の凝
縮した甘みが存分に楽し
める。出西窯の器も素敵
4.気軽に味わえるように
ベンチも設置

ぜんざいの由来は出雲から

ぜんざいの発祥は、佐太神社ともい
われる。佐太神社で行われる神在祭
の神送りの日にお供えされていた餅
と小豆を煮て、再びお供えする「神
在餅(じんざいもち)」が転訛して「ぜ
んざい」と呼ばれ、京都に伝わった
という。発祥の地が出雲であるとい
うことは、江戸時代の『雲陽誌』や
『祇園物語』などにも記されている。

1. オリジナル性の高い工芸品や県産加工品のおみやげも買える
2. 出雲大社の勢溜から近い絶好のロケーション　3. 出雲ぜんざい600円。甘さ控えめな汁に大粒の小豆の食感が男性にも人気

出雲大社の正門すぐ
散策途中にちょっとひと息

大社門前いづも屋
たいしゃもんぜんいづもや

MAP 付録P.10 C-2

参拝後の腹ごしらえに立ち寄れる店では、出雲ぜんざいや出雲そばなど、ご当地ならではのメニューが充実。ほかにも、食べ歩きがおすすめの「門前だんご」は、ブランド米の仁多のもち米や地元の厳選素材を使用。注文してから作るので、できたての味が楽しめる。

☎0853-53-3890
🏠島根県出雲市大社町杵築南775-5
🕙10:00～16:00
🈂火曜　🚃一畑電車・出雲大社前駅から徒歩4分　🅿あり

出雲大社 参道案内 出雲ぜんざい

---

1. 出雲大社からほど近い立地
2. 古民家風の店内は居心地がよい　3. 出雲スペシャルティ珈琲700円と紅白の餅とアイスが入った見た目も味も抜群の愛守(あいす)大福ぜんざい850円

見た目も可愛らしい
和洋のスイーツを満喫

くつろぎ和かふぇ
甘右衛門
くつろぎわかふぇ あまえもん

MAP 付録P.10 C-2

木目調の暖かな雰囲気の店内で種類豊富なスイーツが楽しめる。大黒様のモナカに冷たいアイス、紅白の餅が入った見た目も楽しいぜんざいが人気。あんみつやパフェなど定番のスイーツのほか、テイクアウトのソフトクリームもある。

☎0853-25-8120
🏠島根県出雲市大社町杵築南839-1
🕙11:00～16:30(LO)　🈂水・木曜(祝日の場合は営業)　🚃一畑電車・出雲大社前駅から徒歩4分　🅿なし

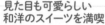

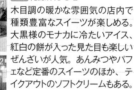

豊富な食事メニューの
懐かしさを感じる甘味処

甘味喫茶・お好み焼き
みちくさ
かんみきっさ・おこのみやき みちくさ

MAP 付録P.10 C-2

店で小豆を炊いて作られる甘さ控えめの「ぜんざい」や、手ごろな料金の丼もの、お好み焼きなど、多彩なメニューで地元の人からも長年愛される店。つなぎを一切使わない十割の「出雲そば」が味わえるのもうれしい。

☎0853-53-1718
🏠島根県出雲市大社町杵築南859-3
🕙11:00～17:00　🈂木曜(祝日の場合は営業)　🚃一畑電車・出雲大社前駅からすぐ　🅿あり

1. 座敷もあり、参拝後にひと息つくのにぴったり　2. 駐車場も完備している　3. 抹茶ぜんざい700円。抹茶と焼きたてのお餅の香ばしさが絶妙

A 神塩 ポチ袋 1650円（5袋）

出雲にゆかりのある風景をあしらった
ポチ袋。おみやげや縁起の品
としても人気

A 神塩 コルク瓶
1550円

「神迎の塩」とパワーストーン
を組み合わせた小瓶。バッグ
の中やデスク、玄関などに

A 神迎の塩 紙管
1100円（50g入り）

「出雲大社の八雲之図」をあ
しらった紙管入りの塩。全6
色。食用、盛り塩、御守塩
としても使える

A 出雲かみしお.
いずもかみしお.

MAP 付録P.10 C-2

神話の舞台で汲み上げた
海水から生まれる手造りの塩

八百万の神をお迎えする神迎神事が執
り行われる「稲佐の浜」の海水を汲み
上げ、店主一人で丹精込めて造り上
げた「神迎の塩」を取り扱うブランド
塩のお店。

☎0853-53-4140
所島根県出雲市大社町
杵築南838-6
営10:00〜17:00
休無休 交一畑電車・
出雲大社前駅から徒歩
5分 Pなし

B 大社の祝凧 高橋
たいしゃのいわいたこ たかはし

MAP 付録P.10 B-2

ていねいに作られる一点もの
大社地方伝統の工芸品

大社地方に伝わる祝凧は、出雲大社
に仕える国造家に祝い事があったとき
に氏子が揚げて祝ったことに由来する
郷土工芸品。骨組みから絵付けまです
べて職人の手作業により作られる。

☎0853-53-1553
所島根県出雲市大社町
杵築東724 営9:00〜
19:00 休不定休
交一畑電車・出雲大社
前駅から徒歩10分
P1台

神々が集う街の素敵なおみやげ
ご縁を結ぶ味と品

出雲大社ゆかりの菓子や縁起物の工芸品などお気に入りを見つけたい。
どれも素朴でやさしい風合いが、心を和ませてくれる。

B 大社の祝凧 3300円〜

鮮やかな色とデザインが目を
引く。縁起物として人生の節
目を祝う贈り物におすすめ
※写真は中・大型

B じょうき
8800円〜

屋形船をかたどった玩
具。提灯がゆらゆら揺
れるところが印象的

B 鯛車8800円〜

地域に伝わる郷土
玩具。ユーモラス
な表情とカラフル
な色使いが特徴

出雲●歩く・観る

C ご縁授茶
4860円（30包）

6種の和漢植物をブレンド。飲みやすい三年番茶とほのかに甘い出雲紅茶ベースの2種類

C ご縁めぐり茶 324円

12種の配合和漢植物がめぐりをよくし、内側からキレイにして女子力アップ！

D ご縁のわ ミニ6000円

ケヤキの一木造の根付。縁が切れないようにと切れ目なしで作り上げた職人技が光る

D 国産そば茶870円

国産のそばの実のみを使用。茶を淹れるだけではなく、そのまま食べて、香ばしい風味を楽しむのもよい

D 福をすくい取る
スプーン
200円（1本）

柄に大黒様、すくう部分に「福」の字をあしらった黄金のスプーン

E 俵まんぢう 140円〜（1個）

ほのかな甘みがある、ふんわりとした生地の中には、口どけのよい白餡がたっぷり

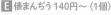

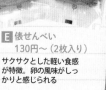

E 俵せんべい
130円〜（2枚入り）

サクサクとした軽い食感が特徴。卵の風味がしっかりと感じられる

C 堀江薬局本店 艸楽
ほりえやっきょくほんてん そうらく
MAP 付録P.10 C-3

「縁結びの街」で女性のための
風水漢方をプロデュース

婦人科漢方専門の薬剤師がブレンドする、心と体を整える薬膳茶。全国各地から多数の喜びの声が届く「ご縁授茶」や生年月日からお茶をセレクトする「風水薬膳茶」が人気。

☎0120-40-9383
所島根県出雲市大社町杵築南1370-2 ⏰11:00（土・日曜、祝日9:00）〜17:00 休火曜（祝日の場合は営業。翌日休）交一畑電車・出雲大社前駅からすぐ Ｐなし

D はまや土産品店
はまやみやげひんてん
MAP 付録P.10 C-3

銘菓から地元民芸品まで
多彩なアイテムが揃う店

創業60年以上のみやげ物店。銘菓、縁結びグッズ、地元民芸品など品揃えは多彩で、掘り出し物が見つかることも。お店の人と話しながら、出雲の文化にふれられるのも楽しみのひとつ。

☎0853-53-2482
所島根県出雲市大社町杵築南1370-17
⏰8:30〜18:00（12〜2月は〜17:00）休不定休
交一畑電車・出雲大社前駅からすぐ Ｐあり

E 俵屋菓舗 神門店
たわらやかしほ しんもんてん
MAP 付録P.10 B-2

明治創業の老舗が作る
かわいらしい俵形の和菓子

明治31年（1898）から続く和菓子店。出雲大社の御祭神・大国主大神（おおくにぬしのおおかみ）が乗る俵を模した菓子は、長く地元の人に愛されている。店内でも味わえるので、街歩きの途中で立ち寄りたい。

☎0853-53-4737
所鳥取県出雲市大社町杵築南771 ⏰8:30〜17:30 休無休
交一畑バス・正門前下車、徒歩5分 Ｐなし

地元で愛される路線を、途中下車しながら

一畑電車に乗って出雲路の小さな旅
いちばたでんしゃ

「ご縁電車しまねっこ号Ⅱ」
島根県観光キャラクター「しまねっこ」がラッピングされたピンク色の「ご縁電車しまねっこ号Ⅱ」。元・東急電鉄の車両をはじめ、ほかにも昔は都会で走っていた車両が、今でも元気に走っている。
☎0853-62-3383（一畑電車営業課）

映画『RAILWAYS』の舞台になった懐かしい雰囲気の鉄道
松江市内から出雲大社を結ぶ、通称「ばたでん」。大正3年（1914）に一畑軽便鉄道として運行を開始して以来、地元の生活路線として活躍している。出雲大社や一畑薬師への参詣にも便利。

一畑電車1日フリー乗車券
一畑電車全区間が1日乗り降り自由の乗車券。松江しんじ湖温泉駅、雲州平田駅、川跡駅、電鉄出雲市駅、出雲大社前駅など主要駅で販売している。
㊷1600円、子供800円（販売当日のみ有効）

出雲●観る・歩く

浜山公園北口駅から徒歩20分
出雲文化伝承館
いずもぶんかでんしょうかん
出雲 MAP 付録P.9 D-3
出雲地方の歴史と伝統を伝承。地元豪農の母屋や庭園を移築。茶室や美術工芸品の展示施設やそば処もあり、出雲の歴史と文化にふれられる。

☎0853-21-2460 ㊟島根県出雲市浜町520 ㊐9:00～17:00（入館は～16:30）㊡月曜（祝日の場合は開館）㊷無料（特別展は別途）Ｐあり

→出雲地方の豪農、江角家の重厚な屋敷と出雲流庭園

→数寄屋建築の茶室、松籟亭では抹茶とお菓子が楽しめる（有料）

出雲大社前　浜山公園北口　遙堪　高浜　川跡　大寺　美談　旅伏　雲州平田　布崎　湖遊館新駅

武志

電鉄出雲市　出雲科学館パークタウン前　大津町

→施設内「出雲物産館」では地元の特産品も販売

→無料で利用できる足湯で、散策の疲れを癒やしたい

出雲大社前駅から徒歩15分
道の駅 大社ご縁広場
みちのえき たいしゃごえんひろば
出雲 MAP 付録P.10 B-4
出雲大社近くにある道の駅
出雲大社参道のすぐ南に位置する道の駅。おみやげの購入や食事、足湯などを楽しむことができる。

☎0853-53-5150 ㊟島根県出雲市大社町修理免735-5 ㊐9:00～18:00（土・日曜、祝日は～19:00）㊡無休 Ｐあり

雲州平田駅から徒歩7分
木綿街道
もめんかいどう
出雲 MAP 付録P.6 C-2
商家や旧家の建物が、当時の繁栄を今に伝える
江戸末期から明治初期、平田町は平田木綿の市場町として発展した。町家や酒蔵が残る古い街並みには、落ち着いた風情が感じられる。

☎0853-62-2631（木綿街道振興会事務局）㊟島根県出雲市平田町

→黒瓦やなまこ壁、格子窓が連なる、平田独特の町家

一畑口駅から車で10分

一畑薬師
いちばたやくし

出雲 **MAP** 付録P.6 C-2
写経・坐禅体験もできる禅寺

目のお薬師さま、子どもの無事成長の仏さまとして知られる1100年の古刹。境内から宍道湖や大山など出雲周辺が一望できる。

☎0853-67-0111 所島根県出雲市小境町803
時8:30〜17:00 休料参拝自由 Pあり

↑本堂、観音堂、鐘楼堂、八万四千仏堂など広い境内に多くの釈迦が並ぶ

↑経典に説かれる八万四千体を目標にした仏像が圧巻。約3万5000体が安置され、奉納を募集している

松江フォーゲルパーク駅から徒歩1分

松江フォーゲルパーク
まつえフォーゲルパーク

松江 **MAP** 付録P.7 D-2
丘陵地にある花と鳥のテーマパーク

32haの広大な敷地に鳥温室や花の温室があり、鳥とふれあうことができる。迫力あるバードショーや熱帯の鳥へのエサやりも人気。

➡P.97

↑温室では色鮮やかなベゴニアが咲き誇る

↑熱帯の鳥とのふれあいも人気

朝日ヶ丘駅から徒歩8分

古墳の丘 古曽志公園
こふんのおか こそしこうえん

松江 **MAP** 付録P.12 A-2
復元された前方後方墳

住宅地造成中に発見された古墳を復元。築造当時の姿を見学することができる。

☎0852-60-2055 所島根県松江市古曽志町562-1 時9:00〜17:30
休料見学自由 Pあり

↑古曽志大谷1号墳は全長45.5mの前方後方墳を実物大に復元した模型

園　一畑口　伊野灘　津ノ森　高ノ宮　松江フォーゲルパーク　秋鹿町　長江　朝日ヶ丘　イングリッシュガーデン前　松江　しんじ湖温泉　松江

木綿街道交流館
もめんかいどうこうりゅうかん

出雲 **MAP** 付録P.6 C-2
江戸風情を残す観光拠点

江戸時代、医院だった建築の趣を生かし、観光案内、機織り体験、食事などを提供している。

☎0853-62-2631 所島根県出雲市平田町841 時9:00〜17:00 休火曜(祝日の場合は翌平日) Pあり

↑往時の姿をそのまま生かした外観

來間屋生姜糖本舗
くるまやしょうがとうほんぽ

出雲 **MAP** 付録P.6 C-2
老舗の生姜糖を手みやげに

創業正徳5年(1715)。煮詰めた砂糖に地元産出西生姜の絞り汁を加え、冷まし固めたシンプルな生姜糖を販売。

☎0853-62-2115 所島根県出雲市平田町774 時9:00〜19:00 休不定休 Pあり(1台)

↑江戸の風情を残す店内

↑昔から変わらぬ味を守り続ける生姜糖688円

↑色合いが鮮やかでお祝いにもぴったり。紅白ひとくち生姜糖605円

↑地元出雲の地で栽培された抹茶を使用した抹茶糖688円

木綿街道

0　50m
N

岡茂一郎商店
木綿街道交流館
本石橋邸
木綿街道
酒持田本店
京呉服たかはし
來間屋生姜糖本舗
trattoria 814
宇美神社
持田醤油店
平田大橋
↑雲州平田駅

一畑電車に乗って出雲路の小さな旅

出雲●食べる

しまね和牛 特選
フィレステーキ
6000円〜
肉質はやわらかで細かい霜降
りの風味が豊かな味わい

地元の食材をアートのような一皿に昇華する

神々の地の極上美食

しまね和牛や豊かな海の幸など、地元でとれた豊かな食材が並び、
洗練を極めた食卓。神聖な社の街にたたずむ、上質な時間を過ごせる店。

⬆シックな装いを感じさせる店内

熟練の技が光るフレンチ
上品な一皿に酔いしれて

BISTRO Veloute

ビストロ ヴルーテ

MAP 付録P.9 E-3

予約	望ましい
予算	Ⓛ1350円〜
	Ⓓ1550円〜

昭和55年(1980)創業のフレンチレストラ
ン。「体が喜ぶ手作りのやさしい味」をテー
マに、ブイヨンをはじめ、デミグラスソー
スやトマトソース、ドレッシングなども、
シェフの手作りにこだわる。地元、出雲
産の食材を使ったハイクオリティなコース
料理7700円のほか、洋食メニューも豊富。

☎0853-23-3598
㊟島根県出雲市高岡町595-1
🕐11:30〜13:45(LO) 18:00〜20:00(LO)
㊡水曜　🚃一畑電車・高浜駅から徒歩10分
Ⓟあり

銀山地どりのタンドリーチ
キン 1680円
完全無薬で自然養鶏の「銀山地
どり」を自家製マリネ液に浸し、
じっくりと火を通しやわらかく
仕上げている

くすのき弁当1980円
昼食に用意されるメニュー。手間を惜し
まず仕上げられた繊細な品目がうれしい

島根和牛と
海鮮炭火焼き 時価
海鮮の内容は季節次第。旬
の魚介が目にも鮮やか。冬
はカニ、夏は岩ガキなどが
メインとなることが多い

⤴先代までは寿司店を営んでいたという

目も舌もよろこぶ
京の味と島根の味の融合
京彩厨房 なが田
きょうさいちゅうぼう ながた

MAP 付録P.11 F-1

京都で10年以上の修業を積んだ店
主が営む料理店。京料理をベースに
地元の素材や味付けも取り入れた料
理は、味だけでなく目で見ても満足
の華やかなもの。下ごしらえから仕
上げにいたる、繊細な仕事を感じな
がら味わいたい。

☎0853-21-2272
🏠島根県出雲市大津町2096-20
🕐11:30～14:00(L013:30) 17:00～
22:00(L021:30) 🈺第1・3・5日曜
🚃一畑電車・出雲科学館パークタウン前駅
から徒歩5分 🅿あり

予約	望ましい
予算	Ⓛ1320円～
	Ⓓ3850円～

神々の地の極上美食

上質な空間ともてなしで
至高のひとときを堪能
葵 姫原庵
あおい ひめばらあん

MAP 付録P.9 F-3

老舗料亭やオーベルジュで長年修業
を積んだ板長の、繊細かつ大胆な料
理の数々が味わえる料理店。食材は日
本海の新鮮な魚介類や季節のものを
厳選して提供する。ドリンク類も、全
国の銘酒や和食に合うワイン、コーヒ
ーや抹茶まで選び抜いたもの。

☎0853-25-8963
🏠島根県出雲市姫原3-1-4
🕐11:00～14:30(L013:30)
17:30～22:00(L021:00) 🈺木曜
🚃JR出雲市駅から車で3分 🅿あり(6台)

予約	望ましい
予算	Ⓛ1870円～
	Ⓓ3300円～

会席＜瑞＞
5500円
旬の食材を厳選したお造
り、揚げ物など、多彩な
匠の技を味わえる全8品

⤴美術館のようなモダンな外観

⤴しっとりと落ち着いた調度品でまとめ
られ、くつろぎが演出されている

69

暮らしになじむ器や、現代では珍しい生活道具も飾られる

出雲の伝統ある文化と手仕事を日々の暮らしに取り入れたい

愛しの民芸品を探して

山陰の民藝運動の余韻を残す、美術館やギャラリーが点在する街。
職人が丹精込めて作り上げる器や雑貨は、長く愛用できる優れもの。特別なアイテムを見つけたい。

出雲民藝館
いずもみんげいかん
MAP 付録P.6 B-4

出雲の生活や手仕事にふれる
豪農屋敷を改装した民芸館

出雲の豪農であった山本家の蔵を改装。本館には、木工品や陶磁器、藍染めや木綿がすりなどの暮らしの道具を、西館には農具などの仕事の道具を中心に約350点を展示している。ギャラリーショップもあり、出雲地方の工芸品の販売も。
☎0853-22-6397
🏠島根県出雲市知井宮町628
🕙10:00〜17:00(入館は〜16:30)
🚫火曜(祝日の場合は翌日休) 💴800円
🚃JR西出雲駅から徒歩10分 🅿あり
🔹すべて直線で構成された家屋

⬆独特な釉薬の色と、使い勝手を考慮したデザインが特徴。コーヒーカップ3780円

⬆桜とケヤキを使い、丸みを帯びた愛らしいデザイン。七味入れ5184円
⬆昔ながらの技法で染めた藍染め糸を使い、1点ずつ手織りされた作品。花瓶敷1080円〜(手前)、テーブルセンター3240円〜(奥)

⬆木材蔵を改装した西館

⬆本館では藍染めや陶磁器を展示

長田染工場
なかたせんこうじょう
MAP 付録P.11 F-1

藍染め職人の手から手へと
熟練の技を受け継ぐ染色場

島根県の無形文化財に指定され、江戸時代から伝わる「筒描藍染」を継承。嫁入り道具のひとつとして使われた「嫁入り風呂敷」や、コースターなども扱う。自家の家紋を入れた風呂敷も注文できる。

☎0853-21-0288 🏠島根県出雲市大津町1109 🕘9:00～18:00 休不定休 🚉一畑電車・出雲科学館パークタウン前駅から徒歩6分 🅿あり

↑植物に含まれている成分を醗酵させ藍染めの命ともいえる色合いを生み出す

↑風呂敷は1万6500～6万500円。暖簾は3万円～

↑「松竹梅」や「鶴と亀」など縁起物を落とし込んだコースター各1980円

↑高瀬川で行われる風呂敷ののり落としの様子

↑昔ながらの技を先代より受け継ぐ、5代目長田匡央氏

↑もち米を使った糊を筒袋に入れて、手で絞り出しながら図柄を描く

出雲キルト美術館
いずもキルトびじゅつかん
MAP 付録P.6 C-3

季節を感じる展示が見事
キルトで創造する美の空間

日本で唯一のキルト美術館。築200年余の出雲伝統の屋敷を利用した館内には、着物地を素材とし、西洋と東洋の手仕事を融合させた作品を展示。四季に合わせ、年4回の室礼やインスタレーションも実施。

☎0853-72-7146 🏠島根県出雲市斐川町福富330 🕘10:00～17:00 休水曜、第3日曜(祝日の場合は開館) 💴700円 🚉JR直江駅から車で10分 🅿あり
🕐2006年に開館。団体利用可

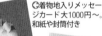
↑着物地入りメッセージカード 大1000円～。和紙や封筒付き

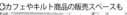
↑着物地入りポストカード700円～。華やかな着物や帯が入っている

↑自宅で気軽にキルト作りを体験できるオリジナルキット。1200円～

↑出雲キルト美術館の作品をイメージした和三盆700円

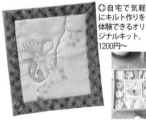

↑カフェやキルト商品の販売スペースも

↑出雲大社平成の大遷宮奉祝事業展に出展された『瑠璃色の蓮』

↑艶美な風合いが表現された『神羅万象』

↑冬景色のなかの鶴に思い思いの願いを込めた『祈り』

愛しの民芸品を探して

71

作り手の洗練された技術が生み出す一品

「用の美」を極めた 出雲の窯元を訪ねる

出雲の土地に息づく民芸への熱意と、素朴で温かみのあるデザイン。
日常に使える焼物が創作される窯元で、美しい器と出会いたい。

出雲 ● 買う

⤴工房には職人1人に1台ずつロクロがある

⤴工房内は自由に見学することができる

⤴工房内にある登り窯。6つある窯を下から順に焚いていき、下の窯の熱が上の窯に上がるのを利用する

焼き上がりが完成ではない 器の先を見据える窯元

出西窯
しゅっさいがま

MAP 付録P.6 B-3

創業から75年余。焼物経験のない5人から歴史が始まった窯元。「器は食材を盛って初めて完成する」という考え方から、極力シンプルな、料理を引き立てることができる器作りを心掛け、その時代に合わせたデザインの提案をし続けている。

☎0853-72-0239　🏠島根県出雲市斐川町出西3368　🕘9:30～18:00　🚫火曜（祝日の場合は営業）　🚉JR出雲市駅から車で10分　🅿あり

➡モーニングカップ 3300円。手ざわりや口当たりが絶妙だと評価の高い一品

⬅コーヒーカップ＆ソーサー3770円。温かみのあるフォルムと持ちやすさが特徴

➡パン皿3660円(21cm)。土の雰囲気を大切に、縁は釉薬を塗らない

➡ボウル3660円(18cm)。出西窯の特徴でもある出西ブルーが鮮やかだ

↑親しみやすい山﨑氏に陶芸の話などを聞きながら、数々の作品を手に取ってみたい

薪で焼く昔ながらの製法を守り
色鮮やかなブルーを生み出す

出雲北山窯
いずもきたやまがま

MAP 付録P.9 E-2

50歳から陶芸の道に進んだ山﨑善治氏が、出西窯での指導、独学の修業を経て2005年に薪窯を自作して開窯。薪窯自作のために京都まで何度も足を運び設計から行ったほど。多くのファンを魅了する「北山ブルー」が人気。窯は出雲大社から車で10分の位置にある。

☎090-1182-8405 ㊟島根県出雲市矢尾町607
⏰8:00～18:00 ㊡無休
🚃一畑電車・高浜駅から徒歩5分 Ｐあり

↑展示場は民家を利用

↑やさしい色合いと形のアクセントが愛らしい片口鉢2750円

↑北山ブルーで仕上げられた小ぶりな一輪挿し880円

↑マグカップ2200円。北山ブルーの作品を求め、県外からも客が訪れるほど

↑伝統的な勾玉の形と色を表現した箸置き440円

自然界をモチーフとした
匠の技が織りなす磁器

立久恵焼工房
たちくえやきこうぼう

MAP 付録P.6 B-4

京都の陶芸家・長谷川勇氏のもとで修業した糸賀正和氏が昭和52年(1977)から立久恵に開窯。白磁と青磁を主体とした作製を行う。細かい硝子が配合された土や1260℃の高温で焼かれる磁器は、凛とした表情を見せる。

☎0853-45-0563 ㊟島根県出雲市乙立町1151-1 ⏰8:30～18:00 ㊡無休 🚃一畑バス・乙立停留所下車、徒歩10分 Ｐあり

↑タンブラー3000円。筆の質感を生かした模様がアクセント。無地もあり

↑抹茶茶碗6万円。白と青色のほかに茶色をベースにした磁器もあり

↑白磁花器35万円。おおらかさを演出する自然な口元や面取りの凹凸が特徴的

↑所狭しと並べられた作品は、もちろん購入できる

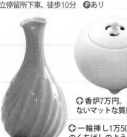

↑香炉7万円。主張しすぎないマットな質感

↩一輪挿し1万5000円。鳥のくちばしのような遊び心がちりばめられた作品

↑目の前を流れる神戸川や立久恵の自然がモチーフ

「用の美」を極めた出雲の窯元を訪ねる

73

宝石のような果実と芳醇な香りに包まれたワイナリーへ

島根ワイン

島根の特産「島根ぶどう」の農園が広がる出雲地方で味わうご当地ワイン。
ブドウの栽培から製造・加工、販売まで一貫して行うワイナリーで大人の時間を。

出雲市や雲南市ではハウスブドウの栽培が盛んに行われている。島根の特産果樹である「島根ぶどう」は、出雲周辺の自然豊かな土地で育ち、上質な香りと味わい深さはワインにしても変わらず楽しめるのが特徴。

昭和30年代、島根県では地域の特性から長雨が続き、農園ではブドウの生育不良や着色不良などが起こっていた。その対策として、生産者からはブドウ加工施設の設置を求める声が相次ぎ、ワインの製造が始まった。現在は、島根ワインと地元の食材のペアリングを楽しめるなど、ご当地ならではの製造・販売を展開している。

⬆敷地内ではブドウのハウス栽培も（島根ワイナリー）

出雲●買う

オリジナルワインを食事と味わって

島根ワイナリー
しまねワイナリー
出雲 MAP 付録P.9 D-2

オリジナルブランドの製造を行うワイナリー。工場の見学ができるだけでなく、特産品やみやげ物を選びながら無料試飲できるコーナーも充実。バーベキューハウスも併設しているので、しまね和牛を中心とした豊富なメニューと一緒にワインを楽しむのもおすすめ。

⬆山を越えれば日本海という雄大な自然のなかにある

☎0853-53-5577 🏠島根県出雲市大社町菱根264-2 🕐10:00〜17:00（施設により異なる）🈂無休 🚃一畑電車・出雲大社前駅から車で5分 🅿あり

⬆ワインの製造工程を見学することができるワイン醸造館

⬆試飲即売館バッカスではゆっくり気に入った味を探せる

⬆しまね和牛を提供するバーベキューハウスシャトー弥山を併設

自然との共生をテーマにする山あいのワイナリー

ワイナリー奥出雲葡萄園
ワイナリーおくいずもぶどうえん
雲南 MAP 付録P.7 D-4

土地の生態系を守りながら良質なブドウ栽培を行うため、レインカットや減農薬に取り組み、年間約5万本のワインをていねいに醸造している。ワイナリーショップでは、複数のワインを試飲、購入できるほか、庭カフェではピッツァやグラスワインを楽しめる。

⬆奥出雲の豊かな野山をバックに食事やワインを

☎0854-42-3480 🏠島根県雲南市木次町寺領2273-1 🕐10:00〜17:00 🈂火曜（祝日の場合は翌日休）🚗松江自動車道・三刀屋木次ICから車で15分 🅿あり

⬆ワイナリーショップではスタッフとの会話を楽しみたい

⬆クワトロフォルマッジの味わいを際立たせるシャルドネ

⬆眼下に広がるぶどう畑を眺めながら食事ができる

松江

街のシンボル・国宝松江城を有する、
島根県随一の経済都市。
観光の中心は松江城周辺、
夕日の美しさで知られる宍道湖だ。
松江しんじ湖温泉、玉造温泉といった
温泉地もあり、
ゆっくり過ごすことができる。

江戸情緒と
美しい景観が
溶け合う
水の都

エリアと観光のポイント
松江はこんなところです

国宝松江城を中心に、お堀や武家屋敷など城下町らしい街並み。
夕日が沈む宍道湖もまた、形容しがたい美しさだ。

茶の湯文化が息づき、伝統ある松江の和菓子

人気の観光地は、やはり松江市の象徴である松江城。黒を基調とした質実剛健な姿が印象的で、内部の凝った造りも見逃せない。また、お城周辺を遊覧船でたどる堀川めぐりや、江戸時代の名残が感じられる塩見縄手の散策も風情があっていい。

西に豊かな水をたたえる宍道湖、東に中海、そして北は日本海に臨む松江は「水の都」とも呼ばれ、経済都市でありながら、古き良き城下町の伝統が感じられる。また、宍道湖畔に湧き出る松江しんじ湖温泉や1300年前から続くとされる玉造温泉といった名湯もあり、旅の疲れを癒やすことができる。

宍道湖北側の温泉街
松江しんじ湖温泉
まつえしんじこおんせん

松江の中心部に位置し、高温の湯量豊富な天然温泉が湧き出る温泉地。8つの宿と2つの足湯があり、宍道湖を眺めながらゆったりできる。名物は宍道湖七珍料理。

観光のポイント 宍道湖の夕日を眺めながら地元の料理を堪能して

↑明治創業の老舗旅館、皆美館の庭

色濃く残る城下町の面影
松江城周辺
まつえじょう

別名千鳥城とも呼ばれる城を中心に江戸情緒香る街並みが広がる。城の周囲は城山公園として整備され、市民の憩いの場として親しまれている。

観光のポイント 松江城、堀川めぐり、塩見縄手が、3大必見スポットだ

↑松江城最上階の望楼からは、宍道湖や松江の街並みが一望できる

↑築城時に造られた堀川を遊覧できる

全国一のボタン生産地
大根島・江島
だいこんしま・えしま

大根島の由志園は1万坪の日本庭園で、大輪のボタンが楽しめる。急勾配の江島大橋は新たな観光名所。

観光のポイント 四季を通じ花々が楽しめる由志園で、静かな時を

➡テレビCMで一躍有名になった江島大橋

➡池泉回遊式庭園を彩るボタンは圧巻

「えびすさま」のふるさと
美保関
みほのせき

国譲り神話が受け継がれる港町。美保神社には「えびすさま」として知られる事代主神が鎮座。青石畳通りや灯台、公園など見どころも多い。

観光のポイント 美保湾を一望できる小さな街をゆっくり散策したい

➡美保神社は全国のえびす社の総本社

➡パワースポットとしても知られる男女岩。天候が良ければ正面に大山(だいせん)を望むことができる

➡かわいらしい埴輪。八雲立つ風土記の丘展示学習館で見ることができる

神話を起源とする地域
八雲立つ風土記の丘
やくもたつふどきのおか

奈良時代の政治経済の中心地であった場所。縄文・弥生時代の遺跡や多くの古墳が分布している。

観光のポイント 展示学習館を訪れ、遺物や資料にふれてみよう

➡一帯は『出雲国風土記』に記された「国引き神話」の地といわれる

美肌の湯として有名
玉造温泉
たまつくりおんせん

『出雲国風土記』にもその名が記された、歴史のある温泉。大小15余りの宿や足湯が楽しめるスポットがあり、開運スポットも点在。

観光のポイント 宿泊でも日帰りでも良質な温泉が楽しめる

➡温泉のシンボルになっている勾玉橋

地図内の地名
白島　千酌湾　巻ヶ崎　片江湾　青島　七類湾　奈倉鼻　菅浦湾　玉結湾　稲荷山　美保関　地蔵崎　高尾山　美保関灯台　枕木山　白髪山　境港駅　馬場崎町駅　境港　美保神社　上道駅　鳥取県　境港市　弁慶島　江島大橋　何連崎　江島　大根島・江島　由志園　渡殿島　弁天島　続島　大海崎鼻　中海　松江港　崎田鼻　田頼川　飯梨川　東松江駅　荒島駅　安来駅　安来　山陰本線　揖屋駅　東出雲駅　山陰道(安来道路)　城山　安来市　星上山　京羅木山　足立美術館　月山

松江はこんなところです

77

市内を走るバスを活用

松江の街を移動する

市内を周遊するなら、公共交通機関を上手く使って
名所を効率よく移動したい。

ぐるっと松江レイクラインバスで
市内を効率よく一周できる

　JR松江駅から観光を始めるなら、ぐ
るっと松江レイクラインバスがおすす
め。JR松江駅北口のターミナルから乗
車でき、9:00〜18:00の間、30分間隔で
運行している(季節により変動あり)。
松江城や塩見縄手、松江しんじ湖温泉
などを、約50分で一周する。ぐるっと
松江レイクラインバスは片道運行なの
で、乗車する際は行き先に注意。目的
地に着いたら、徒歩での散策が中心だ。
　八重垣神社や美保神社など、JR松江
駅から郊外に行くならレンタカーで。
駅周辺で借りることができ、目的に合
わせて自由に動けるので便利。

↑岡山駅〜出雲市駅間を結ぶ特急やくも号

列車&レンタカーを
活用して松江巡り

点在する名所に効率よく移動

　JR松江駅周辺、松江城周辺から
郊外へ向かうなら鉄道の利用やレ
ンタカーで。玉造温泉は松江駅
からJR山陰本線で約10分。それ
以外の観光スポットは、JR松江
駅からレンタカーで移動。美保関
や由志園は北東へ進み30〜45分
程度。八重垣神社は南に約15分。

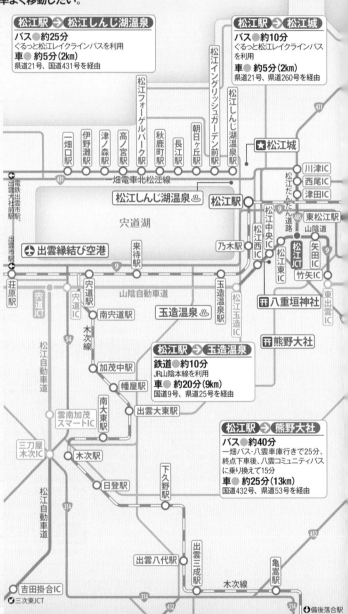

松江駅 → 松江しんじ湖温泉
バス● 約25分
ぐるっと松江レイクラインバスを利用
車● 約5分(2km)
県道21号、国道431号を経由

松江駅 → 松江城
バス● 約10分
ぐるっと松江レイクラインバス
を利用
車● 約5分(2km)
県道21号、県道260号を経由

松江駅 → 玉造温泉
鉄道● 約10分
JR山陰本線を利用
車● 約20分(9km)
国道9号、県道25号を経由

松江駅 → 熊野大社
バス● 約40分
一畑バス・八雲車庫行きで25分、
終点下車後、八雲コミュニティバス
に乗り換えて15分
車● 約25分(13km)
国道432号、県道53号を経由

松江駅 ➡ 由志園
バス● 約50分
松江市営バス・八束町・由志園
入口行きを利用
車● 約30分(15km)
県道260号、県道338号を経由

松江駅 ➡ 美保神社
バス● 約1時間20分
一畑バス・万原線で45分、万原下
車後、美保関コミュニティバスに
乗り換えて30分
車● 約45分(30km)
国道431号、県道2号を経由

日本海

七類港

美保神社

境港～境水道
境港駅
馬崎町駅
上道駅
余子駅
高松町駅
中浜駅
米子空港駅
大篠津町駅
和田浜駅
弓ケ浜駅
河崎口駅
三本松口駅
後藤駅
富士見町駅
東山公園駅
博労町駅
米子駅

米子鬼太郎空港
★由志園

中海

美保湾

倉吉駅
鳥取駅

伯耆大山駅
淀江IC

荒島駅
安来駅
山陰本線

山陰道(安来道路)

安来IC

山陰道

米子南IC
米子西IC
米子中IC

伯備線

米子IC
米子東IC
米子自動車道

伯耆溝口駅

新見駅
倉敷駅

★足立美術館

岸本駅

松江駅 ➡ 八重垣神社
バス● 約20分
松江市営バス・第5路線を利用
車● 約15分(5km)
県道21号、県道246号を経由

松江駅 ➡ 足立美術館
鉄道 バス ● 約50分
JR山陰本線・安来駅で乗り換え、無料
シャトルバスを利用
車● 約35分(22km)
国道9号、県道180号を経由

根雨駅
伯備線
黒坂駅

上菅駅

お役立ちinformation

国宝・松江城周辺の観光で活用
松江城や名所を訪れるならお得な共通券を利用
したい。各施設の窓口で販売している。
☎0852-21-4030(松江城山公園管理事務所)
▶ 松江城3館共通券
松江城、小泉八雲記念館と、武家屋敷の3カ所
が通常の2割引となる共通券。 ●1100円
▶ 松江城2館共通券
松江城、松江歴史館(基本展示のみ)の2カ所の
見学が通常の2割引となる共通券。 ●950円

観光情報を得る
●松江観光協会 MAP 付録P.14 A-4
☎0852-27-5843
●ぷらっと松江観光案内所 MAP 付録P.14 B-3
☎0852-23-5470
●松江国際観光案内所 MAP 付録P.17 E-2
☎0852-21-4034

松江市観光ボランティアガイド
松江城とその周辺の観光施設を、希望の日時に
合わせて案内してくれる依頼ガイド(要予約、
有料)がある。また、松江市観光ボランティア
ガイドの会が、松江城大手前のだんだんハウス
で、毎週日曜(冬期を除く)に無料で松江城の
ガイドを行う日曜常駐ガイドを実施している。
松江市観光ボランティアガイドの会
☎0852-26-2011(松江観光協会有料ガイド受付窓
口、9:00～17:00) ●依頼ガイド:予約時に要相
談(1週間前までに要予約)、日曜常駐ガイド:3月～
12月中旬の9:00～16:00(最終受付15:30、予約、
団体利用は不可)
●依頼ガイド:ガイド1人につき2000円、日曜常駐
ガイド:無料
URL www.kankou-matsue.jp/machiaruki/course

お得なきっぷを利用して巡る
移動は主に一畑電車と、ぐるっと松江レイクライ
ンバス、市営バスを利用。観光名所の割引がセッ
トになったきっぷもある。
☎0853-62-3383(一畑電車営業課)
☎0852-60-1111(松江市交通局)
▶ 1日フリー乗車券 ➡ P.31
▶ 古代出雲歴博入場券&フリーチケット ➡ P.31
▶ 松江乗車手形(共通2日乗車券)
市営バス全線と、ぐるっと松江レイクラインバス
が連続した2日間乗り放題になる。
●1050円、子供530円
▶ 一畑電車 フォーゲル&フリーチケット
一畑電車全区間が1日乗り降り自由の乗車券と、
松江フォーゲルパークの入園券がセットに。
●2200円、中学生1700円、子供1100円

縁結びスポットを巡るタクシー
松江周辺の縁結びスポットを訪れる、お得な観
光タクシーを利用したい。
▶ 観光タクシー 松江縁結びコース
八重垣神社や熊野大社、玉作湯神社などの松江
市の縁結びスポットを巡る。
☎0852-22-3681(松江一畑交通)

松江の街を移動する

正統的な現存天守がそびえる

松江城
まつえじょう

通称千鳥城。山陰に現存する唯一の天守で、最上階の望楼からの展望も見事

城普請の名人である堀尾吉晴により、慶長16年(1611)に完成した。堀尾吉晴は、豊臣秀吉、徳川家康に仕え、豊臣時代には三中老として活躍。関ヶ原の戦いの功績により子の忠氏とともに出雲・隠岐両国を拝領し、松江城ならびに城下町の造営に貢献した。城には有事を想定した工夫が随所に見られ、また黒を基調とした重厚な外観も特徴的。周囲には松江城山公園が整備され、桜の名所としても名高い。

MAP 付録P.14 B-2

☎0852-21-4030 ⏺島根県松江市殿町1-5 ⏺8:30〜18:30(10〜3月は〜17:00) 登閣は各30分前まで ⏺無休 ⏺680円(ほか松江歴史館との2館共通券、小泉八雲記念館・武家屋敷との3館共通券あり) ⏺ぐるっと松江レイクラインバス・国宝松江城(大手前)下車すぐ ⏺市営大手前駐車場を利用

鯱鉾 しゃちほこ
木造銅張りで高さは2m8cm。現存する木造のものとしては最大

望楼 ぼうろう
松江市街や城山公園が360度見渡せる、最上階の物見台

石垣は、野面積みと打ち込み接という手法で築かれている。中世からの優れた石垣築成集団、穴太衆が招かれて構築したという

下見板張り したみいたばり
1・2重は全面黒い板(雨覆板)で覆われており、ずっしりとした安定感を感じさせる

天守閣内の見どころ

桐の階段
きりのかいだん
敵の侵入時に取り外せるよう、また防火防腐のために桐を使用。全国でも桐を使った階段があるのは松江城のみ。

祈禱札の跡
きとうふだのあと
地階の2本の柱には、創建年を裏付ける祈禱札（レプリカ）が取り付けられている。

井戸
いど
籠城時に備えた飲料水用の井戸。籠城用物資の倉庫がある地階にある。天守に井戸がある城は珍しく、松江城の実戦本意がうかがえる。

石落とし
いしおとし
石垣に近づく敵に石を落とす仕掛け。外部から見えにくいよう設計。

ハート形の木目
ハートかたのもくめ
135本ある寄木柱のうちのひとつ。カップルでハートの木目にさわると絆が深まるといわれる。

入母屋破風
いりもやはふ
桃山時代の形式を踏襲。三角形の部分が、千鳥が羽を広げたように見えることから、千鳥城という別称になったともいわれる

鬼瓦
おにがわら
魔除けに飾られる。松江城の鬼瓦は角のないユーモラスな面相が特徴

附櫓
つけやぐら
天守の入口に取り付けられた、防備のための櫓。内部には2段の小広場があり、敵の侵入を防ぐ

松江城

こちらも見ておきたいスポット

興雲閣
こううんかく
MAP 付録P.14 B-3
市内に残る
数少ない擬洋風建築
松江市が明治36年（1903）に建てたもので、当初の建築の目的は明治天皇の行在所だったため、華やかな装飾が用いられている。

☎0852-61-2100 ⊕島根県松江市殿町1-59松江城山公園内 ⊕8:30～18:30（10～3月は～17:00）⊕無休 ⊕無料 ⊗ぐるっと松江レイクラインバス・国宝松江城（大手前）下車、徒歩10分 ⊕市営大手前駐車場を利用

松江神社
まつえじんじゃ
MAP 付録P.14 B-3
松江城主を祀る
松江藩初代藩主・松平直政を御祭神とする楽山神社が由来。明治に入り東照宮（徳川家康）を合祀、松江城二の丸に遷座。松平治郷も配祀。

☎0852-22-2324 ⊕島根県松江市殿町1 ⊕休⊕参拝自由 ⊗ぐるっと松江レイクラインバス・国宝松江城（大手前）下車、徒歩10分 ⊕市営大手前駐車場を利用

城山稲荷神社
じょうざんいなりじんじゃ
MAP 付録P.14 B-2
藩の繁栄を願い松平直政が創建
城山公園の遊歩道途中にあり、朱色の鳥居と、大小無数の石狐が社を囲むように座る様子が幻想的。2029年5月には、10年に一度行われる日本三大船神事「ホーランエンヤ」がある。

☎0852-21-1389 ⊕島根県松江市殿町477 ⊕休⊕参拝自由 ⊗ぐるっと松江レイクラインバス・小泉八雲記念館前下車、徒歩8分 ⊕市営大手前駐車場／市営城山西駐車場を利用

81

水辺に映る懐かしい日本の面影
美しい城を眺めて 堀川めぐり
ほりかわ

⊕船頭さんの名調子を楽しみながら、堀川めぐりクルーズ

築城時の姿がほぼそのままの形で残されている、
国宝・松江城を取り囲む堀川。400年の時を超えて
現代の街に溶け込む美しい姿を、船の上から楽しもう。

松江城の堀を巡る遊覧船から江戸情緒あふれる景色を眺める

　松江城を取り囲む約3.7kmの堀川を、全長8m、幅2mの小さな船が運航。松江城や武家屋敷といった、江戸時代の面影を残す美しい景観を、ゆっくりと眺めることができる。

⊕昔懐かしい日本の風景が広がり、城下町の風情が堪能できる

3つの乗船場からスタート地点を選んで周遊できる

ぐるっと松江 堀川めぐり
ぐるっとまつえ ほりかわめぐり

MAP 付録P.14 A-2

乗船場所は堀川ふれあい広場、大手前広場、カラコロ広場の3カ所。定期便は堀川ふれあい広場、大手前広場から出発する。遊覧時間は約50分で、運航は始発が9:00、最終は16:00〜18:00（時期によって変更あり）。その日であれば何回でも乗り降りができる。7〜8月は風鈴船、11月中旬〜4月上旬はこたつ船など、季節を彩る船が登場するのも楽しみ。

☎0852-27-0417
㊟島根県松江市黒田町507-1
⊕9:00〜17:00（時期により異なる）
㊡無休 ㊜1600円 ㊋ぐるっと松江レイクラインバス・堀川遊覧船乗場下車、徒歩2分 ㋭提携駐車場を利用

堀川ふれあい広場乗船場
ほりかわふれあいひろばじょうせんじょう
MAP 付録P.14 A-2

大手前広場乗船場
おおてまえひろばじょうせんじょう
MAP 付録P.14 B-3

カラコロ広場乗船場
カラコロひろばじょうせんじょう
MAP 付録P.14 C-4

1 堀川ふれあい広場乗船場
ほりかわふれあいひろばじょうせんじょう

MAP 付録P.14 A-2

堀川めぐりの発着場

松江堀川地ビール館すぐ近くにある発着所。乗船客400万人記念に建立した、亀の石像と夫婦船頭像がある。

㊟島根県松江市黒田町 ㊋ぐるっと松江レイクラインバス・堀川遊覧船乗場下車、徒歩2分

⊕像には市の特産品・来待石を使用

2 椿谷
つばきだに

MAP 付録P.14 B-2

春は椿と梅、秋は紅葉が見事

豊かな自然が残る、城山公園内の椿谷周辺。木々が生い茂る中を船が進み、城下町とはひと味違う冒険気分が楽しめる。

⊕木々が生い茂るトンネルの中を小船が進む

松江堀川
地ビール館
P84/P.92 小泉八雲記念館 ☆ 堀川遊覧船乗場
塩見縄手 5
☆ 小泉八雲旧居（ヘルン旧居）P.85/P.92
☆ 明々庵 P.89/P.105
☆ 武家屋敷 P.85
R 出雲そば処 八雲庵 P.85
城山稲荷神社 P.81
☒ 北局
1 堀川ふれあい広場乗船場
松江護国神社
4 北堀橋
宇賀橋
普門院（観月庵）P.89/P.104
椿谷 2
亀田橋
P.80
松江城
北惣門橋
☆ 松江歴史館 P.85
普門院橋 3
① 日本銀行
城山内堀川
☆ 松江神社 P.81
☆ 興雲閣 P.81
大手前広場乗船場
母衣局
米子橋
島根県立図書館
緑橋橋 P.84
県民会館
大手町通り
自性院
内中原小
島根県立
武道館
花園橋
うべや橋
殿町局
県庁
新米子橋
松江赤十字病院
中部橋
交翔橋
京橋川
幸橋
京橋
東京橋
栄橋
カラコロ広場乗船場
須衛都久神社 ☒
松江市役所 ◎
末次公園
松江
大橋
遊覧コース（50分）
ぶらっとコース（30分）要予約
一畑電車
北松江線
松江しんじ湖温泉駅
P.94 宍道湖大橋
P.94 宍道湖 ☆

移動時間 ◆ 約1時間20分
乗船ルート

JR松江駅
ジェイアールまつええき

⬇ ぐるっと松江レイクラインで17分、堀川遊覧船乗場下車

1 堀川ふれあい広場船場
ほりかわふれあいひろばじょうせんじょう

⬇ 堀を東に向かい、新橋を過ぎたら、城山西堀川へ

2 椿谷
つばきだに

⬇ 城の西側の自然豊かなエリアから市街地を抜け、歴史地区へ

3 普門院橋
ふもんいんばし

⬇ 普門院橋付近では、季節にはアジサイが咲き誇る

4 北堀橋
きたほりばし

⬇ 松江城が美しく見えるエリアを通っていく

5 塩見縄手
しおみなわて

⬇ 武家屋敷などを見ることができる歴史散策のハイライト

1 堀川ふれあい広場乗船
ほりかわふれあいひろばじょうせんじょう

美しい城を眺めて堀川めぐり

---

3 普門院橋
ふもんいんばし

MAP 付録P.14 C-2

船の屋根を低くして進む

堀川にある17の橋のうち4つは橋桁が低く、船の屋根を下げて通る。なかでもいちばん低い橋が普門院橋。

⬆ 屋根を低くして橋をくぐるユニークな仕掛け

4 北堀橋
きたほりばし

MAP 付録P.14 C-2

松江城の撮影スポット

松江城が美しく見える場所として有名。堀川沿いにはかつて商人の町家が並んでいたといい、城下町らしさが残る。

⬆ 堀川を遊覧船で進むと松江城を望めるスポットが現れる

5 塩見縄手 ➡ P.84

MAP 付録P.14 B-2

松江の武家屋敷街

武家屋敷の前に広がる、城下町の通り。昔ながらの風情が感じられ、日本の道100選にも選ばれている。

江戸時代にタイムトリップしたような美しい街並み

⬆ 北堀橋を通過後に通る北惣門橋では頑強な城の石垣にも近づける

83

街並みに城下の繁栄をみる武家屋敷
塩見縄手の歴史さんぽ

しおみなわて

城下町のたたずまいを色濃く残す、塩見縄手周辺。
ノスタルジックな街並みや美術館など見どころが満載。
約500mの通りをゆっくりとそぞろ歩き。

通りに残る江戸の面影
日本の道100選のひとつ

松江藩の上級・中級武士の屋敷が並んでいたという通り。一筋に延びた通りを縄手といい、異例の栄進を遂げた塩見小兵衛という武士が住んでいたことから、この名で呼ばれるようになった。老松の大木が往時を偲ばせる。

MAP 付録P.14 B-2
☎0852-27-5843（松江観光協会）
🚩島根県松江市北堀町
🚌ぐるっと松江レイクラインバス・小泉八雲記念館前下車すぐ

↑松江城築城の際に、亀田山と北側の宇賀山を掘削して造った内堀に沿って造成してできた塩見縄手

P.100
神代そば ℝ
1 小泉八雲記念館
2 小泉八雲旧居（ヘルン旧居）
3 田部美術館
P.85
出雲そば処 八雲庵 ℝ
ℂ 明々庵 P.89/P.105
小泉八雲記念館前
塩見縄手 ★
P.83/P.84/P.88
4 武家屋敷
P.81 城山稲荷神社
稲荷橋
松江護国神社
松江城山公園
馬洗池
北田川
塩見縄手
宇賀橋
北惣門橋
亀田橋
N
0 100m
P.80 松江城 ★
松江歴史館 5

1 小泉八雲記念館
こいずみやくもきねんかん
MAP 付録P.14 B-1 ➡P.92

八雲の多面性を知る多彩な展示

松江を愛した作家、小泉八雲（ラフカディオ・ハーン）の生涯にふれられる記念館。ライブラリーには、八雲の著書や関連書も多数所蔵する。

↑小泉八雲旧居に隣接。オリジナルグッズも販売している

松江●歩く・観る

2 小泉八雲旧居（ヘルン旧居）
こいずみやくもきゅうきょ（ヘルンきゅうきょ）

MAP 付録P.14 B-1　　　➡P.92

八雲が好んだ庭のある武家屋敷

小泉八雲がセツ夫人とともに約5カ月間住んでいた家。庭は当時のまま残されている。

↑著作『知られぬ日本の面影』所収「日本の庭」の中でも紹介されている

3 田部美術館
たなべびじゅつかん

MAP 付録P.14 B-1

茶道具と郷土の美術工芸品

政財界で活躍し、文化人としても知られる田部長右衛門氏が創設。田部家が24代にわたり伝来・収集された不昧公ゆかりの品を含む茶道具や出雲地方の美術工芸品を展示する。

↑建物は菊竹清訓氏の設計

↑茶道に関する展示も多い

☎0852-26-2211　所島根県松江市北堀町310-5　開9:00〜17:00（受付は〜16:30）　休月曜（祝日の場合は開館）　料700円　交ぐるっと松江レイクラインバス・小泉八雲記念館前下車、徒歩1分　Pあり（要問い合わせ）

↑市指定文化財の歴史ある建物

4 武家屋敷
ぶけやしき

MAP 付録P.14 B-2

武士たちの暮らしぶりを知る

松江藩の上級・中級武士が住んでいた屋敷。江戸期の面影を今に伝える。

☎0852-22-2243　所島根県松江市北堀町塩見縄手305　開8:30〜18:30（10〜3月は〜17:00、入館は各30分前まで）　休無休　料310円　交ぐるっと松江レイクラインバス・小泉八雲記念館前下車、徒歩2分　Pなし

↑主屋の中を歩いて見学できる

5 松江歴史館
まつえれきしかん

MAP 付録P.14 C-2

城と城下町の歴史を知る

松江城や街のつくり、変遷について、資料展示のほか、映像、模型などを使って紹介する。
↑国宝・松江城や城下町の仕組みをジオラマで紹介

☎0852-32-1607　所島根県松江市殿町279　開9:00〜17:00　休月曜（祝日の場合は翌平日）　料510円　交ぐるっと松江レイクラインバス・大手前堀川遊覧船乗場・歴史館前下車、徒歩3分　Pあり（12台）

| 移動時間 ◆ 約40分 |
| 散策ルート |

JR松江駅
ジェイアールまつええき

↓ ぐるっと松江レイクラインバスで16分、小泉八雲記念館前下車すぐ

1 小泉八雲記念館
こいずみやくもきねんかん

↓ 記念館と旧居は隣接して建っている　徒歩すぐ

2 小泉八雲旧居（ヘルン旧居）
こいずみやくもきゅうきょ（ヘルンきゅうきょ）

↓ 田部美術館はさらにその隣に建つ　徒歩すぐ

3 田部美術館
たなべびじゅつかん

↓ 堀川沿いを進む。そばの名店、八雲庵の少し先　徒歩2分

4 武家屋敷
ぶけやしき

↓ 堀川沿いを東へ。宇賀橋、または北堀川橋を渡る　徒歩6分

5 松江歴史館
まつえれきしかん

↓ ぐるっと松江レイクラインバスで松江駅へ戻る　バス13分

JR松江駅
ジェイアールまつええき

塩見縄手の歴史さんぽ

| お食事処 |

1300円
鴨なんばんそば

歴史ある武家屋敷を利用した立ち寄り処。不昧公にちなんだ和スイーツもおすすめ。四季の城下町の風情を感じる中庭の眺めにも注目したい。

出雲そば処 八雲庵
いずもそばどころ やくもあん

MAP 付録P.14 B-1

☎0852-22-2400　所島根県松江市北堀町308　開11:00〜13:30（LO）、土・日曜は10:00〜14:00（LO）　休1月1・2日　交ぐるっと松江レイクラインバス・小泉八雲記念館前下車、徒歩2分　Pあり

親藩・越前松平家が廃藩置県までの230年間を統治

松江藩18万石の城下町

出雲国の覇権争いが続いた戦国の世が終わり、初代藩主の堀尾氏が松江に城下町を建設する。
美しい水の都となった松江を引き継いだ松平氏は、長期政権で城下町の繁栄を導いていく。

15世紀後半～16世紀半ば 尼子氏が出雲を掌握する

出雲の戦国時代

守護の京極氏に代わって尼子氏が台頭
強敵の大内氏を破り出雲と周辺国を支配

　戦国時代初期の出雲国では、応仁の乱で出陣中の守護・京極氏に代わり、守護代の尼子氏が統治を任されていた。尼子経久(清定)は、月山富田城を本拠に、反乱を起こす国人たちを次々に制圧して勢力を増大させた。次の経久の時代には、京極氏に反旗を翻し、戦国大名として独立する。隣国各地へ侵攻し、最盛期には山陰山陽十一州を従属させている。天文6年(1537)に家督を継いだ孫の晴久は、中国西部の覇者・大内氏と勢力争いを繰り広げた。

　大内氏配下・毛利元就の吉田郡山城(広島県安芸高田市)攻めに大敗したものの、のちに大内氏は内紛で衰退。晴久が、出雲・隠岐など中国8カ国の守護に就き、一族最大の繁栄をもたらした。

⇧尼子晴久(1514～1560)。大内氏を撃退し、中国8カ国の守護大名となった〈山口県立山口博物館所蔵〉

16世紀半ば～17世紀初め 難攻不落の城が破られる

尼子氏から毛利氏へ

下剋上で戦乱のただ中に登場した毛利氏
尼子氏の本拠・月山富田城を手中に収める

　尼子氏が中国地方の有力守護大名の地位を築いた裏で、大内氏を滅ぼした毛利元就が、山陰進出へと動き出す。晴久の急死により、義久が跡を継いで間もなくの永禄5年(1562)、毛利氏は銀山のある石見を制圧し、出雲への侵攻を開始する。永禄9年(1566)には、難攻不落と謳われた月山富田城は、籠城戦の抵抗もおよばず毛利氏の手に落ちる。のちに毛利氏は中国地方を広く支配したが、関ヶ原の戦いで敗れたあとは、領地を周防・長門の2国に減らされた。

⇧尼子氏盛衰の歴史を刻んだ月山富田城。山河に守られ、山上に本丸を築いた典型的な中世の山城。『富田月山城之図』〈安来市教育委員会所蔵〉

⇧月山全景

月山富田城跡
(がっさんとだじょうあと)

安来 MAP 付録P.21 D-3

　戦国大名尼子氏の居城として知られる難攻不落の山城。江戸時代初めに堀尾氏が松江城を築くまで、出雲国の中心として繁栄した。見学路は整備され、気軽に散策できる。山頂部からは、安来平野や中海、島根半島など雄大な景色を一望できる。

☎0854-32-2767
(安来市立歴史資料館)
🏠島根県安来市広瀬町富田
🕐見学自由
🚃JR安来駅から車で20分 Ｐあり

⇧山中御殿

山中鹿介 尼子氏復興を目指した武将

　毛利元就による月山富田城攻めにより、尼子氏の旧臣たちは出雲の地を離れた。旧臣・山中鹿介(幸盛)は、尼子氏復興を目論み、尼子義久の叔父・誠久の遺児・勝久を後継者に擁立。旧臣を結集して毛利氏の出雲へ侵攻する。一時は出雲の大半を奪い返すが、ついに富田城は戻らなかった。天正6年(1578)に勝久は切腹、鹿介も殺害され、尼子氏再興の夢はついえる。

松江城と城下町

黒板張りが風雅な天守閣は今なお健在
水の豊富な土地を利用して水郷都市を整備

　関ヶ原の戦いの活躍で、出雲・隠岐両国を与えられた堀尾氏が、慶長5年(1600)に月山富田城に入城。しかし、堀尾氏は中世の山城の性格が強い富田城を捨て、宍道湖東岸の松江で新たな城と城下町の建設に着手する。建設を指揮したのは、幼少の藩主・堀尾忠晴の祖父で後見役の吉晴だった。当時の松江は湿地帯が広がり、建設に困難な立地だったが、普請上手で知られた吉晴は立地を逆手にとり、実戦向きの城郭と城下町を慶長16年(1611)に完成させる。

　亀田山の上部に、五重六層の大規模な天守閣を持つ松江城が築かれた。矢や銃を撃つための狭間や石落としを数多く配置し、地下には籠城戦に備えて食料庫や井戸を用意するなど、実戦用の装備は万全だった。城下町の建設では、城北の山を切り崩した土で湿地を埋め立て、排水用の堀を張りめぐらせた。堀は防衛や水運の機能も併せ持った。内堀で守られる城郭を囲むように武家屋敷が整備され、城の北東と東、南にコの字型の町人町が設けられた。現在も、川や水路、町割りなどに当時の都市計画の名残がある。

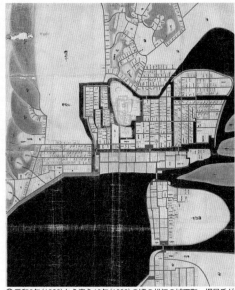

⬆元和6年(1620)から寛永10年(1633)の頃の松江の城下町。堀尾氏が普請した城と城下町の構造はこの頃すでに完成していた。『堀尾期松江城下町絵図』〈島根大学附属図書館所蔵〉

日本の伝統芸能・歌舞伎の祖と伝承される謎多き出雲の巫女

歌舞伎踊りを創始した出雲阿国

安土桃山時代から江戸時代初期にかけて、女性芸能者として活躍したと伝えられる出雲阿国。
歌舞伎の祖とされながら、阿国の史実を示す史料は乏しく、その存在は今なお謎に包まれている。

阿国の斬新奇抜な踊りが京都で流行

　日本歌舞伎の始祖とされる出雲阿国は、出雲大社の巫女であったという。史実は不詳だが、一説によれば、阿国は出雲大社近くの鍛冶職・中村家の生まれで、出雲大社の浄財を集めるために踊りで諸国を巡ったとされる。

　阿国の踊りは、童女の踊る「ややこ踊り」から、念仏踊りや流行歌を交えた演劇へと変化。慶長年間(1596〜1615)頃に阿国一座は京都へ上って興行を行う。華麗な着物で男装して「かぶき者」(風変わり者)に扮し、茶屋で女と戯れる舞台が評判を呼び、「かぶき踊り」と呼ばれて大流行となった。江戸幕府は風俗を乱すと禁止令を発したため、流行はほどなく終息するが、のちに男性が女役も演じる現在の歌舞伎へ受け継がれていく。出雲市大社町には、阿国が晩年に出家して籠ったという草庵(阿国寺)や阿国のものとされる墓がある。

⬆阿国が江戸初期に北野天満宮で行った「かぶき踊り」。肩に刀をかけたかぶき者の阿国がいる。『阿国歌舞伎図屏風』〈京都国立博物館所蔵〉

17世紀半ば〜19世紀
松平氏の長期政権時代
松平直政の入府

中国地方の監視役として親藩・松平氏が入府
財政改革で藩の窮状を乗り切る

　堀尾氏のあとに松江藩主となった京極氏は、跡継ぎが途絶えて短命に終わる。代わって、将軍家光の従兄弟の松平直政が、寛永15年(1638)に18万6000石で出雲へ入府する。天領となっていた隠岐も預けられた。のちに、能義郡広瀬の広瀬藩と同郡伯太の母里藩が松江から立藩している。隣国の石見国では、浜田藩と津和野藩の2藩が置かれ、かつて、尼子氏や大内氏、毛利氏らが争奪戦を繰り返した石見銀山は幕府直轄領となっている。

　江戸中期の6代藩主・松平宗衍の時代になると、幕府の重い課役に加え、水害などの自然災害の頻発により、藩の財政は破綻寸前となる。宗衍は藩主が直接政治を行う御直捌を採用し、家臣の小田切備中を補佐役に就けて積極的な藩政改革に乗り出す。豪商や地主に出資させて利殖で収益を上げるほか、新田開発なども行ったが、急激な改革が不満を呼び、政策は行き詰まってしまう。宗衍は責任をとって藩主を降り、二男・治郷が7代藩主となった。

　治郷は朝日重政(丹波)を家老に起用し、新たに「御立派の改革」に取り組む。藩内の債務をすべて帳消しにし、藩の人員削減などの倹約令で歳出を削減。たたら製鉄で知られる鋳物のほか、薬用人参、ろうそくなどの産業振興策で蔵入を増やし、藩財政は回復した。松江藩は全国屈指の裕福な藩に成長し、松平氏の時代が明治維新まで続いた。

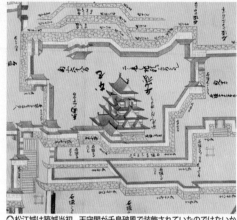

⬆松江城は築城当初、天守閣が千鳥破風で装飾されていたのではないかという可能性も指摘され、それが千鳥城の別称を生んだのではないかという説もある。『出雲国松江城絵図(正保城絵図)』〈国立公文書館所蔵〉

塩見縄手 ➡P.84
しおみなわて
松江 MAP 付録P.14 B-2

松江城築城の際に、北の内堀に沿って整備された通り。屋敷塀が連なり、上級・中級武士の屋敷が並んだ江戸時代の風情が残る。縄手とは、縄のようにまっすぐに延びる通りのこと。

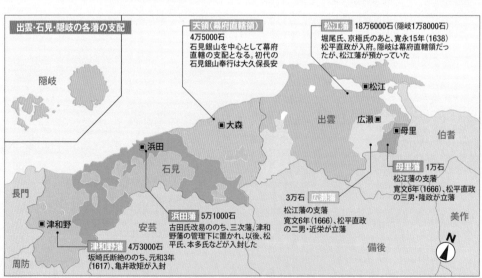

出雲・石見・隠岐の各藩の支配

天領(幕府直轄領)
4万5000石
石見銀山を中心として幕府直轄の支配となる。初代の石見銀山奉行は大久保長安

松江藩 18万6000石(隠岐1万8000石)
堀尾氏、京極氏のあと、寛永15年(1638)松平直政が入府。隠岐は幕府直轄領だったが、松江藩が預かっていた

母里藩 1万石
松江藩の支藩
寛文6年(1666)、松平直政の三男・隆政が立藩

広瀬藩 3万石
松江藩の支藩
寛文6年(1666)、松平直政の二男・近栄が立藩

浜田藩 5万1000石
古田氏改易ののち、三次藩、津和野藩の管理下に置かれ、以後、松平氏、本多氏などが入封した

津和野藩 4万3000石
坂崎氏断絶ののち、元和3年(1617)、亀井政矩が入封

隠岐　大森　浜田　津和野　石見　長門　安芸　周防　備後　美作　伯耆　出雲　広瀬　松江　母里

松江で茶の新流派を生んだ江戸後期の大茶人

不昧公・松平治郷
ふまいこう・まつだいらはるさと

茶どころ、菓子どころとして、風流な日本文化が生活にさりげなく息づく城下町・松江。
街の気風を生んだのは、江戸時代に芸術文化を愛し、茶道を極めた一人の殿様だった。

藩主としての松平治郷

　松平治郷は、17歳で松江藩主となり、18歳から茶道を学んだ。書画や和歌、陶芸もたしなむ多彩な教養人でもある。19歳のときに禅の道に入り、「不昧」の号を授けられている。

↑松平治郷。不昧公の名で今も親しまれている〈島根県立美術館所蔵〉

　藩主・治郷の政治家としての評価には、さまざまな声がある。逼迫した藩財政を立て直した松江藩中興の祖と評価される一方で、藩政は立て直したものの、茶道に没頭するあまり政治を疎かにした。あるいは、藩政が潤ってからは高価な茶器を購入して藩費を散財し、重臣らから非難されたともいわれ、評価は分かれる。

　治郷の名が最も知られているのは、やはり茶人・不昧公としての姿だ。自らの流派「不昧流」を創始した、江戸後期を代表する大名茶人であり、数々の名器を収集・保存したコレクターとしても名を馳せた。

不昧流茶道の祖として

　武家の茶道である石州流を学んだ松平治郷は、形式や道具に固執する当時の華美な茶道に疑問を抱いていた。千利休の侘び茶の精神に戻るべきと考え、ほかの流派の茶の湯を広く学んだうえで、新たな流派「不昧流」を確立する。不昧流では、茶室の装飾や道具は華美を避け、細かな所作をそぎ落としている。治郷の点前は評判を呼んで、武士から町民へと広まっていった。

　松江藩の財政が潤沢になってくると、治郷は各地に散在する茶道具の名器の収集・保存に尽力した。それらをランク付けして分類し、著書『古今名物類聚』全18巻にまとめた。茶道具購入の莫大な出費は藩内の反感を買ったともいわれるが、収集した茶道具は「雲州名物」と呼ばれ、茶人や美術愛好家たちから高い評価を得ている。

　茶道具の収集だけでなく、陶芸や漆器などの美術工芸や食文化の発展にも大きく寄与した。文化3年(1806)の隠居後は、茶の湯三昧で過ごし、68歳で生涯を閉じる。今日の松江では、気軽に抹茶を楽しむ茶文化が浸透している。不昧が茶席で好んだ茶菓子は、松江の銘菓として今も愛されている。

↑不昧公も茶を点てた入母屋造の茶室
明々庵 →P.105
めいめいあん
松江 MAP 付録P.14 B-1
松江藩家老・有沢邸に建てられた茶室。不昧公没後150年を機に、現在の地に移築された。

↑不昧公廟門。江戸名工の彫刻が残る
月照寺 →P.104
げっしょうじ
松江 MAP 付録P.18 B-1
松江藩主松平家の菩提寺。不昧公の墓所やゆかりの茶室・大円庵がある。あじさい寺としても有名。

普門院(観月庵) →P.104
ふもんいん(かんげつあん)
松江 MAP 付録P.14 C-2
窓からの月の眺めが美しい三斎流茶室。不昧公や小泉八雲も訪れたという。

↓多彩な表情を見せる庭園にも注目

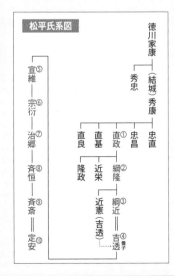

松平氏系図

```
徳川家康
　├─（結城）秀康
　└─秀忠
　　　├─⑤宣維              忠昌
　　　│　│                 忠直
　　　⑥宗衍   直政①
　　　│　│   直基  直良
　　　⑦治郷  │    │
　　　│　│  隆政  近栄  綱隆②
　　　⑧斉恒  │        │
　　　│　│  近憲  綱近③
　　　⑨斉斎  │    │
　　　│　│  （吉透）吉透④ 養子
　　　⑩定安
```

奈良時代の出雲を旅する。

八雲立つ 風土記の丘
やくもたつふどきのおか

出雲神話の舞台となり、古代出雲の中心地となった出雲文化発祥の地。古代出雲文化を伝える史跡を訪ねる。

市街地南部にある古代遺跡の宝庫
展示学習館で歴史を学んで散策へ

　古代の意宇郡の中央部に広がる「八雲立つ風土記の丘」周辺は、『出雲国風土記』に登場する「国引き神話」の舞台とされる地。古墳や奈良時代の国府跡、古社など、古代の史跡が残されている。点在する見どころを巡るにはレンタサイクルが便利だ。

島根県立八雲立つ 風土記の丘展示学習館
しまねけんりつやくもたつふどきのおかてんじがくしゅうかん

MAP 付録P.13 D-4

周辺の遺跡資料を中心に、古代出雲について紹介。奈良時代の都市景観を再現したジオラマや、重要文化財の「見返りの鹿埴輪」「額田部臣銘文入大刀」などは必見。

↑平所遺跡出土の見返りの鹿埴輪（重要文化財）

☎0852-23-2485 🏠島根県松江市大庭町456 🕘9:00〜17:00（最終入館16:30）🚫火曜（祝日の場合は翌日休）💴200円（特別展開催中は異なる）🚃JR松江駅から車で15分 🅿あり

ガイダンス山代の郷
ガイダンスやましろのさと

MAP 付録P.13 D-3

島根県最大の前方後方墳・山代二子塚古墳を中心に、周辺の古墳や遺跡を紹介。向山1号墳の実物大石室模型や周辺遺跡を、わかりやすく紹介している。

↑古墳の一部が露出し、土層の様子が見られる

☎0852-25-9490 🏠島根県松江市山代町470-1 🕘9:00〜16:30 🚫火曜（祝日の場合は翌日休）💴無料 🚃JR松江駅から車で13分 🅿あり

立ち寄りスポット

出雲かんべの里
いずもかんべのさと

MAP 付録P.13 D-4

地元作家による工芸品の製作過程の見学や、作家の指導による体験ができる。昔話が聞ける民話館、散策できる自然の森もある。

↑機織り、陶芸、木工などのものづくり体験もできる

☎0852-28-0040 🏠島根県松江市大庭町1614 🕘9:00〜17:00（入館は〜16:30）🚫火曜（祝日の場合は翌日休）💴工芸館無料、民話館260円 🚃JR松江駅から車で15分 🅿あり

山代二子塚古墳
やましろふたごづかこふん

全長94mの県内最大規模の前方後方墳。盛土の状態が観察できる全国唯一の古墳。

大庭鶏塚古墳
おおばにわとりづかこふん

一辺約42m、高さ約9mの方墳。金の鶏が埋められているとの伝説がある。

[地図内の地名・施設名]
馬橋川 / 山代神社 🚌 / 湖東中 ⊗ / 山代郷北新造院跡 / 山代方墳 / 大庭局 / ★ガイダンス山代の郷 / 茶臼山（神名樋野）▲ / 432 / 出雲国山代郷正倉跡 / 山代郷南新造院跡 / ⊗大庭小 / 団原古墳 / 卍浄音寺 / 🈂八重垣神社 / 出雲国造館跡（推定地） / 荒神谷・後谷古墳群 / 岡田山古墳群 / 島根県立八雲立つ風土記の丘展示学習館★ / 神魂神社🈂 / ★出雲かんべの里 / 御崎山古墳 / 日吉の切通 / N / 0 300m

スピリチュアルな神話の舞台

八重垣神社
やえがきじんじゃ

MAP 付録P.13 D-4

『出雲国風土記』に登場する古社。八岐大蛇神話に登場する素盞嗚尊（須佐之男命）と稲田姫命（櫛名田比売）の夫婦神を祀り、縁結びの神社として知られる。境内奥には、素盞嗚尊が八岐大蛇から姫をかくまったとされる佐久佐女の森が広がる。

☎0852-21-1148 🏠島根県松江市佐草町227 🕘9:00〜17:00 🚫無休 💴無料（宝物収蔵庫200円）🚃JR松江駅から車で15分 🅿あり

❤良縁や子宝のご利益で有名。境内には2本の木が一体化した夫婦椿の木が3本ある

↑紙の沈む位置や早さなどで縁を占う

↑稲田姫命が姿を映したという鏡の池。占い用紙と硬貨を池に浮かべて行う縁占いが人気

松江●歴史

史跡巡りにおすすめ

八雲立つ風土記の丘展示学習館には無料のレンタサイクルがあり、移動に活用したい。ガイダンス山代の郷でも返却できる。無料の音声ガイドもあり、史跡巡りに好評。
🕐9:00〜16:30

中竹矢古墳
上竹矢古墳群
出雲国分寺跡
奥堤池
蟹穴池
出雲国分寺瓦窯跡
出雲国分尼寺跡
竹矢
山陰道
9
天平古道
眞名井神社
眞名井の滝
条里制遺構　十字街推定地
古代山陰道(推定)
客の森(意宇の杜推定地)
出雲国府跡(国庁跡)
六所神社
意宇川
大草古墳群
西百塚山古墳　古天神古墳
東百塚山古墳　大草岩船古墳

岩屋後古墳
いわやあとこふん

6世紀後半の築造。現在は墳丘がなく、中にあった石室が露出している。

まっすぐに並ぶ伽藍
出雲国分寺跡
いずもこくぶんじあと
MAP 付録P.13 E-3

聖武天皇が国ごとに建てさせた国分寺のひとつで、8世紀後半の創建とされる。発掘調査で、一直線に並ぶ南門や金堂、講堂、僧坊などの遺構が発見された。

☎0852-23-2485(島根県立八雲立つ風土記の丘展示学習館)　🏠島根県松江市竹矢町　🕐休料見学自由　🚃JR松江駅から車で15分　🅿あり

⬆現在は整然と並ぶ基壇と礎石などが整備され、往時を偲ぶことができる

茶臼山に抱かれし社
眞名井神社
まないじんじゃ
MAP 付録P.13 E-4

茶臼山南の麓にある大社造の神社。現在の建物は江戸前期築。近くに眞名井の滝がある。

☎0852-23-6940　🏠島根県松江市山代町84　🕐休料参拝自由　🚃JR松江駅から車で15分　🅿あり

⬆本殿内は極彩色の壁画で飾られる

政庁の跡地に建つ
六所神社
ろくしょじんじゃ
MAP 付録P.13 E-4

出雲国の総社で、出雲国府の中心部にあった。境内に政庁跡を示す石碑が立てられている。

☎0852-23-7373　🏠島根県松江市大草町496　🕐休料参拝自由　🚃JR松江駅から車で15分　🅿あり

⬆古代出雲国を代表する神社だった

古代の官庁街があった場所
出雲国府跡(国庁跡)
いずもこくふあと(こくちょうあと)
MAP 付録P.13 E-4

奈良から平安時代の出雲国の政治の中心地。政庁、実務分掌官衙、国司館などの建物遺構が確認されている。

☎0852-23-2485(島根県立八雲立つ風土記の丘展示学習館)　🏠島根県松江市大草町　🕐休料見学自由　🚃JR松江駅から車で15分　🅿あり

⬆現在はきれいに整備され、出土品は展示学習館に展示されている

足をのばして訪れたい
田和山史跡公園(田和山遺跡)
たわやましせきこうえん(たわやまいせき)
MAP 付録P.12 C-3

三重環壕で囲まれた弥生時代の遺跡

三重環壕を持つ弥生時代の集落遺跡である田和山遺跡を中心として整備された公園。環壕の外側から見つかった弥生時代の竪穴建物と掘立柱建物が復元されている。山頂部からの眺めも絶景。

☎0852-55-5284(松江市埋蔵文化財調査課)　🏠島根県松江市乃白町32-3　🕐休料見学自由　🚃JR松江駅から松江市営バス南循環線内回りで16分、田和山史跡公園下車すぐ　🅿あり

⬆環壕に囲まれた山頂部にはどのような施設があったのかは諸説あるという

松江藩18万石の城下町

「神々の国の首都」松江をこよなく愛した怪奇小説の名手

ラフカディオ・ハーンと松江

『怪談』で知られるラフカディオ・ハーンは、来日後間もなく松江で暮らした。
物語のほかにも随筆や紀行文を著し、松江や日本の魅力を世界の人々に熱く伝えた。

松江で暮らした「へるんさん」

↗ 明治29年(1896)日本に帰化。小泉八雲を名乗り、多くの書籍を残す

小泉八雲ことラフカディオ・ハーンは、1850年にギリシャで生まれた。2歳でアイルランドに移住し、イギリス、アメリカ、カリブ海のマルティニーク島へ移り住み、多様な文化にふれている。アメリカの万博で目にした日本文化に興味を抱き、明治23年(1890)に39歳で来日。英語教師となって松江に赴任する。のちに妻となる小泉セツが、ハーンの世話係に雇われた。翌年には、北堀町・塩見縄手の旧武家屋敷へ転居している。

松江に滞在中、出雲大社などの社寺を訪ね歩いた。太古より伝承される出雲神話の霊的世界に興味を抱き、自著のなかで松江を「神々の国の首都」と呼んだ。松江の街や人、自然を愛し、風習や伝統に興味を抱くハーンを、地元の人は「へるんさん」と呼んだ。松江で1年3カ月を過ごしたのち、熊本、神戸、東京で暮らす。来日から6年後には、セツとの入籍を機に日本に帰化し、小泉八雲と改名している。

ハーンが書き遺した古き良き日本

小泉八雲といえば、幻想的な怪奇文学が有名だ。代表作『怪談』の中の『雪女』や『耳なし芳一』などの物語は、八雲が収集した日本の民話や幽霊話、伝説を題材に書かれた。妻のセツも物語を語り聞かせて八雲の作品作りに貢献した。『日本雑録』に収められた凄惨な怪談『破られた約束』のベースは、セツが教えた出雲の物語だ。

小説のほかに随筆や紀行文も著し、海外に日本を広く紹介した。随筆集の『知られぬ日本の面影』『東の国から』では、八雲が松江や熊本などで経験し、感じた日本や日本人の印象を流麗な文体でいきいきと綴っている。日本人の「並外れた善良さ」や「奇跡と見えるほどの辛抱強さ」、自然への畏敬の念といった精神性に感嘆し、自然や伝統文化の繊細な美を称賛した。西洋中心主義に傾かず、日本人と同じ目線で語られる八雲の著作は、当時は極めて稀な存在だった。八雲は東京で病に倒れ、明治37年(1904)に54年の生涯を閉じる。

小泉八雲旧居(ヘルン旧居)
こいずみやくもきゅうきょ(ヘルンきゅうきょ)

MAP 付録P.14 B-1

☎0852-23-0714　㊐島根県松江市北堀町315　⏰8:30〜18:30(10〜3月は〜17:00) 入館は各20分前まで　㊡無休　㊎310円　🚌ぐるっと松江レイクラインバス・小泉八雲記念館前下車すぐ　🅿なし

小泉八雲が妻のセツと約5カ月を過ごした家。『知られぬ日本の面影』に庭の様子が紹介されている。八雲が住んだ家で唯一、往時のまま残されており、国の史跡に指定されている。

💡庭に囲まれた居間や書斎、セツ夫人の部屋がある

小泉八雲記念館
こいずみやくもきねんかん

MAP 付録P.14 B-1

衣類やキセルなどの愛用品やメモ帳、戸籍謄本などゆかりの品、著書などを展示。映像やパネル展示で生涯を紹介する。

☎0852-21-2147　㊐島根県松江市奥谷町322　⏰8:30〜18:30(10〜3月は〜17:00)　入館は各20分前まで　㊡無休　㊎410円　🚌ぐるっと松江レイクラインバス・小泉八雲記念館前下車すぐ　🅿なし

⬆作家の生涯をさまざまな切り口で紹介

> こちらも注目です!

小泉八雲『怪談』を体験するナイトツアー

松江ゴーストツアー
まつえゴーストツアー

小泉八雲の怪談ゆかりの地を日没後に訪ねるツアー。地元の語り部が静かに思いを込めて、怪談の世界に案内してくれる。

☎0852-27-5843(松江観光協会営業所)　㊐2024年開催予定　🔗www.kankou-matsue.jp/machiaruki/course (詳細が決まり次第掲載)

出雲・松江 歴史年表

室町時代以前は⊙P.55 へ

西暦	元号	事項
1467	応仁 元	**戦国時代** 応仁の乱おこる。出雲・隠岐守護の京極持清は東軍、石見守護の山名政清は西軍につく
1468	2	松田氏が、**月山富田城** ⊙P.86 の出雲守護代・尼子清貞(清定)を攻めるも撃退される
1518	永正 15	尼子経久、この頃までに出雲をほぼ平定
1519	16	杵築大社(**出雲大社** ⊙P.32)遷宮
1533	天文 2	神谷寿禎、**石見銀山** ⊙P.122 で、灰吹法精錬に成功する
1537	6	尼子晴久、大内氏の支配から石見銀山を奪取
1540	9	尼子晴久、毛利元就の吉田郡山城を包囲するも大敗し退却
1543	12	大内氏・毛利氏、**月山富田城** ⊙P.86 の尼子晴久を攻めるが、尼子氏これを守る
1545	14	尼子晴久、出雲を制圧
1552	21	尼子晴久、出雲・隠岐など8カ国の守護に補せられる
1558	永禄 元	毛利元就、温湯城を攻撃し、翌年降伏させる
1560	3	尼子晴久死去
1562	5	毛利氏、石見を制圧。出雲への侵攻を開始
1566	9	**月山富田城** ⊙P.86 落城。尼子義久らや毛利元就に降伏し、尼子家滅亡
1570	元亀 元	山中鹿介(幸盛)ら率いる尼子再興軍と毛利軍が戦う(布部山の戦い)
1571	2	毛利軍の攻撃を受け、尼子勝久の籠もる真山城落城。尼子氏の復興がなくなる
1573	天正 元	**安土桃山時代** 織田信長、足利義昭を京から放逐
1590	18	この年、明で『日本風土記』が編纂される。同書中に、出雲・石見国内の港として、杵築・宇龍・平田・白潟・安来・美保関・波根・刺鹿・長浜・浜田・温泉津・都野津が記載される
1595	文禄 4	毛利輝元、出雲・石見・隠岐の検地を行う
1600	慶長 5	関ヶ原の戦い。西軍の総大将・毛利氏、減封。堀尾吉晴、出雲・隠岐24万石に封ぜられる
1601	6	大久保長安、**石見銀山** ⊙P.122 の銀山奉行となる
1603	8	**江戸時代** 出雲阿国、京都でかぶき踊りを演じる
1607	12	堀尾吉晴が**松江城** ⊙P.80 の造営を始める(慶長16年完成し、富田から松江に移る)
1609	14	杵築大社(**出雲大社** ⊙P.32)造営遷宮
1633	寛永 10	堀尾忠晴死去。継嗣なく、堀尾家断絶
1634	11	京極忠高、出雲・隠岐24万石に封ぜられ、松江藩主となる
1637	14	京極忠高死去、継嗣なく、出雲・隠岐両国を没収される
1638	15	松平直政、信濃国松本から転封。出雲国18万6000石と隠岐国1万8000石を預けられる
1666	寛文 6	松平直政の跡を綱隆が襲封。その弟・近栄を広瀬藩に、隆政を母里藩に分封
1667	7	杵築大社(**出雲大社** ⊙P.32)造営遷宮
1687	貞享 4	松江藩、預所の隠岐を幕府に返上
1691	元禄 4	奥出雲のたたら製鉄に、天秤吹き法が導入され、鉄の産額が増加する
1720	享保 5	隠岐が再び松江藩の管轄となる
1744	延享 元	杵築大社(**出雲大社** ⊙P.32)造営遷宮。現在の御本殿はこのときの造営
1747	4	松江藩主・松平宗衍による延享の改革
1758	宝暦 8	松江藩、藩校・文明館を開設
1767	明和 4	松江藩、朝日重政による明和の改革始まる
1770	7	松江藩、斐伊川治水工事に着手
1782	天明 2	天明の大飢饉始まる
1797	寛政 9	松江藩主・松平治郷『古今名物類聚』を著す
1809	文化 6	杵築大社(**出雲大社** ⊙P.32)修造遷宮
1833	天保 4	天保の大飢饉
1837	8	松江城下で大火
1866	慶応 2	松江藩兵、長州再征に向かう。浜田藩、石見銀山領が長州の支配となる
1871	明治 4	浜田県、津和野藩を併合。松江県・広瀬県・母里と隠岐を島根県として合併
1876	9	浜田県を島根県に編入。明治14年まで、現在の鳥取県域を島根県に編入
1890	23	ラフカディオ・ハーン、英語教師として松江に赴任(翌年、熊本に転任)
1894	27	ハーン『知られぬ日本の面影』出版
1903	36	出雲日御碕灯台完成
1972	昭和 47	**八雲立つ風土記の丘** ⊙P.90 開所
1996	平成 8	**加茂岩倉遺跡** ⊙P.51 で銅鐸39個が出土
1998	10	**荒神谷遺跡** ⊙P.50 から出土(昭和59年)の青銅器が国宝に指定される
2007	19	**石見銀山** ⊙P.122 が世界遺産に登録される
2015	27	**松江城** ⊙P.80 が国宝に指定される
2016	28	**出雲大社** ⊙P.32 の遷宮(2008)が完了

松江藩18万石の城下町

93

夕映えが幻想的な光景をつくり出す
宍道湖暮景
しんじこ

輝く湖面をシジミ漁船が行き交う朝も魅力的だが、
神々の里・出雲へ日が沈む夕刻ほど、人々を魅了する時間はない。
神々しいまでの空と湖の饗宴を、この目に焼き付けたい。

水の都・松江を象徴する湖
夕暮れどきは息をのむほど美しい

島根県北東部、周囲約47kmの汽水湖。淡水と海水が混じっているため魚介の種類が豊富で、有名なシジミをはじめ、スズキ、モロゲエビ、ウナギ、アマサギ、シラウオ、コイは宍道湖七珍と呼ばれ親しまれている。公園や遊覧船などレジャー施設も充実しており、日本夕陽百選にも選ばれた茜色の美しい景観を、さまざまな角度から楽しむことができる。
MAP P.16 A-2

↑神々のふるさと・出雲に日が沈みゆき、刻一刻と湖面の色を変えていく。湖に浮かぶ嫁ヶ島には、湖で亡くなった若嫁が島とともに浮かび上がったという悲しい伝説が残る

宍道湖を眺めるナイスビュースポット

宍道湖夕日スポット
しんじこゆうひスポット
MAP 付録P.16 B-4
宍道湖に沈む夕日と浮かび上がる嫁ヶ島のシルエットを同時に望む絶好のビュースポット。歩道とテラスが整備されている。
🏠島根県松江市袖師町
🚃ぐるっと松江レイクラインバス・夕日公園前下車すぐ Ｐあり

白潟公園
しらかたこうえん
MAP 付録P.16 C-2
散策道や水辺に下りる階段が整備され、夕日を眺めながら散策ができる。かつて灯台の役割を果たしていた青柳楼の大灯籠が立つ。
🏠島根県松江市灘町 🚃JR松江駅から徒歩20分 Ｐあり

宍道湖大橋
しんじこおおはし
MAP 付録P.16 B-1
宍道湖と大橋川の境に架設された大きな橋。橋にかかる夕日も美しく、また橋の上からも黄昏の湖が眺められる。
🚃JR松江駅から徒歩20分 Ｐあり

夕日を眺めるクルーズ

水と空が奏でる風情を湖上から楽しむ約1時間のサンセットクルーズ。

宍道湖観光遊覧船はくちょう
しんじこかんこうゆうらんせんはくちょう
MAP 付録P.17 F-2(第1乗船場)
JR松江駅にほど近い乗船場を出発し、宍道湖、嫁ヶ島、松江しんじ湖温泉近辺を巡る。夕方の「サンセットクルーズ」、朝霧のなかを進む「爽朝クルーズ」などがあり、刻々と表情を変える宍道湖の風光明媚な風情が楽しめる。
☎0852-24-3218(白鳥観光)
🏠島根県松江市朝日町150-7(第1乗船場)
🕘9:30〜、1日6〜7便(最終便は夕日の時間に合わせて運航) 🈺無休(12〜2月は土・日曜、祝日のみ運航) 🈁乗船1800円(第2乗船場から乗る場合は要予約) 🚃JR松江駅から第1乗船場まで徒歩15分、第2乗船場まで徒歩5分 Ｐあり(30台・第1乗船場)
↓夕日のベストタイミングに合わせ案内

宍道湖畔のおすすめスポット

島根県立美術館
しまねけんりつびじゅつかん
MAP 付録P.16 B-3

夕日が沈む湖と調和する美術館

宍道湖のほとりに建つ、水との調和がテーマの美術館。国内外の絵画、工芸、写真などを展示する。特に世界有数の北斎コレクションは必見。

☎0852-55-4700
所島根県松江市袖師町1-5 時10:00〜18:30（展示室への入場は〜18:00）3〜9月10:00〜日没後30分（展示室への入場は日没時刻まで）休火曜 料300円（企画展は別途）交JR松江駅から徒歩15分 P230台

⬆幸せをもたらすというウサギ

⬆世界的建築家・菊竹清訓氏設計。美術館周辺には公園がある

⬇夕日に染まる湖が目の前に広がるガラス張りのロビーは無料で入場できる

⬆広々とした店内からは宍道湖や美しい夕景が見渡せる

清松庵 たちばな
せいしょうあん たちばな
MAP 付録P.16 B-4

湖畔にある和菓子処で、甘味とお抹茶を

絶景を眺めながら、本格的な和菓子と抹茶が味わえる。みつまめやくずきりのセットをはじめ、栗おこわも用意している。

☎0852-32-2345 所島根県松江市袖師町11-1 時9:00〜18:00（LO17:30）休無休 交JR松江駅から徒歩25分 P15台

⬆夏季はガラスの器に盛り付けられる華やかなクリームみつ豆935円

カラフルな庭園美を鑑賞する

あでやかな花の楽園

咲き誇る花と山水の庭を愛でる、至福のひととき。
ボタンが咲き乱れる日本庭園や、花のテーマパークに心癒やされて。

↑ボタンが名高いが、夏の菖蒲も見もの

由志園

ゆうしえん

大根島 **MAP** 付録 P.21 D-2

中海に浮かぶボタンの島
1万坪の日本庭園で癒やされて

ボタンや花菖蒲など四季の花が咲き
誇る、手入れの行き届いた風流な
回遊式庭園。牡丹園では、一年を
通して美しいボタンの花を愛でるこ
とができる。園内の食事処では、庭
を眺めながら郷土料理が楽しめる。

☎0852-76-2255 ⚑島根県松江市八束町波入
1260-2 ⏰10:00～17:00（入園は～16:30）、
季節・イベントにより異なる
❎無休（12月30日・31日休） ¥800～1400円
（池泉牡丹開催時は1400円） ❌JR松江駅から
車で20分 ❒あり

↑GWには庭園の池を色鮮やかなボタンが埋め尽くす
↓黒松や地下水など島の資源を活用し、雄大な自然を表現

↑牡丹庭園では4月中旬からボタンのシーズン
が始まり、一斉に花が開花する

↑一年を通して大輪のボタンが観賞できる牡
丹の館には色とりどりの花が咲き乱れる

松江 ● 歩く・観る

松江フォーゲルパーク

まつえフォーゲルパーク

松江 **MAP** 付録P.7 D-2

自然豊かな丘陵地に広がる
美しい花と鳥のテーマパーク

季節を問わずに花が咲き誇る園内では、約1500品種の植物が観賞できる。世界から集められた約90種の鳥と過ごし、熱帯の鳥を腕にのせてふれあい体験も楽しめる。

☎0852-88-9800 🅰島根県松江市大垣町52
🕘9：00〜17：30（10〜3月は〜17：00）入園は閉園の各45分前まで 🈳無休 🅿1650円
🚃一畑電車・松江フォーゲルパーク駅から徒歩1分
🅿250台

⬆ベゴニアで作られた「幸せのハート」前で記念撮影

⬆タカやフクロウの飛行ショー、ケープペンギンの散歩などのイベントを毎日開催している
⬇ベゴニアやフクシアが鮮やかに咲く大温室は、まさに花の楽園といえる

あでやかな花の楽園

↑店内から宍道湖が見渡せる。右は世界に認められた枯山水の湖畔庭園

文人ゆかりの宿で味わう
伝承される家伝料理
庭園茶寮 みな美
ていえんさりょうみなみ

MAP 付録P.14 C-4

皇族をはじめ、島崎藤村や与謝野鉄幹・晶子夫妻といった名だたる文人が数多く訪れた老舗旅館内にある食事処。洗練された空間で、皆美家伝の鯛めしや、季節に合わせた山陰の食材が味わえる。店内からは庭園や宍道湖の景色も楽しみたい。

☎0852-21-5131（皆美館）
🏠島根県松江市末次本町14　🕚11:30〜15:00（LO14:00、土・日曜、祝日LO14:30）17:30〜20:00（LO）　🈲火曜　🚃JR松江駅から車で10分
🅿あり

予約	望ましい
予算	Ⓛ 2750円〜
	Ⓓ 4840円〜

↻島根和牛サーロインステーキ3300円

鯛めし御膳・福 2750円
皆美家伝・鯛めしをはじめ、カレイ煎餅揚げや季節ごとに変わる前菜など、新鮮な食材を使った料理が並ぶ御膳

松江　食べる

輝く厳選食材がテーブルを彩る
華やぐ一皿
宍道湖の恵み

島根のご当地牛や、宍道湖が育む七珍料理。
食卓に並ぶ料理と、匠のもてなしを街でいただく。

山陰の旬の食材にこだわる
松江を代表する日本料理店
日本料理 いと賀
にほんりょうり いとが

MAP 付録P.17 D-1

松江市中心部の繁華街に店を構える。日本海や宍道湖で獲れる新鮮な魚介類や、季節の野菜、山菜などの旬の食材を使った料理が味わえる。食材はもちろん、器や盛り付けまで季節感を取り入れ、細やかな心配りも定評がある。島根の地酒とともに堪能したい。

☎0852-22-7546
🏠島根県松江市伊勢宮町503-8
🕚17:30〜21:30
🈲日曜（祝日は不定休）
🚃JR松江駅から徒歩7分　🅿なし
↻日本情緒あふれる数寄屋門の入口

予約	望ましい
予算	Ⓓ 6000円〜（税別）

↻趣のある個室でゆったりと料理を味わいたい

季節のおまかせ会席 5000円〜（税別）
季節の彩りを盛り込んだ八寸や、天然マグロやノドグロなど店主自ら目利きした魚のお造りなど、旬の味覚を盛り込んだコース

ミニうなぎ弁当
2200円
通常の半分のサイズのうな丼に、出汁巻き玉子や野菜の一品料理が付いたセット。女性や子どもにもおすすめ

「宍道湖七珍」のひとつ
希少な天然ウナギを味わう

福吉
ふくよし

MAP 付録P.7 D-2

宍道湖漁業組合の店主や漁師が獲った天然のウナギを味わうことができる。天然ものも養殖も蒸さずに自家製の特製だれで焼きあげる。肝串や肝煮、天然ウナギを串に巻きつけて焼いた"くりから焼き"も人気。

☎0852-88-2028
🏠島根県松江市秋鹿町3287
🕐11:00〜14:00
16:00〜19:00
🈺水曜 🚃一畑電車・秋鹿町駅から徒歩5分 🅿あり

🔄懐かしい雰囲気のテーブルには地元の常連客も集まる

予約	望ましい
予算	Ⓛ1200円〜
	Ⓓ3000円〜

松江の旬の味が楽しめる
気取りのない和食処

やまいち

MAP 付録P.15 D-4

大橋川沿いにたたずむお店。日本海の旬の魚介や、地元産野菜を使用した料理が味わえる。赤貝の煮付けなど、郷土食豊かな料理も楽しめ、なかでもおでんは、春菊やセリといった葉物を入れた松江流。店主と常連客が醸し出す温かな雰囲気も魅力だ。

☎0852-23-0223
🏠島根県松江市東本町4-1 🕐16:30〜21:30(日曜、祝日は〜21:00) LOは各15分前 🈺不定休
🚃JR松江駅から徒歩15分 🅿あり

| 予約 | 可 |
| 予算 | Ⓓ4000円〜 |

しじみの味噌汁 550円
おでん 110円〜
宍道湖産シジミがたっぷりと入った味噌汁。大ぶりで身の旨みを存分に感じられる。具の大きなおでんとともに味わいたい

🔄一人でもふらりと気軽に立ち寄れる

7種の魚介「スモウアシコシ」

宍道湖七珍
しんじこしっちん

宍道湖の漁獲といえば、まずはシジミが有名だが、汽水湖であることから、そのほかにも魚介の種類が豊富なことで知られている。「宍道湖七珍」とは、昭和33年(1958)中海の干拓が計画された際に、湖の珍味を七珍として提唱したのが始まりだという。そのセレクトは時代ごとに変遷を遂げたようだが、現在は、スズキ、モロゲエビ(ヨシエビ)、ウナギ、アマサギ(ワカサギ)、シラウオ、コイ、シジミがその7種とされている。それぞれの頭文字を取って「スモウアシコシ」と覚えられている。

神代そば

かみよそば

MAP 付録P.14 B-1

☎0852-21-4866
⊕島根県松江市奥谷町324-5
⏰11:00〜14:30(売り切れ次
第終了) **⊗**水曜(祝日は要確
認) **⊗**ぐるっと松江レイクラ
インバス・小泉八雲記念館前下
車すぐ **P**あり

創業以来受け継がれる
伝統の技術と味を堪能して

昭和27年(1952)の創業から石臼挽き
と生粉打ちを徹底し、こだわり続け
るそば店。そば粉と水だけで打った
そばは味が良いのはもちろん、香り
高く、コシが強いのが特徴だ。

割子そば990円
香り豊かなそばに、ネギや海苔を
のせてシンプルに。そばつゆには、
手間を惜しまず作られる本枯節
と出雲特有の料理酒である「地伝
酒」を使用

◑塩見縄手の近くに店を構える

予約	不可
予算	Ⓛ 800円〜

松江城下でたぐる出雲の食文化
伝統継承 松江の出雲そば

伝統的な出雲そばは、そばの色が濃く黒っぽいのが特徴だが、その伝統を受け継ぎつつ、
そばの挽き方や工夫もあり、風味や喉ごしなど、各店それぞれの味を食べ比べてみたい。

割子そば三枚(挽きぐるみ) 930円
昔ながらの作り方である「挽きぐるみ」。皮ご
と挽くため香り高く、色が濃いのが特徴

予約	不可
予算	Ⓛ 900円〜
	Ⓓ 1500円〜

◑テーブル席のほか、座敷席もある

出雲そば きがる

いずもそばきがる

MAP 付録P.14 C-1

2種類の挽き方で楽しむ
そば本来の香りと喉ごし

松江城の城下町で変わらず親
しまれる店。地元の松江産そば
を中心に自家製粉したそばは、
皮ごと挽く「挽きぐるみ」の出
雲そばと、皮をむいてから挽く
「丸抜き」の2種類があり、そ
れぞれの違いが楽しめる。

☎0852-21-3642
⊕島根県松江市石橋町400-1
⏰月・水曜11:00〜15:00(LO)、
木〜土曜11:00〜15:00(LO)
17:00〜19:30(LO)、日曜、祝日11:00
〜16:30(LO) ※そばがなくなり次第
閉店 **⊗**火曜、第3水曜(変更の場合あ
り) **⊗**ぐるっと松江レイクラインバ
ス・塩見縄手下車、徒歩5分 **P**8台

古曽志そば
こそしそば

MAP 付録P.14 C-4

創業当時の味を今に伝える
香り豊かなコシのあるそば

昭和43年(1968)に創業し、16年の休業期間を経て近年復活した店。そばには、雲南市大東町から取り寄せたそば粉を使用。創業当時の調合を受け継いだ、豊かな風味とコシの強さ、ツルリとした喉ごしを存分に楽しめる。

☎0852-22-1435
🏠島根県松江市母衣町5
🕐11:30～14:00(売り切れ次第終了)
🈺日曜、祝日、土曜不定休
🚃一畑バス・南殿町下車、徒歩2分
🅿2台

予約	不可
予算	L 680円～

↑4つの小さな卓が並ぶ小上がり

↑細い路地を入ったところにたたずむ、隠れ家のような店

ふるさとそば960円
うずらの卵がのったそば、香り豊かな山菜のそば、とろろそばの味を3段の割子で楽しめる。薬味によって異なる味わいが魅力

中国山地 蕎麦工房
ふなつ
ちゅうごくさんち そばこうぼうふなつ

MAP 付録P.18 C-1

奥出雲のそばの実にこだわる
香り豊かな十割そば

奥出雲町馬木地区で契約栽培したそばの実を使用。香りを引き出すために、低温貯蔵後に石臼でゆっくり挽いたそば粉で打った、風味豊かなそばを堪能したい。

☎0852-22-2361
🏠島根県松江市外中原117-6
🕐11:00～15:00(売り切れ次第終了)
🈺月曜
🚃市バス・月照寺入口下車、徒歩1分 🅿10台

予約	可
予算	L 650円～

割子そば870円
十割そばは、つなぎを使わずに粗挽きで、噛みごたえのあるモチモチとした食感

↑釜揚げそば980円。そばととろみのあるそば湯を絡めて食べると香りが引き立つ

店内には囲炉裏があり、昔ながらの雰囲気が味わえる

↑店内入口横には麺打ち場がある

洗練された雰囲気の店内で優雅な時間を過ごす

街を彩るフレンチ＆イタリアン

宍道湖で獲れた新鮮な魚介やご当地食材を、華やかな一皿に仕上げるレストラン。
華麗な料理人の技とくつろぎの空間を、特別な旅の思い出に。

シェフのお任せフルコース
9350円
山陰の旬で彩る、前菜、パスタ、
デザートのコース仕立て

料理はすべてシェフ自身が用意。
新鮮な食材を一流の腕で味わえる

山陰食材のイタリア郷土料理と
厳選イタリアワイン

Omaggio da Konishi

オマッジオ ダ コニシ

MAP 付録P.13 D-2 　イタリア料理

複数のミシュラン星付きレストランで修業を
重ねたシェフが、故郷で開業。銀山和牛や十六
島海苔など、地元の食材を生かしたイタリア郷
土料理を軸に、ここでしか作れない味を追求、
振る舞っている。

☎0852-78-2720
⊕島根県松江市東朝日町216-8 ⊗12:00～14:00、
18:00～22:00(LO20:00) ⊗日・月曜 ⊗市バス・いこ
い家小浜前からすぐ ℗7台

←イタリア、ス
ペイン、都内で
修業後、地元・
松江市で店を
構える

予約 要
予算 ⓛ2500円
　　 ⓓ9350円

2020年12月オープンの注目の一軒

AD. ASTERA
アドアステラ

MAP 付録P.12 C-1　　【フランス料理】

シェフの中西氏が、大阪やパリで修業を積んだのち、奥様の地元に移住し店をオープン。島根周辺の季節の食材を用いて仕上げるフレンチはコースのみ。中国地方在住の作家さんのお皿を使用するなど、地元を大切にした姿が心地よい。

☎0852-78-2120
所島根県松江市淞北台4-5
営11:30〜14:30(LO12:30)
17:30〜23:00(LO20:30)
※予約営業　交松江バス・淞北台団地入口下車、徒歩3分　Pあり

予約　要
予算　L 2520円〜
　　　D 5260円〜

⬆柱や梁を生かし、木のぬくもりが伝わる洗練されたデザイン

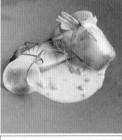

ランチ、ディナーともにコースのみ（要予約）。セゾン、デグスタシオン、スペシャリテの3コースから。写真はコース料理の一例

地元の新鮮な魚介を使ったパスタやパエリアを味わう

Osteria Sante
オステリア サンテ

MAP 付録P.14 C-4　　【イタリア料理】

日本海や宍道湖の魚介を使った料理が味わえるイタリアンレストラン。おすすめは、エビやアサリ、ムール貝などたっぷりの具材を使ったパスタや予約必須の人気のパエリア。夜は自家製生地のピザや、旬の食材を使った一品料理も豊富。ワインとともに楽しみたい。

☎0852-24-7668
所島根県松江市殿町58
古井ビル1F　営11:30〜
15:00(LO14:30) 18:00〜
22:00(LO21:30)
休水曜　交一畑バス・南殿町下車、徒歩1分　Pなし

予約　可
予算　L 900円〜
　　　D 1500円〜

⬅ガラス張りの開放的な店内。奥には坪庭もある

スコーリオパスタランチ
（1人1400円〜 ※2名〜注文可）
貝類やエビやイカなど5〜6種類の魚介を使ったオイルベースのパスタ。魚介の旨みがたっぷり詰まっている

街を彩るフレンチ&イタリアン

103

↑いつまでも留まりたくなるような、静かでゆったりとした時が流れる。洗練された空気に心が洗われるようだ

普門院（観月庵）

ふもんいん（かんげつあん）

MAP 付録P.14 C-2

普門院は、堀尾吉晴公が松江の城と城下町を築いたときに創建された寺院。美しい庭園は、季節によってさまざまな表情を見せてくれる。そのなかに建つ観月庵は、享和元年(1801)に建てられて以降、一度も移築・移転されていない、希少価値の高い茶室だ。

☎0852-21-1095
🏠島根県松江市北田町27
🕐9:00〜16:00(1〜2月は要予約) 🚫火曜
💰拝観料300円 🚌ぐるっと松江レイクラインバス・塩見縄手下車、徒歩7分 🅿️あり

↑抹茶(茶菓子付)900円。茶菓子は色鮮やかで季節を感じられる

←歴史的にも希少価値の高い観月庵

城下で茶の湯文化を愉しむ

不昧公が愛した茶席の趣

ふまいこう

7代藩主・松平治郷が松江に広めた茶の文化。
「侘び」の精神と作法にこだわらない様式が根付く。
茶をいただきながら、折々に美しい庭園も鑑賞できる。

まつだいらはるさと

あじさい寺としても有名
松江藩主の廟所が並ぶ古刹

月照寺

げっしょうじ

MAP 付録P.18 B-1

松江藩を治めた松平家の菩提寺で、国の史跡に指定されている寺院。境内には初代・直政から9代・斉斎までの廟所が並ぶ。約3万本のアジサイが植えられており、「山陰のあじさい寺」としても知られている。

まつだいら
なおまさ　なりよし

☎0852-21-6056
🏠島根県松江市外中原町179
🕐10:00〜16:00(6月8:30〜17:30)、呈茶は10:30〜15:30 ※入場・呈茶は各30分前受付終了
🚫無休 💰拝観料500円
🚌ぐるっと松江レイクラインバス・月照寺前下車すぐ 🅿️あり

↓茶席では「抹茶」(500円)も味わえる

↑心穏やかな時間を過ごしたい

↑6月中旬から7月上旬にかけて、境内には約3万本のアジサイが咲く

↑書院からは四季折々の景色が楽しめる

ゆったりとした時が流れる
昔の姿を今なお残す茶室

明々庵
めいめいあん

MAP 付録P.14 B-1

安永8年(1779)に松平不昧公により建てられた、江戸時代を代表する数寄屋造りの茶室。庭は県内でも数少ない出雲式庭園で、飛び石が高いのが特徴。不昧公自筆の扁額がそのまま現存するなど、そのたたずまいはまるで時が止まったかのような趣がある。

☎0852-21-9863
🏠島根県松江市北堀町278
🕐8:30～18:30(10～3月は～17:00)、呈茶は9:50～16:30(10～3月は～16:00) 🈲無休
🚌ぐるっと松江レイクラインバス・塩見縄手下車、徒歩5分 🅿あり

➡呈茶(干菓子付)410円。不昧公好みの三大銘菓が抹茶と一緒にいただける(左)。昭和44年(1969)、県指定の有形文化財に登録(右)

静かなときには木々が揺れる音や鳥の鳴き声しか聞こえず。ゆったりと癒やしの時間が過ごせる

⬆明治創業時の面影を残す落ち着いた店内

⬆松江の伝統工芸品・楽山焼や茶陶が並ぶ

⬆茶室・松吟庵では事前予約で一服楽しめる

⬇初めて訪れる人でも気軽に抹茶と和菓子をいただくことができ、茶道文化が体験できる

伝統の味と香りを大切に守り
茶文化を伝える老舗茶舗

中村茶舗
なかむらちゃほ

MAP 付録P.16 C-2

昔ながらの石臼で挽くこだわりと、各地の茶葉から最高の品質を引き出すブレンド力が自慢。抹茶、煎茶、ほうじ茶などの日本茶、茶道具、独自開発の茶そばや抹茶をアレンジしたスイーツなど、心ゆくまで茶文化が堪能できる。来店時には挽きたての抹茶でおもてなしも。一服400円。

☎0852-24-0002
🏠島根県松江市天神町6 🕐9:00～17:00
🈲無休 🚌市バス・天神町下車すぐ 🅿あり

洗練された風味をじっくり堪能
こだわりの
カフェ空間へ

散策途中で訪れたい落ち着きある松江のカフェ。
オーナーが表現する豆や器具への情熱を感じて。

松江●食べる

1

1.店内はカウンターをメインにした1階と、2階には座敷も。オーナーこだわりの空間にはコーヒーの良い香りが漂う。5種類のコーヒー豆も常時販売しており、100g890円〜　2.独自の製菓ブランド「SETS BAKER」を立ち上げる。菓子はどれもグルテンフリー、プラントベース　3.無添加の島根名物「赤天」を使用したTLOサンド1200円がおすすめ

好みに合わせて1杯ずつ
ていねいにドリップ

IMAGINE. COFFEE
イマジン.コーヒー

MAP 付録P.17 D-2

夜遅くまでコーヒーが味わえる店。生産者や輸入経路などが明確で上質な「スペシャルティコーヒー」のみを扱う。グアテマラ産、エチオピア産など個性のある味を淹れたてで楽しめる。白や木目色を基調とした店内は、アンティーク調の家具が並ぶ心落ち着く空間。

☎0852-25-9277
🏠島根県松江市伊勢宮503-1　⏰9:00〜23:30
(LO23:00) モーニングは9:00〜12:00　🚫無休
🚃JR松江駅から徒歩5分　🅿なし

2

3

106

CAFFE VITA
カフェ ヴィータ

MAP 付録P.15 E-1

焙煎からドリップまで、ていねいに仕上げられたコーヒーが味わえる。バリスタ全国大会優勝の経歴を持つオーナーの情熱はすさまじく、より良い味のために昭和38年(1963年)製の焙煎機を導入。嫌な酸味や苦みの一切ない、クリアな本物の一杯を堪能したい。

☎0852-20-0301
🏠島根県松江市学園2-5-3 🕐10:00～17:30 休木曜(祝日の場合は翌日休) 🚌市バス・附属中学校前下車、徒歩8分 Ｐあり

1.閑静な住宅街に焙煎の香りを心地よく漂わせる　2.コーヒーのクリアな味と同様に、店内もシンプルで落ち着く
3.ケーキセット880円～。木いちごのケーキ、ティラミスなど4種類から選んだケーキと、好みの飲み物がセットに

珈琲館 京店店
こーひーかん きょうみせてん

MAP 付録P.14 C-4

創業50年の歴史を持つコーヒー専門店。毎日のように通う常連客も多い。遊覧船が行き交う川辺に季節を感じながら、ゆったりとしたクラシック音楽とコーヒーの香りを愉しむひとときはまさに旅の醍醐味。伝統的なウィーン菓子や軽食メニューも豊富に揃う。

☎0852-25-0585
🏠島根県松江市末次本町1-1 休無休 🚌ぐるっと松江レイクラインバス・カラコロ工房前下車、徒歩3分 Ｐなし

🕐9:00～19:00

1.珈琲館ブレンドコーヒー520円。深煎りで香りとコクが強く、酸味の少ないのが特徴。店名を冠したイチ押しのブレンド　2.湖のほとりにたたずむレンガ造りの外観　3.歴史を感じる店内は、常に芳醇なコーヒーの香りで満たされている

こだわりのカフェ空間へ

買う

日本三大銘菓の地で見つけた老舗の味を持ち帰る

伝統の彩り 松江の和菓子

不昧公が愛した茶席に彩りを添える季節の和菓子。茶の湯文化が息づく街で継承される老舗の銘菓。

松江 ● 買う

願ひ菓子（ねがいがし）
勾玉形をしたかわいい干菓子。
口に入れるとやさしく溶ける。
「抹茶」「いちご」「ココア」「和三盆」「柚子」の5種類
●彩雲堂

→756円（5個入り）

→1361円（6個入り）

若草（わかくさ）
松江を代表する銘菓。石臼挽きした奥出雲産のもち米を使った求肥に、若草色のそぼろをまぶした、上品な和菓子
●彩雲堂

松江城最中（まつえじょうもなか） →194円（1個）
運気上昇を表す分銅紋をかたどった最中。銀行を表す地図記号も分銅の形
●桂月堂

彩紋（さいもん）
宍道湖の射光をイメージした創作和菓子。紫は白ゴマ、黄色はゆずの香り。日本茶だけでなくコーヒーや紅茶にもよく合う
●彩雲堂

→540円（1袋）

薮椿（やぶつばき） →400円
松江の市花である椿がモチーフ。上品な見た目と色合いに思わずうっとり
●喫茶きはる

縁結（えんむすび）
ハートを模した可愛らしい上生菓子。ほどけるような上質な餡は抹茶と一緒にいただきたい
●喫茶きはる

本わらび餅（ほんわらびもち） →400円
とろりとした食感と口の中に広がる甘さが絶妙な王道の和菓子
●喫茶きはる

→400円

出雲名菜
薄小倉

薄小倉 →140円(1個)
うすおぐら
蜜に漬け込んだ大納言小豆をていねいに炊き、錦玉を流し込んだ上品な逸品
●桂月堂

出雲三昧 →140円(1個)
いずもざんまい
諸越粉の落雁、大納言の粒入りようかん、白玉粉を用いた求肥の3段
●桂月堂

菜種の里 →972円(1枚)
なたね さと
菜の花畑に飛ぶ白い蝶を思わせる一品。手に入るのは三英堂のみ
●三英堂

山川 →918円(1枚)
やまかわ
特殊な製法で作る寒梅粉と砂糖を合わせた、紅白が美しい銘菓
●三英堂

若草 →994円(6個入り)
わかくさ
若草色が鮮やかな求肥の和菓子。松江を代表する一品
●三英堂

明治7年(1874)創業の歴史がある和菓子店

彩雲堂 本店
さいうんどう ほんてん

MAP 付録P.16 C-2

7代藩主・松平不昧公の茶席で使われた菓子を復刻させた「若草」など、四季を感じさせる和・洋菓子が並ぶ。

☎0852-21-2727 所島根県松江市天神町124
⏰9:00〜18:00 休不定休 交JR松江駅から徒歩10分 Pあり

現代の名工が作る芸術品

喫茶きはる
きっさきはる

MAP 付録P.14 C-2

松江歴史館内にある茶寮。現代の名工が作る上生菓子は持ち帰ることができる。

☎0852-32-1607(松江歴史館内) 所島根県松江市殿町279
松江歴史館内 ⏰9:30〜16:30(LO) 休月曜(祝日の場合は翌平日) 交ぐるっと松江レイクラインバス・大手前堀川遊覧船乗場・歴史館前下車、徒歩3分 Pあり

菓子一筋200年余の老舗

桂月堂
けいげつどう

MAP 付録P.16 C-2

文化6年(1809)創業。松江藩で唯一許された飴屋として先代の志を受け継ぎ、秘伝の製法を守り続ける。

☎0852-21-2622 所島根県松江市天神町97
⏰9:00〜18:00 休不定休 交JR松江駅から徒歩10分 Pあり

不昧公三大銘菓が揃う和菓子店

三英堂 本店
さんえいどう ほんてん

MAP 付録P.16 C-2

不昧公好みの三大銘菓「菜種の里」「若草」「山川」が揃う唯一の店。茶席には欠かせない老舗の味を。

☎0852-31-0122 所島根県松江市寺町47
⏰8:30〜17:30 休不定休 交JR松江駅から徒歩10分 Pあり

伝統の彩り 松江の和菓子

↑斜め鎬の海鼠釉(なまこゆう)が美しい。海鼠釉鎬手鉢9900円

松江●買う

暮らしに溶け込む手仕事

湯町窯
ゆまちがま

MAP 付録P.12A-4

大正11年(1922)に開窯。地元で産出された粘土や釉薬を使用した素朴で素直な形が魅力だ。なかでもバーナード・リーチの言葉を受けて開発されたエッグベーカーは幅広い世代に愛されている。

◆コーヒー・紅茶碗、小皿、大皿など、食卓を豊かに彩る食器を中心に色彩豊かな作品が並ぶ

◆文様の美しさと使い心地のよさを兼ね備えたコーヒーカップ6050円

☎0852-62-0726
㊟島根県松江市玉湯町湯町965
㊐8:00(土・日曜、祝日9:00~)~17:00
㊡無休
🚶JR玉造温泉駅から徒歩1分　Pあり

↑エッグベーカー4620円~。直火にかけた半熟卵は驚くほど豊かな味わい

素朴な民芸品が日常を豊かにする
暮らしに温かみある逸品を

食卓になじむ器やカップに、作り手のやさしく親しみに満ちた作意が表れる。
松江藩の御用窯だった窯元が点在する街で、お気に入りのアイテムを見つけたい。

開窯145年の創意工夫

袖師窯
そでしがま

MAP 付録P.16 B-3

宍道湖のほとりに築100年以上の工房を構える窯元。伝統を守りながらも時代に合った現代的な作風で、人々の暮らしとともに歩んできた。現在も日用食器を中心に、使う者の手にしっかりとなじむ品々を作り続けている。

☎0852-21-3974
㊟島根県松江市袖師町3-21
㊐9:00~17:30　㊡日曜　🚌市バス・袖師町下車すぐ　Pあり

◆どの品も手に取って触れてみたくなる穏やかな印象のデザイン

◆美しい色合いで軽く使いやすいティーポット9900円

◆二彩深鉢2200円~。4寸から8寸まであるので取り皿やカレーなどに

◆地元作家の籐細工を付けた角薬味1万1000円。食卓のアクセントに

老舗漆器店で見る伝統工芸
八雲塗 やま本
やくもぬり やまもと

MAP 付録P.14 C-4

明治23年(1890)創業の老舗漆器店。島根の伝統工芸である「八雲塗」の漆器を中心に、有名産地の漆器などが豊富に揃う。店舗奥には工房もあり職人の作業風景の見学や絵付け体験(要予約)もできる。

📞0852-23-2525 🏠島根県松江市末次本町45 🕐10:00〜19:00 🈶無休(工房は月・日曜) 🚌ぐるっと松江レイクラインバス・大橋北詰下車すぐ 🅿️京店商店街の駐車場を利用

↱創業以来120年余、変わらずこの地で商いを続けている

↱店内に並ぶ商品はどれも職人の技術が詰まった逸品ばかり

↱木製魔除けの御縁鏡 5500円。本漆を使用することで、色とツヤが良いのが特徴

↱木製箸(桜兎)5500円(一膳)。すべて手作りで、さわり心地もなめらかだ

↱↱木製取手付カップ 8800円。使うごとに発色する。仕上がりから2〜3年ほどで経年変化により色が鮮やかになる

↱岡山県「石川硝子工芸舎」のワイングラス 6600円

↱島根では数少ない磁器専門の工房「白磁工房」のコーヒーカップ 5500円
↱趣ある空間でゆっくり商品を選びたい

個性豊かな工芸品と出会う
objects
オブジェクツ

MAP 付録P.15 D-4

築70年以上の建物を活用した工芸品のセレクトショップ。オーナーみずから窯元や作家のもとに出向いて選んだ陶器やガラス製品、木工芸品などが並ぶ。作家の個性が光る作品をぜひ手に取ってみて。

📞0852-67-2547 🏠島根県松江市東本町2-8 🕐11:00〜18:00 🈶不定休 🚌ぐるっと松江レイクラインバス・大橋北詰下車、徒歩5分 🅿️なし

↱岡山県の漆作家・仁城逸景氏の漆椀1万1000円

京橋川に沿って続いている、懐かしさを感じる街並み

京店商店街&茶町商店街界隈をぶらりお散歩

レトロな商店街を歩く

城下に広がる懐かしい雰囲気の商店街には、食事処やショップが軒を連ねる。
カラフルな雑貨や松江の銘酒など、手みやげも探したい。

R
上田
そば店

▶ カフェ

松江発B級グルメで腹ごしらえ

B-Bridge
ビーブリッジ

MAP 付録P.14 B-4

松江のソウルフードのカツライスに
は赤ワインが香る自家製デミグラス
ソースがたっぷり。自慢のデミグラ
スを使ったオムハヤシも人気。

☎0852-28-5877 所島根県松江市東茶町10
営11：30〜14：30(LO)、18：00〜20：00(LO)
休月曜、ほか不定休 交ぐるっと松江レイク
ラインバス・カラコロ工房前下車、徒歩5分
Pなし

Ⓐ

↑出雲産の紅茶も味わえる

↑カツライス1000円。サクサクの揚げたてトンカツとの相性も抜群

川辺のレトロな複合施設に立ち寄る

懐かしい商店街の一角にたたずむ建物で
制作体験やみやげ選びを楽しみたい。

松江ならではの手作り体験ができる施設

カラコロ工房
カラコロこうぼう

MAP 付録P.14 C-4

昭和初期築の旧日本銀行松江支店を活用した施設内には、当時の大柱や地下金庫も残る。和菓子の制作体験などができるほか、飲食店やショップも利用したい。

↑当時のままの外観やシャンデリア、回廊にも注目

☎0852-20-7000(カラコロ工房事務局) 🏠島根県松江市殿町43 営休大規模改修工事のため2024年9月頃まで休館中 交ぐるっと松江レイクラインバス・カラコロ工房前下車すぐ Pあり

松江の和菓子作り体験

「練り切り」と「きんとん」の2つの和菓子を作り、松江の代表的銘菓「若草」1つと併せて持ち帰ることができる。

↑和菓子職人がていねいに教えてくれる

↑季節を感じられる和菓子が作れる

☎0852-20-7000(カラコロ工房事務局) 🏠おせわさんセンター 営11:00〜、14:00〜 ※要予約 休水曜、12月28日〜1月4日 料和菓子作り体験4000円

P.113 カラコロ工房★
P.107 珈琲館京店店 C
カラコロ工房前
京橋川
京橋
風月堂
東京橋
京橋川
かどや R
栄橋
まるた屋 R
紺屋小路
浪花寿司
風流堂 京橋店 S
長岡名産堂 S
お団子と甘味喫茶 月ヶ瀬 P.113 B
千茶荘 C
森脇酒店 R
呉竹鮨 R
一力堂京店本店
大橋通り
牛豚馬鶏松江店 R
橘屋 R
海師 R
ホテルルートイン松江 H
茶町商店街
A
B-Bridge
P.112
ベニヤ模型本店 S
くま吉 R
おいでやすおおきに屋 R
松江シティホテル別館 H
大橋北詰
京店商店街
川京 R
玉田屋 R
御食事処叢雲 R
八雲塗 やま本 P.111 S
N
0 50m

食事処 B

団子とラーメンの不思議な組み合わせ

お団子と甘味喫茶 月ヶ瀬
おだんごとかんみきっさ つきがせ

MAP 付録P.14 C-4

昔ながらの製法を守る団子は、選び抜いた仁多米コシヒカリを使用。ラーメンは山陰名物のあご(トビウオ)だしを使った魚介風味。団子とラーメンの組み合わせが絶妙。

↑お団子セット950円。あご(トビウオ)だしラーメンの塩気と団子の甘さがマッチする

☎0852-21-2497 🏠島根県松江市末次本町87 営10:00〜18:30 (LO18:00) 休木曜 交ぐるっと松江レイクラインバス・カラコロ工房前下車、徒歩3分 P1台

↑煎茶セット830円。お店の人が淹れ方を教えてくれる

美肌の湯で知られる湯の街

玉造温泉

たまつくりおんせん

『出雲国風土記』にも記された歴史ある温泉街。
足湯に浸かり、スイーツを味わう。
美を磨きに散策へ出かけたい。

松江●

街歩きのポイント

古くから勾玉の生産地「玉作りの里」として知られる温泉地。源泉は「姫神の湯」とも呼ばれるほど美肌効果が高く、温泉宿や足湯も充実。

注目アイテムは
美肌温泉フェイスパック

やわらかな今治タオルでできたフェイスパック。玉造温泉の湯に顔を浸しているような美肌効果が期待できる。1枚500円で、玉造温泉旅館組合加盟の旅館フロントや売店で販売。

↑玉湯川に架かる勾玉橋。勾玉の産地である玉造温泉街のシンボルになっている

美肌を極めるハッピースポット

玉湯川で幸せをゲットしよう

まがたまの小島

まがたまのこじま

MAP 付録P.18 B-4

玉湯川の真ん中に突然現れる勾玉「しあわせ青めのう」は、触れると幸せが訪れるとか。川上に進むと恋来井戸という縁結びスポットも。

☎0852-62-3300(松江観光協会 玉造温泉支部)
所島根県松江市玉湯町玉造
交一畑バス・姫神広場下車、徒歩5分 Pなし

↑大パワーストーンに触れることができる

姫神の湯で足を癒やす

姫神広場

ひめがみひろば

MAP 付録P.18 B-3

バス停を降りてすぐに位置する姫神広場。周辺マップやフリーペーパーも常備しているので、足湯だけではなく情報をキャッチするのにもおすすめ。

☎0852-62-3300(松江観光協会 玉造温泉支部)
所島根県松江市玉湯町玉造
時10:00～17:00 休無休 料無料
交一畑バス・姫神広場下車すぐ Pなし

↑屋根もあって天候を気にせず足湯が楽しめる

↑姫神の湯の女神像

↓あしゆのタオル(1枚100円)も販売。手ぶらでも安心

↑温泉水はなるべく早く使い切ろう

美肌の湯をお持ち帰りしよう

湯薬師広場

ゆやくしひろば

MAP 付録P.18 B-4

湯薬師広場のたらい湯は、天然の化粧水とも称される。美肌の湯「姫神の湯」こと玉造温泉の源泉を汲んで持ち帰りができる。

☎0852-62-3300(松江観光協会 玉造温泉支部)
所島根県松江市玉湯町玉造
交一畑バス・玉造温泉下車すぐ Pなし

↑ボトル200円。温泉のおすそ分けに便利

美肌のためのショッピング＆グルメ

美肌温泉の効能を自宅でも

A 玉造温泉美肌研究所 姫ラボ
たまつくりおんせんびはだけんきゅうじょ ひめラボ

MAP 付録 P.18 B-3

玉造温泉水を取り入れたスキンケア商品を販売。肌をしっとりなめらかにする化粧水やクリーム、きめ細かい泡で汚れを落とす石鹸が人気。

☎0852-62-1556
🏠島根県松江市玉湯町玉造1213 🕘9:00〜18:00
休無休 🚃一畑バス・姫神広場下車すぐ Ｐなし

➡温泉ソムリエの資格を持つスタッフがていねいにご案内

➡洗顔石鹸「姫ラボ石鹸」80g1870円

➡角質層にしっかりと浸透する化粧水「姫ラボエッセンスローション」150ml2530円

温泉コスメや美肌スイーツが満載

B 玉造温泉 美肌研究所 姫ラボ 玉造アートボックス店
たまつくりおんせんびはだけんきゅうじょ ひめラボ たまつくりアートボックスてん

MAP 付録 P.18 B-3

「体の中からキレイに」をコンセプトに、玄米粉を使用した姫神占い神社クッキーや玉造温泉水を使用した化粧品を販売している。

☎0852-67-5050
🏠島根県松江市玉湯町玉造1241 玉造アートボックス 1F
🕘9:00〜18:00 休木曜
🚃一畑バス・温泉下車すぐ
Ｐなし

➡玉造温泉でしか手に入らない温泉コスメや美肌スイーツが揃う

➡姫神占い神社クッキー5枚入り540円

大人気！パワースポット

玉作湯神社
たまつくりゆじんじゃ

MAP 付録 P.18 B-4

玉作りと温泉守護の神を祀る

『出雲国風土記』にも登場し、1300年を超える歴史を有する古社。境内には、「真玉」として崇められてきた願い石が祀られている。

☎0852-62-0006
🏠島根県松江市玉湯町玉造508
🕘休参拝自由（社務所9:00〜12:00 13:00〜17:00 土・日曜、祝日8:30〜17:00）
🚃一畑バス・玉造温泉下車、徒歩3分
Ｐ30台

➡緑豊かな境内で神聖な雰囲気を感じることができる

➡境内に鎮座する願い石。叶い石でのお守りづくりも人気

叶い石セットでお守りづくり

➡社務所で叶い石セットを授かる。お守り袋、叶い石、願い札2枚が入っている

➡正面の拝殿で拝礼し、石の前で、御神水で叶い石を清める

➡叶い石を願い石に添えパワー注入。心の中でも願い事を3度唱える

➡先に唱えた願い事を願い札に書き、叶い石を包み、お守り袋に入れる

➡もう1枚の願い札を願い札に納めて、最後にもう一度拝殿で拝礼する

こちらも注目です！

おしろい地蔵さま
おしろいじぞうさま

MAP 付録 P.18 B-4

おしろい地蔵さまに美肌を願おう

おしろい地蔵さまには、美人になったり、病気が治ったという逸話が。お顔に白粉を塗って美肌を祈願しよう。

☎0852-62-0516（清巌寺）
🏠島根県松江市玉湯町玉造530
🕘8:00〜17:00 休無休
無料 🚃一畑バス・玉造温泉下車すぐ Ｐあり

➡祈願札は顔と体用の2種類。治したいところを色鉛筆で塗る

玉造温泉

P.115 玉造温泉 美肌研究所 姫ラボ アートボックス店
🅱 温泉下
造アートボックス●
🏠白石家
🏠曲水の庭 ホテル玉泉 P.117
若竹寿し
🏠星野リゾート 界 玉造 P.116
出雲玉作史跡公園
佳翠苑皆美🏠
姫神広場
🅰玉造温泉美肌研究所 姫ラボ P.115
松乃湯🏠
★姫神広場 P.114
P.51 松江市 出雲玉作資料館
🏠まがたまの小島 P.114
勾玉橋
🏠湯之助の宿 長楽園 P.117
保性館🏠
🏠湯元玉井館
旅亭山の井🏠
🏠玉造グランドホテル 長生閣 P.117
玉造温泉
★湯薬師広場 P.114
湯閼伽の井戸
宮橋
🏯玉作湯神社 P.115
卍清巌寺
★おしろい 地蔵さま P.115

先人も愛した「美肌の湯」
玉造温泉の湯宿

古くから美肌効果の高い源泉として知られる温泉地。
客室の展望風呂や開放的な露天風呂で優雅な時を。

星野リゾート
界 玉造

ほしのリゾート　かい たまつくり

MAP 付録P.18 B-3

**全室に露天風呂が付いた
出雲文化に浸る宿**

ご当地の意匠やもてなしが楽しみ
な「界」。2022年11月に全客室をリ
ニューアル。伝統工芸の藍染めや、
日本酒のモチーフを取り入れた客
室がモダン。日本庭園を眺めなが
ら茶室での風流なひとときもいい。
毎晩、ロビーでは神話の舞台にふ
さわしく「神楽」も上演。

☎050-3134-8092（界予約センター）
🏠島根県松江市玉湯町玉造1237
🚗山陰自動車道・松江玉造ICから車で15
分　🅿あり　in15:00　out12:00
🛏24室　📅1泊2食付3万8000円〜
（入湯税別途150円）

1. 出雲の伝統工芸や文化を感じ
るご当地部屋「玉湯の間」
2. 全国に22カ所ある温泉旅館「界」
のひとつ
3. 「蟹の奉書蒸し」は旬の松葉ガ
ニを使ったオリジナル料理
4. 開放感あふれる大浴場。露天風
呂もある
5. 四季の風景を映す中庭を囲む
ように配された客室は全室に檜、
または信楽焼の露天風呂がある

松江

玉造グランドホテル 長生閣

たまつくりグランドホテル ちょうせいかく

MAP 付録P.18 B-4

「今だけ、ここだけ」の特別な旅を提供する老舗旅館

パワーストーンの「めのう」を敷きつめた「めのう風呂」が人気の老舗宿。クリーンで快適な空間のなか、随所で温かいおもてなしを感じ、有意義な非日常時間が過ごせる。

☎0852-62-0711
所島根県松江市玉湯町玉造331
交山陰自動車道・松江玉造ICから車で10分 Pあり in15:00 out10:00 室84室 予料1泊2食付1万8700円～（入湯税別途150円）

1.落ち着いた空間で夕食をいただく 2.2020年リニューアルした露天風呂付き客室「出雲-IZUMO-」 3.毎晩ロビーにて特殊スクリーンによる映像上映会を開催 4.パワーストーンを敷きつめた大浴場で心身ともにくつろぎの時間を（神話の湯） 5.趣向を凝らした和会席料理の数々

湯之助の宿 長楽園

ゆのすけのやど ちょうらくえん

MAP 付録P.18 B-4

世界に誇れる日本庭園と家族で入れる大露天風呂

1万坪もの広大な庭園は、アメリカの日本庭園専門誌のランキングで毎年上位入賞を果たすほど。四季折々の風景のなかにある120坪の広さを誇る混浴大露天風呂「龍宮の湯」は、家族揃って入れる宿の名物。

1.広大な庭園には数百種類の植物や滝があり、散策に最適 2.昭和天皇が宿泊された建物も見学できる 3.湯浴み着を着て入る広大な露天風呂「龍宮の湯」も源泉かけ流し

☎0120-62-0171
所島根県松江市玉湯町玉造323
交山陰自動車道・松江玉造ICから車で10分 Pあり in15:00 out10:00 室60室 予料1泊2食付1万7000円～（入湯税別途150円）

曲水の庭 ホテル玉泉

きょくすいのにわ ホテルぎょくせん

MAP 付録P.18 B-3

広さが自慢の大浴場 どじょうすくいも人気

西日本最大級を誇る大浴場や露天風呂が、旅の疲れを癒やす宿。四季の風景が美しい日本庭園は、夜になるとかがり火が灯り幻想的。郷土芸能の「安来節民謡ショー」も見どころのひとつ。

☎0852-62-0021
所島根県松江市玉湯町玉造53-2
交山陰自動車道・松江玉造ICから車で10分 Pあり in15:00 out11:00 室100室 予料1泊2食付1万6600円～（入湯税別途150円）

1.落ち着いた和室がメインの客室「常盤苑」 2.のどぐろ会席や、地元の季節の素材を生かした創作会席が味わえる 3.大浴場は岩組みと檜造り。男女200人が入れる広さを誇る

美しい庭園と美術品に感動

足立美術館

あだちびじゅつかん

5万坪もの美しい庭園と、巨匠たちの優れた日本画の数々。日本庭園と日本画が調和する美術館で、美の感動にふれる。

安来市出身の実業家、足立全康氏が収集した日本画と広大な日本庭園が名高い。日本画壇の巨匠たちの作品や陶芸など約2000点を所蔵するが、なかでも横山大観コレクションは質・量ともに日本随一。「庭園もまた一幅の絵画である」という信念のもと、創設者が心血を注いで造り上げた庭園は、枯山水庭、苔庭、池庭など多様。自然の山々を借景に取り込んだ庭は、四季折々に壮麗な姿を見せる。

安来 **MAP** 付録P.21 D-3

☎0854-28-7111 ⅷ島根県安来市古川町320 ⅷ9:00～17:30(10～3月は～17:00) ⅷ無休 ⅷ2300円 ⅷ山陰自動車道・安来ICから車で10分 ⅷあり

日本美術

横山大観、竹内栖鳳、上村松園など日本画壇の巨匠たちの名画や、北大路魯山人の陶芸・書画などを所蔵。

本館 2F	大展示室・小展示室

だいてんじしつ・しょうてんじしつ

幅広いコレクションのなかから常時50点前後を公開。年4回特別展を開催している。

↳『朝顔日記』のヒロインを描いた、上村松園の大正期の代表作『娘深雪』大正3年(1914)

本館 1F	魯山人館

ろさんじんかん

北大路魯山人の作品を鑑賞するために設計された展示空間で、陶芸・書画など常時約120点を展示。

↳北大路魯山人による、他に類を見ない豪華な『金らむ手津本』昭和15年(1940)頃

日本庭園

主庭である枯山水庭、苔庭、大観の世界観を表現した白砂青松庭、格調高い池庭など、趣の異なる風流な庭が見られる。

生の額絵
なまのがくえ

窓枠を額縁に見立て、そこから庭を眺められる。創設者の信念どおり、庭も生きた絵画だと思い知らされる。

枯山水庭
かれさんすいてい

険しい山を表す中央の立石から流れ落ちる滝水が、手前の白砂の海へとたどり着くさまを表現している。

ここからもお庭が見えます

茶室 寿楽庵 ちゃしつ じゅらくあん

椅子席をしつらえており、気軽に抹茶が楽しめる。壁には双幅の「生の掛軸」があり、庭が望める。

↳福をもたらすという純金の茶釜で湯を沸かす

↳掛軸に見立てた縦長の2つの窓から、白砂青松庭が鑑賞できる

※画像はイメージ

本館 2F	横山大観特別展示室

よこやまたいかんとくべつてんじしつ

明治から昭和にかけて日本画壇を牽引した大観の名画約120点を所蔵。特別展示室では、選りすぐりの作品を常時20点前後公開している。

↳初期の作品『無我』や、水墨画の名作『雨霽る』などを所蔵

↳横山大観の豪華絢爛な作品『紅葉』昭和6年(1931)

安来

石見銀山

産業遺跡が自然と共存する世界遺産の街

16世紀から約400年にわたり
大量の銀が採掘された、
日本を代表する鉱山遺跡。
2007年に世界遺産登録された。
ツアーで見学可能な間歩（採掘坑道）や
レトロなたたずまいの商家住宅が、
往時の姿を今に伝える。

旅のきほん

エリアと観光のポイント

石見銀山はこんなところです

島根を代表する観光地のひとつであり、世界遺産にも登録されている石見銀山。
鉱山遺跡や古い街並みに、往時の面影が残されている。

石見銀山は、島根県中部の大田市にある鉱山遺跡。江戸時代に隆盛を極め、採掘・精錬された銀は日本の産物として中国やヨーロッパに広まったという。手掘りの坑道や住居など数多くの史跡が残り、人と自然が共生する文化遺産として評価されている。

石見銀山の見どころは採掘が行われていた銀山地区と武家屋敷などが並ぶ大森地区で、両エリアともに歴史を肌に感じることができる。また、ここから車で20分ほどで行ける温泉津温泉も併せて訪れたい名所。かつて石見銀山の外港として栄えた地で、歴史のある薬湯とレトロな温泉街が旅人を癒やしている。

石見銀山 ●

海外との交易を支えた、古き鉱山町

石見銀山
いわみぎんざん

龍源寺間歩や大久保間歩といった横穴式坑道が残り、石見銀山世界遺産センターでは銀山の歴史を学ぶことができる。有力商家の熊谷家住宅などが並ぶ大森の街並みも趣深い。

観光のポイント 坑道や石見銀山世界遺産センターなど見どころは多い

●レトロな風情の大森地区の街並み

●公開されている間歩

●明治28年(1895)から1年半のみ操業した清水谷製錬所跡

日本海

仁摩サンドミュージアム ★
仁万駅 □
仁摩・石見銀
松ヶ鼻
琴ヶ浜 ●
馬路駅
山陰本線
山陰道
城上山 ▲ ▲ 高山
温泉津やきものの里・やきもの館 ★
湯里駅
湯里 ●
薬師湯(旧藤乃湯) ●
温泉津温泉
島根県
温泉津駅
温泉津 ● 顕楽寺 卍
石見福光駅
石見福光
三子山 ▲
大田市
黒松駅

韓島
逢島
無木島

ぜひ立ち寄りたいおもしろ博物館

漫画・映画の舞台となった砂の博物館

仁摩サンドミュージアム

にまサンドミュージアム

世界の砂や日本各地の砂の展示、サンドアート作品や砂絵体験などが楽しめる。世界最大の一年砂時計は必見。

大田 **MAP** 付録P.2A-4

☎0854-88-3776　🏠島根県大田市仁摩町天河内975　🕐9:00〜17:00（最終受付16:30）　🚫水曜（祝日の場合は翌日）、年末年始（詳細はHPを確認）　💰730円、小・中学生360円　🚃JR仁万駅から徒歩10分　🅿あり

⬆1tの砂を1年かけて落とす一年計の世界一大きな砂時計

石見銀山はパーク＆ライド方式

環境保全や混雑の緩和を目的にパーク＆ライド方式を実施。マイカーや観光バスを降りて、路線バスや徒歩で観光する。レンタサイクルなら徒歩よりも楽にまわれて、環境にもよいのでおすすめ。

●**レンタサイクル河村**
MAP 付録P.20 C-1
☎0854-89-0633　🕐8:30〜17:00（12〜2月は〜16:00）　🚫不定休　💰普通自転車3時間500円、電動自転車2時間700円

大田中央・三瓶IC〜
仁摩・石見銀山IC
2023年度開通予定

石ガン山

銀山川

山吹山

代官所跡●
卍 羅漢寺・五百羅漢

清水寺
▲要害山　卍

石見銀山
世界遺産センター ★

石見銀山

★ 龍源寺間歩

★ 大久保間歩

山陰道

美郷町

大江高山 ▲

⬆重要伝統的建造物群保存地区に指定されている

約1300年の歴史を誇る温泉地

温泉津温泉

ゆのつおんせん

湯治湯として知られる由緒ある温泉。源泉が2つあり、薬師湯（旧藤乃湯）と泉薬湯元湯の2カ所でお湯が楽しめる。赤瓦と光沢のある黒瓦が続く街並みは、レトロでどことなく懐かしい雰囲気。

観光の ポイント ノスタルジックな温泉街の散策や焼物制作の体験なども好評

⬆レトロモダンな洋風建築の薬師湯

お役立ち information

主要エリア間の交通

鉄道・バス

JR松江駅	出雲縁結び空港
🚃山陰本線特急で約30分	🚌空港連絡バスで約30分

JR出雲市駅
🚃山陰本線特急で約25分

JR大田市駅
🚌石見交通バスで約30分 / 🚃山陰本線普通で約30分

大森代官所跡（石見銀山）	JR温泉津駅

車・バス

大朝IC	松江玉造IC
国道261号、県道40・31号経由約50分	🚗山陰自動車道経由約35km

出雲IC
🚗国道9号、県道46・31号経由約45km

石見銀山世界遺産センター
🚌石見交通バスで約10分 / 🚗国道9号経由約20km

大森代官所跡（石見銀山）	温泉津温泉

問い合わせ先

観光の起点となる石見銀山世界遺産センターなどで情報を収集してから出発したい。

●**石見銀山世界遺産センター**
MAP 付録P.20 C-3　☎0854-89-0183
🌐ginzan.city.oda.lg.jp

●**いも代官ミュージアム** **MAP** 付録P.20 C-1
☎0854-89-0846
🌐igmuseum.jp

●**大田市観光協会** **MAP** 付録P.20 C-2
☎0854-88-9950 🌐www.ginzan-wm.jp

●**大田市観光協会 温泉津観光案内所**
MAP 付録P.19 D-4　☎0855-65-2065
🌐yunotsu-meguri.jp

見学の所要時間

石見銀山の主要な史跡だけを巡るなら3〜4時間。じっくり資料館などを見てまわりたいなら半日は必要。

手ごろに利用できるガイド

人気のワンコインガイドは世界遺産の古い街並みを散策するものと、銀を掘った龍源寺間歩を目指すものの2コース。どちらも地元ガイドのわかりやすい案内で、銀山観光を存分に楽しむことができる。

石見銀山定時ワンコインガイド

☎0854-89-0120（石見銀山ガイドの会）
📅毎日2回（12〜2月は午前中の1回、予約可）　💰500円（施設入場料は別途必要）
※各回定員10名まで

石見銀山はこんなところです

121

日本屈指の鉱山都市遺跡

石見銀山
いわみぎんざん

江戸時代前期に、年間約40tもの銀を産出した石見銀山。
盛況だった頃の江戸時代の街並みや坑道跡を巡り、
日本が世界屈指の銀輸出国だった時代を追体験する。

世界遺産

かつて世界に名を馳せた銀山
坑道跡や往時の街並みを訪ねる

島根県大田市の石見銀山遺跡は、
日本最大の銀山跡として知られる。
戦国時代から大正時代までの約400
年の間、銀の採掘・精錬が行われた。
坑道や精錬所の跡、労働者らが暮ら
した街並みなどが保存され、シルバ
ーラッシュに沸いた時代の面影を残
している。多くの坑道が掘られ、生
産の中心となった銀山地区、集落の
あった大森地区の2つが観光の主要
エリアとなる。2007年には、銀や物
資を運んだ街道、積み出し港、山城
跡、港町など銀生産活動の総体を示
すことから世界遺産に登録された。

MAP 付録P.20

石見銀山 ●歩く・観る

街歩きのポイント

石見銀山は徒歩で観光するのが基
本だが、レンタサイクルや電動ゴル
フカートもあるので、組み合わせて
見どころを押さえたい。

鉱山技術発祥の地となった日本一の銀山

石見銀山の歴史

**戦国時代に開発された石見銀山は、精錬技術の進歩や坑道の開発で飛躍的に産出量を増やす。
日本の銀の輸出を牽引し、東西文化の国際交流や東アジアの貨幣経済にも大きな影響を与えた。**

幕府直轄領として隆盛をみた銀山

石見銀山が初めて発見されたのは、14世紀の初頭とされている。本格的な銀山の採掘事業は戦国時代に始められた。天文2年（1533）に博多商人の神屋寿禎が、銀の精錬技法の灰吹法を導入すると、良質な銀の大量生産が実現した。灰吹法は各地の銀山へ普及し、海外へ銀の輸出が始まる。石見では、大内氏や尼子氏、毛利氏ら戦国大名が銀山争奪戦を繰り広げた。銀山周辺には精錬所が建てられ、集落も生まれた。

関ヶ原の戦いのあとは、石見銀山は幕府の直轄領となる。初代銀山奉行に就いた大久保長安は鉱山経営に明るく、次々と坑道を開発した。銀の産出量は激増し、日本にシルバーラッシュ時代が到来する。最盛期の江戸前期には、石見で年間約40tの銀を産出し、約20万人が石見銀山一帯に暮らした。日本産の銀が世界で流通する銀の3分の1を占め、その大半を石見銀が担っていた。

17世紀半ば頃から、石見銀山の産出量は減少に転じていく。そして、大正12年（1923）に枯渇により閉山。約400年続いた石見銀山の歴史に幕を下ろした。

◯大森は江戸時代に代官所が置かれ、石見銀山の政治経済の中心地となった。武家や商家、寺社が混在して建てられた

銀山の経営 ── 銀の採掘と製錬

銀の採掘や精錬は、手作業で行われた。銀山一帯には間歩という坑道が掘られ、暗闇の坑内を螺灯と呼ばれる灯りで照らした。鉱石を掘る者は銀掘と呼ばれ、ほかに助手の手子、鉱石を運び出す柄山負などがチームを組み、昼夜交替で採掘作業をした。

狭い坑内での作業は重労働で、酸欠や粉塵などが原因の「けだえ」という鉱山病

◯文禄石州丁銀。豊臣秀吉が文禄の役（朝鮮出兵）の際に、軍資金として作らせたとされている〈島根県立 古代出雲歴史博物館所蔵〉

も頻発し、短命の鉱夫が多かった。対応策として換気設備の通気管や送風機が導入され、遺族への補償制度も設けられた。現在、見つかっている採掘跡は約900カ所以上にものぼる。

銀を精錬する灰吹法は、大陸半島から招いた技術者によってもたらされた。細かく砕かれた銀鉱石に、鉛を加えて溶かし、貴鉛と呼ばれる銀と鉛の合金を作る。貴鉛を灰の上で加熱すると、鉛のみが灰に染み込んで銀が生まれる。完成した銀は大坂の銀座などへ送られたあと、鋳造されて銀貨となった。製錬で使う燃料の木材を賄うために植林も行われた。自然環境に配慮した銀生産の在り方が、世界遺産の登録の際に評価された。

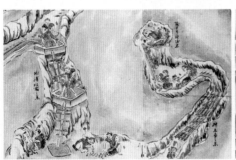

◯江戸時代の石見銀山の作業風景を描いた『石見銀山絵巻』。坑内の溜まり水は、木製や竹製のポンプで吸い上げて、地上まで出された（右）。左の図には、銀鉱石を掘り出す鉱夫や、水箱で順に湧水を汲み上げる様子が詳細に描かれている〈中村俊郎氏所蔵〉

レンタサイクル ➡P.121

自転車に乗って史跡めぐり
銀山地区の産業遺産

ぎんざん

最盛期には約20万人が住んでいたという。
今は深い森の中にひっそりと往時の面影だけをとどめている。

**16世紀から実行されていた
自然と共生した鉱山運営**

　今もなお、その全容と価値を明らかにすべく、調査研究が進む石見銀山遺跡。その中核を担う銀山地区には、銀の採掘や製錬を行った数々の遺跡が残る。人力、小規模で行われ、自然と共生した鉱山運営の面影を訪ねよう。

1 龍源寺間歩
りゅうげんじまぶ

MAP 付録P.20A-4

代官所直営の銀採掘坑道跡

江戸時代中期、代官所直営の間歩として操業されていた坑道跡。900以上ある間歩のなかで唯一常時公開されている。坑道跡の壁面には当時のノミ跡などが残っている。

☎0854-89-0117 所島根県大田市大森町ニ183 開9:00～17:00(12～2月は～16:00)入場は各10分前まで 休1月1日 料410円 交石見交通バス・大森下車、徒歩50分 Pなし

2 佐毘売山神社
さひめやまじんじゃ

MAP 付録P.20A-4

国内最大級の山神社

16世紀中頃、鉱山の守り神として創建。製錬の神・金山彦神を祀る。「山神社」のなかでは、国内最大級の社殿。

☎0854-88-9950(大田市観光協会) 所島根県大田市大森町 開休料参拝自由 交石見交通バス・大森下車、徒歩45分 Pなし ※2023年11月現在工事中、工事状況により参拝できない場合あり

↑拝殿の重層屋根は天領特有のもの
(写真は改修工事前の状態)

立ち寄りスポット

かおり本舗中村屋
かおりほんぽなかむらや

MAP 付録P.20A-4

坑道へ送る空気の体内吸収率を上げるため、香りも送った歴史をもとに、香り袋を開発・製造・販売。

☎0854-89-0988 所島根県大田市大森町銀山杤畑谷 開9:00～17:00(11月24日～3月19日は～16:00) 休不定休 交石見交通バス・大森下車、徒歩40分 Pなし

↑さまざまな和柄から選べる石見銀山香り袋1000円

START&GOAL 大森バス停

N
0　　200m

MAP/P.12

P.121 石見銀山
世界遺産センター ★

・大久保石見墓所

大森小 ⊗
西本寺 卍
極楽寺 卍　豊栄神社

大田市

卍安養寺

清水寺 3　　　　4 清水谷製錬所跡

・山吹城跡

要害山

新切間歩

駐輪場

銀山川

1 龍源寺間歩

S かおり本舗中村屋P.124

坑道ルート

龍源寺間歩出口

2 佐毘売山神社

P.125 大久保間歩 ★

石見銀山●歩く・観る

↑排水を行う目的で垂直に100mも掘られた竪坑

↑坑道の入口。中は、冬暖かく夏涼しいという天然のエアコン状態

←コツコツと人力で掘り進めた当時の様子が、ノミ跡からうかがえる

ガイドツアーで坑道探検

↑石見銀山のなかでも最大の坑道跡は迫力がある

大久保間歩一般公開限定ツアー
おおくぼまぶいっぱんこうかいげんていツアー

MAP 付録P.20 C-4

初代石見銀山奉行・大久保長安の名がつけられた坑道跡。大久保間歩坑口160mまでの見学区域をさらに延長し、一般公開が実現した圧巻のスケールの巨大空間「福石場」が見学できる。

MAP 付録P.20 C-3
（石見銀山世界遺産センター）

☎0854-89-9091（大久保間歩予約センター）
働4〜11月、3月の金〜日曜、祝日、お盆期間9:45、11:00、12:30、13:45出発（出発30分前に石見銀山世界遺産センターに集合）所要約2時間（5日前までに要予約）
料3700円、小・中学生2700円（入坑料・ガイド料・バス代を含む）　Pあり

大森バス停
おおもりバスてい

⬇ 途中の分岐の駐輪場に自転車を停めて歩いていく　30分

1　龍源寺間歩
りゅうげんじまぶ

⬇ 途中でかおり本舗中村屋にも立ち寄りたい　徒歩2分

2　佐毘売山神社
さひめやまじんじゃ

⬇ 川沿いに銀山遊歩道が続いている　10分

3　清水寺
せいすいじ

⬇ 清水寺から進んで、東側に折れる道に入る　5分

4　清水谷製錬所跡
しみずだにせいれんしょあと

⬇ 途中、大森小学校近くに大久保長安の墓碑が立つ　10分

大森バス停
おおもりバスてい

↑建物の基礎や石垣が残る。春には花々が咲き乱れ、幻想的な雰囲気になる

3 清水寺
せいすいじ

MAP 付録P.20 B-3

寺宝を数多く所有する古刹

銀山開発に関わった領主や代官らに信仰された寺。寺宝のなかには徳川家康から拝領した国重要文化財などもある。

☎0854-88-9950（大田市観光協会）
所島根県大田市大森町
働休料参拝自由　交石見交通バス・大森下車、徒歩30分　Pなし

↑銀山の歴史とともにある風格が漂う

4 清水谷製錬所跡
しみずだにせいれんしょあと

MAP 付録P.20 B-3

大規模な製錬が行われた

山の傾斜を利用して造られた製錬所の遺跡。明治時代の先端技術を用いた製錬所として建造されたが、わずか1年半で操業中止。AR技術により建物が可視化できる。

☎0854-88-9950
（大田市観光協会）
所島根県大田市大森町
働休料見学自由
交石見交通バス・大森下車、徒歩25分
Pなし

石見銀山さんぽ ②

江戸時代の面影を感じさせる
大森地区の街並みさんぽ

おおもり

江戸時代には奉行所・代官所が置かれ、石見銀山の中心だった街。
一帯は、重要伝統的建造物群保存地区に指定されている。

ミシュランにも選ばれた
日本の原風景を感じさせるのどかな街並み

　江戸時代に幕府の直轄地として銀山経営の中枢機能を集約した大森地区。石見銀山御料約4万8000石の街で、石見国の政治・経済の中心でもあった。武家屋敷と商家や町家が混在し、独特の街並みを築き上げている。

⬆歴史的建造物が軒を連ねる大森地区

石見銀山●歩く・観る

1 羅漢寺・五百羅漢

らかんじ・ごひゃくらかん

MAP 付録P.20 C-2

祖先の霊を供養する

銀山で働き、亡くなった人々や祖先の霊を供養するため明和3年(1766)に完成。今でも「亡くなった父母やわが子に似た像に会える」と参拝者が絶えない。

☎0854-89-0005 ⬛島根県大田市大森町イ804 ⏰9:00〜17:00(冬期は臨時休業あり) 💴500円、子供300円 🚌石見交通バス・大森下車すぐ 🅿あり

⬆お釈迦様に従う500人の弟子を刻した500体の羅漢

2 熊谷家住宅

くまがいけじゅうたく

MAP 付録P.20 C-1

石見銀山の繁栄を感じる

街並みのなかで最大の商家建築。貴賓の接待にも使われた奥の間や10口のかまどを持つ台所など、見どころの多い文化財だ。

☎0854-89-9003 ⬛島根県大田市大森町ハ63 ⏰9:30〜17:00 🈺毎月最終火曜、ほか臨時休館あり 💴520円、小・中学生100円 🚌石見交通バス・大森代官所跡下車、徒歩3分 🅿なし

⬆当時の生活様式を再現した台所

立ち寄りスポット

石見銀山群言堂 本店

いわみぎんざんぐんげんどう ほんてん

MAP 付録P.20 C-2

築170年以上の古民家を再生した建物の中で、セレクト雑貨やオリジナルの衣類販売とともにカフェも併設する店。

☎0854-89-0077 ⬛島根県大田市大森町ハ183 ⏰11:00〜17:00(ランチ15:00LO、カフェ16:30LO) 🈺水曜 🚌石見交通バス・大森下車、徒歩5分 🅿なし
※2024年3月までカフェ改装中

⬆石見地方で栽培されたカワラケツメイの野草茶648円

⬆オリジナル生地のカバー付きの湯たんぽ5500円

⬆季節によって展示が変わる玄関のディスプレイ

⬆白壁に囲まれた大きな屋敷

3 城上神社
きがみじんじゃ

MAP 付録P.20 C-1

島根県指定の有形文化財

祭神は大物主命。入母屋造瓦葺きという重層式拝殿で、重厚な趣が漂う。拝殿内の頭上に舞う極彩色の「鳴き龍」は圧巻。

☎0854-88-9950（大田市観光協会）⑩島根県大田市大森町宮ノ前イ1477 ⑬⑭⑮参拝自由 ⑳石見交通バス・大森代官所跡下車、徒歩3分 ⑰なし

↑真下で手を叩くと龍の鳴き声が

旧大森区裁判所を復元

大森町並み交流センター
おおもりまちなみこうりゅうセンター

MAP 付録P.20 C-1

銀山の歴史と暮らしを紹介

館内では、銀山の歴史と暮らし、町並みの保存に関する映像や展示が見られる。

☎0854-89-0330 ⑩島根県大田市大森町イ490 ⑨9:00～16:30 ⑭不定休 ⑯無料 ⑳石見交通バス・新町下車、徒歩5分 ⑰なし

↑明治23年（1890）に開設された旧大森区の裁判所の建物

移動時間 ◆ 約20分

バス＆散策ルート

大森バス停
おおもりバスてい

↓ 大森までは、大田市駅から石見交通バスで約30分 徒歩2分

1 羅漢寺・五百羅漢
らかんじ・ごひゃくらかん

↓ 町家を利用したカフェやみやげ物店を訪ねたい 徒歩10分

2 熊谷家住宅
くまがいけじゅうたく

↓ 途中には、石見銀山資料館も建てられている 徒歩3分

3 城上神社
きがみじんじゃ

↓ バス停の近くには石見銀山資料館がある 徒歩2分

大森代官所跡バス停
おおもりだいかんしょあとバスてい

大森地区の街並みさんぽ

立ち寄りスポット

カンテラ屋 竹下錻力店
カンテラやたけしたぶりきてん

MAP 付録P.20 C-2

明治22年（1889）から代々坑道を照らすカンテラを作り続けていた由緒ある店。現在は多彩なみやげ品を扱う。

☎0854-89-0544 ⑩島根県大田市大森町ハ171 ⑨10:00～16:00 ⑭不定休 ⑳石見交通バス・大森下車、徒歩5分 ⑰なし

↑カンテラせんべい600円（2枚入り×6袋）

↑店内はみやげ物が豊富

有馬光栄堂
ありまこうえいどう

MAP 付録P.20 C-1

銀山の鉱夫にも親しまれた、伝統的な街並みに溶け込む昔ながらの菓子店。建物は江戸時代後期の姿を今も残す。

☎0854-89-0629 ⑩島根県大田市大森町ハ141 ⑨9:00～17:00 ⑭無休 ⑳石見交通バス・大森下車、徒歩5分 ⑰あり（6台）

↑銀山あめ1袋350円（上）。げたのは12枚入り550円（右）

↑大森の歴史が息づく

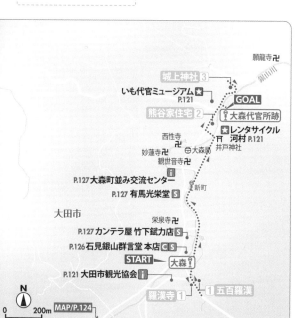

願龍寺卍

城上神社 3
いも代官ミュージアム ★ P.121
熊谷家住宅 2
西性寺卍
妙蓮寺卍
観世音寺卍
GOAL
★ 大森代官所跡
★ レンタサイクル
河村 P.121
井戸神社
大森局
新町
P.127 大森町並み交流センター
P.127 有馬光栄堂 S
栄泉寺卍
P.127 カンテラ屋 竹下錻力店 S
P.126 石見銀山群言堂 本店 C S
START 大森
P.121 大田市観光協会 i
大田市
羅漢寺 1
1 五百羅漢

N
0 200m **MAP/P.124**

懐かしき湯の街情緒

温泉津温泉
ゆのつおんせん

薬効に優れた湯治場として、
約1300年の歴史を誇る湯の里。

街歩きのポイント

「銀の積み出し港」として石見銀山
の隆盛とともに栄え、のちに北前船
の寄港地となった湯治場。温泉地と
して唯一、重要伝統的建造物群保存
地区に指定されている。

↑銀山で働く人々を支えた温泉津港
↓夕暮れどき、浴衣や丹前をまとって散策す
れば、それだけで旅の思い出の一幕になる。
薬師湯(旧藤乃湯)、泉薬湯元湯と、2つの外湯
があり、気軽な湯めぐりが楽しめる

温泉津温泉

レトロな洋風建築の温泉
薬師湯(旧 藤乃湯)
やくしゆ(きゅう ふじのゆ)
MAP 付録P.19 E-3

山陰で唯一、日本温泉協会の天然温
泉の審査で、最高評価「オール5」を
取得。「ダブル美肌の湯」といわれる
天然かけ流し湯があり、温泉利用指
導者の当主が迎えてくれる。

☎0855-65-4894 ㊟島根県大田市温泉津町
温泉津7 ⏰9:00(土・日曜、祝日8:00)〜21:
00 ㊡無休 ㊅入浴大人600円、貸切風呂
(40分)大人1000円、貸切風呂別館(40分)大
人1600円 ㊋大田市生活バス・温泉前下車
すぐ ㋿あり

↑温泉街でも目を引く建物(左)、良質な温泉
成分が固化した湯の花の姿が美しい(右)

薬師湯旧館、大正の香りを今に
震湯Cafe内蔵丞
しんゆカフェくらのじょう
MAP 付録P.19 E-3

温泉津に現存する温泉施設として最古
の、「よみがえる建築遺産」に認定され
た大正時代の木造洋館。銀山ゆかりの
奉行飯やヘルシーメニューが味わえる。

☎0855-65-4126 ㊟島根県大田市温泉津町温
泉津7 ⏰11:00〜17:00 ㊡木曜
㊋大田市生活バス・温泉前下車すぐ ㋿あり

寛ぎの宿 輝雲荘🏨　元湯温泉

薬師湯(旧 藤乃湯)★　泉薬湯
P.128
龍御前神社　法泉町 🅷のがわや　　🄲震湯Cafe
P.56/P.128　　　　　　　　　内蔵丞
　　　　　　　　　　　　　　　　P.128

●ゆうゆう館
　温泉津温泉口

🅸大田市観光協会
温泉津観光案内所 **P.121**

温泉津港

小浜温泉🏨　🄷小浜公民館前
小浜温泉才市の湯

山陰本線　　駅前
　　　　　温泉津駅

温泉津
　やきものの里・
　やきもの館 ★
　P.128

石見神楽が鑑賞できる

龍御前神社 ➡**P.56**
たつのごぜんじんじゃ
MAP 付録P.19 D-3

神社で開かれる定期公演

神楽が盛んな島根県のなかでも、石見は最
も盛んな地域。ここでは、毎週土曜の夜に、
大迫力の石見神楽の公演が観られる。

↑大正時代のモダンな様式を活用。天井や階段など当時
の貴重な建築も間近に

充実の体験メニューも魅力
温泉津やきものの里・
やきもの館
ゆのつやきもののさと・やきものかん
MAP 付録P.19 F-3

温泉津焼と石見焼の展示販売や、
各種陶芸体験ができる施設。敷
地内では、修練された国内最大
級の登り窯が見学可能。4・10月
は「やきもの祭」も開催される。

☎0855-65-4139 ㊟島根県大田市温
泉津町温泉津イ22-2 ⏰9:00〜17:00
(受付は〜16:00) ㊡水曜(祝日の場合
は営業) ㊅入園無料、陶芸体験は有料
㊋大田市生活バス・やきもの前下車
すぐ ㋿あり

↑「やきもの祭」の時期は
登り窯に火が入る

↓島根県西部のさまざまな
窯元の作品がある

境港・
隠岐・米子

鳥取県の
風光明媚な
港町と隠岐諸島
への旅

漁業が盛んな境港市と、
南には古くから商業都市として発展した
米子市がある。境港、七類港からは
隠岐へフェリーが運航している。

エリアと観光のポイント

境港・隠岐・米子はこんなところです

鳥取県西端に位置する、港町として賑わう境港と商都であった米子。
その北上約50kmにある隠岐は、雄大な自然を誇る美しい島々だ。

境港を象徴するのが、水木しげるロードと海鮮グルメ。177体ものブロンズ像が並ぶ摩訶不思議な妖怪ワールドにふれたあとは、食事処や海鮮市場を訪れ、港町ならではの旬の地物を堪能したい。

島根半島の北に浮かぶ隠岐は、独自の自然景観と歴史文化が残る島々だ。主要4島である隠岐の島、西ノ島、中ノ島、知夫里島をフェリーが結び、癒やしの絶景スポットを巡ることができる。

米子は、このエリアの観光拠点として便利な街。白壁土蔵の街並みが風情豊かで、旧加茂川から中海の景色を愛でる遊覧船も人気が高い。

境港・隠岐・米子 ●

弓ヶ浜半島の北に位置する漁業の街

境港
さかいみなと

漫画家・水木しげるの出身地として知られ、代表作『ゲゲゲの鬼太郎』などの妖怪ブロンズ像が並ぶ水木しげるロードがファンに人気。日本海側屈指の漁港があり、特産の海の幸が楽しめる。

**観光の
ポイント** 水木しげるロードの散策や、日本海の海の幸を食べ歩きたい

↑境港の船着き場や市場は港町らしい賑わい

↑いたるところに妖怪にまつわるスポットが

©水木プロ

4島を巡り、自然の美しさにふれる

隠岐
おき

島根県

住民が住む4島を含む、大小180を超える島からなる。豊かな大自然は大山隠岐国立公園に指定され、島独自の希少植物も見られる。また古い歴史を誇る神社、伝統行事も見逃せない。

観光の ポイント 雄大な景勝スポットのほか、由緒ある神社や旧跡も点在

→絶景に包まれながら島の歴史を知る

→島後にある古社、玉若酢命神社。隠岐の歴史を感じる

島根県

ローソク島 ★
御崎
浄土ヶ浦海岸 ★
白島崎
大満寺山
隠岐の島町・島後
壇鏡の滝
那久岬
玉若酢命神社 西郷港
八百杉
隠岐世界ジオパーク空港
白崎

国賀海岸 ★
別府港
大森島
菱浦港 松島
西ノ島 島前 中ノ島
海士町 知々井岬
西ノ島町
赤壁 木路ヶ崎
来居港
知夫村 知夫里島

隠岐

日本海

レンタサイクルで快適観光

観光スポットが点在するエリアは自転車での観光が便利。米子では自転車に乗って巡るツアーガイドもある（別途ガイド料）。

● **ぐるっと観光！貸自転車**
MAP 付録P.22A-1
☎0859-47-0121（境港市観光案内所）
営9:00～18:00（11～2月は～17:00）、貸し出しは営業終了の30分前まで 休無休
料1日1000円

● **レンタサイクル**
MAP 付録P.2C-1
☎08512-2-0787（隠岐の島町観光協会）
営8:00～18:00（季節により～17:00）
休年末年始 料電動自転車3時間1400円／普通自転車3時間700円、24時間1700円／Ebike3時間2600円、1日5000円、1泊2日7700円 ※すべてのタイプに延長料金あり

商都に息づく下町情緒を感じて

米子
よなご

山陰随一の名城であった米子城跡は優れたビュースポットであり、大山や日本海を望むことができる。商都であった米子には江戸時代の建物が随所に残り、下町散策が楽しめる。

観光の ポイント 米子城下の史跡を巡り、遊覧船でノスタルジックな街並みを見学
→米子城跡周辺を散策して街の風情を感じたい

日野川
皆生温泉
淀江駅
淀江
日吉津村
壺瓶山
富士見町駅
博労町駅
山陰道
伯耆大山駅
東山公園駅
米子駅
米子JCT 米子
日野川 米子東
米子南
山陰本線
岸本駅
出雲街道
大山高原S
越敷山
南部町

お役立ちinformation

主要エリア間の交通

鉄道・バス・車

西郷港（隠岐）

↑フェリーで 約4時間5分～4時間25分
↑フェリーで 約2時間25分～4時間30分

七類港
↓隠岐連絡船接続バスで約15分／車で国道485号経由約9km

JR境港駅・境港
↓隠岐連絡船接続バスで約15分または、はまるーぷバスで約30分／車で県道285号経由約6km

境線普通で約45分

米子鬼太郎空港
↓隠岐連絡船接続バスで約25分または空港連絡バスで約25分／車で県道47号経由約15km

JR米子駅
車で国道431号・県道338号経由約25km
山陰本線特急で約25分／車で国道9号経由約30km

JR松江駅

問い合わせ先

境港や米子はいずれも駅近くや構内に観光案内所があるので初めに訪れたい。隠岐の島々は、各島ごとにも観光協会がある。

● **境港市観光案内所** MAP 付録P.22A-1
☎0859-47-0121
URL www.sakaiminato.net

● **米子市国際観光案内所**
MAP 付録P.23F-3 ☎0859-22-6317
URL www.yonago-navi.jp

● **隠岐観光協会** MAP 付録P.2C-1
☎08512-2-1577 URL www.e-oki.net

迫力満点の漁港見学ツアー

活気あふれる漁港の見学ツアー。資料や模型展示のほか、水揚げや入札の様子まで、ガイドの解説を聞きながら見学できる。

境漁港見学ツアー
☎0859-44-6668（境港水産振興協会）
時7:00～7:50（7・8月は除く）9:00～9:50 10:00～10:50（要予約、詳細は問合せ）
料300円

地元ガイドと一緒に街歩き

米子のかつての城下町を約2時間かけて案内してくれるおもしろいツアー。米子の隠れた魅力が発見できるかも。

城下町米子観光ガイド
☎0859-21-3007（米子まちなか観光案内所） 時9:30～16:30（2日前までに要予約） 料1人1時間1000円（レンタサイクル利用の場合は別途500円）

境港・隠岐・米子はこんなところです

131

水木漫画の世界観が広がる

境港

さかいみなと

鳥取県の北西端に位置する港町。漫画家水木しげる氏の出身地で、その世界観に浸る妖怪スポットと新鮮な魚介グルメが観光の目玉。

街のシンボル！妖怪ブロンズ像

1993年にスタートしたときは23体だったブロンズ像も、2018年6月には177体にまで増えた。妖怪の像は「水木マンガの世界」をはじめとする5つのエリアに分けられている。

人気キャラクターに出会える楽しい水木ワールドへ

境港で賑わいを見せるのが、JR境港駅前から続く水木しげるロード。ブロンズ像や記念碑など多彩なスポットがあり、記念撮影には事欠かない。グルメを満喫するなら、海鮮市場や食事処へ。ノドグロ、ヒラメといった鳥取名物をはじめ、冬は絶品のカニも堪能できる。

Ⓐ 鬼太郎と目玉おやじ
橋の欄干に親子で仲良く座る鬼太郎と目玉おやじ。絶好の撮影スポットだ。

©水木プロ

境港 ● 歩く・観る

177体のキャラクターのブロンズ像や関連施設が楽しい

水木しげるロード

みずきしげるロード

『ゲゲゲの鬼太郎』はもちろん水木しげるワールドに浸れる通り

JR境港駅前から約800mにわたり、水木先生の描いたさまざまな妖怪のブロンズ像や、モニュメント、妖怪グッズのショップなどが並び、鬼太郎たちとの写真撮影や、おみやげ探しが楽しめる。夜はライトアップされ、妖怪の不思議な世界が演出される。

MAP 付録P.22 A-1

☎0859-47-0121（境港市観光案内所）**開入料**散策自由 **交**JR境港駅からすぐ **P**駅前駐車場105台、大正町駐車場58台、日ノ出駐車場87台（いずれも30分以内100円、1時間200円、以降1時間ごとに100円）

P.137 妖怪ショップゲゲゲ

P.133 妖怪神社 ギャラリー&手作り工芸館 むじゃら

黒見なタバコ店

境港市観光案内所

みなとさかい交流館（フェリーターミナル）

ムーラちゃん

悪魔くん（埋れ木真吾）

千代むすび酒造 岡空本店 P.137

Ⓕ 大海獣

境港駅

境水道

水木しげるロード

森にすむ妖怪たち 神仏の世界を司る妖怪たち

水木マンガの世界

Ⓐ 鬼太郎と目玉おやじ

いけびんストア

Ⓢ 鬼太郎はうす

ねずみ男

大正川

Ⓒ ねずみ男
悪知恵が働く怠け者だが、どこか憎めない存在

Ⓓ ムーラちゃん
月の裏側にある、ムーン大陸の王様の息子。

Ⓔ 悪魔くん（埋れ木真吾）
世界から苦しみをなくすために、十二使徒とともに戦う

Ⓑ ねこ娘
好物のネズミや魚を見ると化け猫に

水木しげるロードの見どころはここ!!

妖怪スポットをご案内

広場では巨大な
なしゃどくろが
お出迎え。撮影
ポイントだ

ゲゲゲの妖怪楽園
ゲゲゲのようかいらくえん

MAP 付録P.22 B-1

たくさんの妖怪に出会える
入場無料のミニテーマパーク

水木しげる記念館に隣接したテーマパーク。園内のいたるところで鬼太郎やねずみ男、ぬりかべなど、おなじみの妖怪たちに出会える。「妖怪縁日小屋」には、射的など大人も遊んで楽しめるスポットも充実。

☎0859-44-2889　🏠鳥取県境港市栄町138
🕐9:30〜17:00(季節により変動あり)　無休
無料(ゲーム代別途)　🚃JR境港駅から徒歩10分　Ｐなし

「妖怪仲見世」にはオリジナル商品が並ぶ

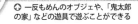

↑ 一反もめんのオブジェや、「鬼太郎の家」などの遊具で遊ぶことができる

妖怪神社
ようかいじんじゃ

MAP 付録P.22 A-1

全国の妖怪が集う
妖力みなぎる神社

御神体は、約3mの黒御影石と樹齢300年のケヤキ。参拝祈願は妖怪たちを思いながら祈念するとご利益が授かるとか。

↑「目玉おやじの清めの水」で清め、一反もめんの鳥居をくぐる

☎0859-47-0520(妖怪神社 運営会社:株式会社アイズ)　🏠鳥取県境港市大正町62-1　参拝自由　🚃JR境港駅から徒歩3分　Ｐなし

（地図）
★ゲゲゲの妖怪楽園 P.133
🏠水木しげる記念館 P.133
ウィンドウショップとだ
妖怪がまぐち
ぬりかべ商店
レストランなごみ
もののけ本舗
こどものごんた
身近なところにひそむ妖怪たち
家に棲む妖怪たち
S 水木しげる文庫
S 妖怪博物館二号店
S 松下酒店
B ねこ娘
C 米助呉服店
わたなべ
C ハセガワ
R 和泉
S くまた呉服店
S 八木橋呉服物店

「鬼太郎の家」や実際に手紙が届く「妖怪ポスト」を設置

水木しげる記念館
みずきしげるきねんかん

MAP 付録P.22 B-1

妖怪の世界を体感!
魅力あふれる記念館

歴代の作品や絵画など約700点を所蔵。フィギュアや映像で見せる妖怪の世界をはじめ、水木先生の人生観や作品に触れることができ、広い世代が楽しめる。

☎0859-42-2171　🏠鳥取県境港市本町5　🚃JR境港駅から徒歩10分　Ｐなし

※「完成イメージ図」。2023年11月現在休館中。2024年4月にリニューアルオープン予定

Ｆ 大海獣
ニューギニアに棲息する巨大生物

水木しげるロード

松葉ガニ料理コース
1万3750円〜
刺身・焼き・鍋など、お好みの
スタイルで味わうことができ
る松葉ガニは、11月から翌年3
月まで生きたカニのみを使用

境港で水揚げされる新鮮なカニの料理に舌鼓

漁師町の誇りを食す

冬の名物であるカニや、季節の旬な鮮魚を選び抜いて調理。
カニ鍋や海鮮丼など各店自慢の一品に情熱を注ぐ、職人の技を堪能したい。

味処 美佐
あじどころ みさ

予約	要
予算	D 4950円〜

MAP 付録P.22A-1

地元客にひいきにされる
山陰・日本海の幸を味わう

カニをはじめ地元の水産物を積
極的に取り入れる店主が、選り
すぐりの食材をさまざまな料理
にして提供する。鮮度の高い魚
介が年間通して楽しめる。

↪ 宴会にも対
応できる座敷

☎0859-42-3817
🏠鳥取県境港市京町6 🕐17:30
〜22:30(LO22:00)、昼は要問い
合わせ 🈺日曜(臨時休あり。詳
細はHPを確認) 🚃JR境港駅か
ら徒歩10分 🅿あり

↪ 水木しげるロードにも近い

御食事処 さかゑや
おしょくじどころ さかえや

MAP 付録P.22 C-2

漁港ならではの料理が味わえる こだわりの和食店

旬を味わい、地産海鮮の素材を生かした定食、丼もの、一品料理と充実の人気店。シーズンには上質な松葉ガニや紅ズワイガニがお手ごろな料金で楽しめる。

☎0859-42-5400
所鳥取県境港市上道町2184-19
営11:00～15:30(LO14:30) 17:00～20:30
(LO20:00) 休水曜、火曜不定休
交JR境港駅から車で7分 Pあり

🧭漁港に近い場所にあり、港町ならではの雰囲気が漂う

予約 可
予算 LD1000円～

海鮮かに丼 3150円（税別）
境港の紅ズワイガニと刺身、焼き味噌が堪能できるメニュー。9～6月の期間限定

⬆️アットホームな店内は座敷とテーブル席がある

漁師町の誇りを食す

予約 可
予算 L1000円～

かにトロ丼 1300円
独特の氷温熟成で旨みを引き出したカニの身は、まるでマグロのトロのように濃厚でしっとりとした味わい。店の名物メニューだ

御食事処 弓ヶ浜
おしょくじどころ ゆみがはま

MAP 付録P.21 E-1

新鮮なカニから独自製法で 旨みを引き出す海鮮丼

境港漁港から揚がったばかりの海の幸をふんだんに使った料理が自慢。種類豊富な海鮮丼とカニ料理をはじめ、地元の魚が満喫できる御膳メニューが揃う。

☎0859-45-4411
所鳥取県境港市竹内団地209
営11:00～15:00 休木曜
交JR境港駅から車で10分 Pあり

⬆️大漁市場なかうら(➡P.136)に隣接し、大型駐車場所も完備

買う

活気あふれる魚市場

港町・境港には新鮮な魚介が並ぶ市場が点在している。
地元の明るい雰囲気と店頭で交わす親しみある会話も楽しんで。

店主の元気な呼び声で
今日も賑わう

市場の冬の代名詞である松葉ガニが並ぶ

生鮮はもちろん干物や加工品も味わい深い

サザエやカキなど旬の貝類もおすすめ

セットでの購入ができるので贈答用にもなる

境港水産物直売センター

さかいみなとすいさんぶつちょくばいセンター

MAP 付録P.22 C-1

獲れたての魚介がずらりと並ぶ
魚市場に隣接した直売所

境港魚市場に隣接した直売センター。12の水産物販売店が並び、新鮮な魚介類を販売している。春から夏にかけては境港サーモン、白イカ、岩ガキ、本マグロが旬。秋から冬は、紅ズワイガニや松葉ガニを目当てに、遠方から訪れる客も多い。施設内には食事処もあり、鮮魚料理が味わえる。

☎0859-30-3857　㊟鳥取県境港市昭和町9-5
🕐8:00～16:00頃　㊡火曜
🚊JR境港駅から車で5分　🅿あり

↑市場に隣接の直売センターで食事もできる

境港さかなセンター

さかいみなとさかなセンター

MAP 付録P.21 E-1

おすすめや食べ方を聞きたくなる
地元のアットホームな市場

地元5店舗の威勢のいい売り声が響く海産物専門店。新鮮な魚やカニはもちろん、乾物や加工品、地元銘菓なども豊富。併設の食堂では、境港で水揚げされた海の幸と絶景を堪能できる。

☎0859-45-1111
㊟鳥取県境港市竹内団地259-2
🕐9:00～16:00　㊡水曜（祝日の場合は営業）
🚊JR境港駅から車で15分　🅿あり

↑境港や大山が一望できる夢みなとタワーの前

大漁市場なかうら

たいりょういちばなかうら

MAP 付録P.21 E-1

目利きが選ぶ海産物のほか
種類豊富なみやげ物店

境港鮮魚仲買組合の仲買が直売する海産物を中心としたみやげ物店。かにトロ丼が名物の御食事処 弓ヶ浜（➡P.135）を併設。鮮魚のほかにも、一夜干し、蒲鉾、鬼太郎グッズなど豊富な品揃え。

☎0859-45-1600
㊟鳥取県境港市竹内団地209
🕐8:30～16:30　㊡無休
🚊JR境港駅から車で10分　🅿あり

↑売り場には獲れたての魚介が豊富に並ぶ

ユニークな妖怪グッズを発見!
持ち帰り妖怪みやげ

水木しげる先生の故郷に来たなら、やっぱり欲しいのは、鬼太郎やねずみ男や妖怪たちのグッズ。大人にも子どもにも大人気だ。

千代むすび酒造 岡空本店
ちよむすびしゅぞう おかそらほんてん

MAP 付録P.22 A-1

慶応元年(1865)創業。代表銘柄の「千代むすび」は、山田錦や強力などの鳥取県産酒造好適米と、中国山地の仕込水を使い、伝統の技法で造る。

☎0859-42-3191 所鳥取県境港市大正町131
営9:00～17:00(角打ちコーナーあり)
休無休 交JR境港駅からすぐ Pあり

歴史ある蔵元の銘酒が揃う

妖怪のツボ
ブロンズ風のボトルに入った清酒。飲んだあとはオブジェとして飾ることができる。2484円～

妖怪カップ
妖怪がデザインされたカップ酒。中は「千代むすび」の純米吟醸や純米酒が入っている。324円～

活気あふれる魚市場 妖怪みやげ

妖怪ショップ ゲゲゲ
ようかいショップ ゲゲゲ

MAP 付録P.22 A-1

オリジナルフィギュアが所狭しと並ぶ店内。店主の妖怪の話や工房での手作りグッズ体験などが楽しめる。ここでしか手に入らないみやげ品も多く、水木しげるロードでは外せないスポット。

☎0859-42-2259
所鳥取県境港市大正町58
営8:30～18:00 休無休
交JR境港駅から徒歩3分 Pなし

©水木プロ

妖怪を感じる不思議空間

妖怪 土鈴
みやげに最適なぬくもりのある音を響かせるショップオリジナルの土鈴。1500円～

お風呂に入る目玉おやじ
茶碗風呂に入るおなじみの姿がリアルに再現された人気商品。2700円

妖怪フィギュア
人気キャラクターを店主が金型から製作し、色付けまで1体ずつ仕上げる看板商品。2200円～

137

隠岐 ^{おき}

民謡で「絵の島、花の島」と歌われる、風光明媚な隠岐の島。
変化に富んだ景観美や神秘的な史跡群が、
来訪者を太古の世界へと誘ってくれる。

お役立ち information

旅のプランの立て方

島前、島後ともに見どころが多いので、
宿泊も含め、しっかり計画を立てて訪れ
たい。各島間の移動は内航船やフェリー
がおすすめ。観光と併せ、新鮮な海産物
や隠岐牛など島グルメも楽しみたい。

隠岐へのアクセス

島の移動は高速船とフェリーが基本。本
土では七類港、境港に船が発着し、1日1
〜5便運航。天候や時期により運航がで
きないこともあるので事前に確認を。島
後には隠岐世界ジオパーク空港があり
出雲縁び空港から約30分、大阪から約
50分、1日1便運航している。

美しの島・隠岐の島々を巡り
自然の偉大な力を体感する

　島根半島の北方約50kmに位置する隠岐は、大小180を超える島々から成り立っている。そのうち住民が住む島は4島で、島後水道を境に、西ノ島・中ノ島・知夫里島が島前、隠岐の島町が島後と呼ばれている。

　隠岐の見どころは、国立公園にも指定されている壮大な大自然だ。また島にはそれぞれに文化や歴史が息づき、史跡や伝説も数多く残っている。

（ 島が誇る自然のなかに身を置き、悠久の時を感じて ）

島前
どうぜん

自然の造形美が満喫できる西ノ島、歴史巡りも楽しい中ノ島、そして静かな時間が流れる知夫里島。内航船で3島を周遊し、見どころを押さえよう。

MAP 付録P.2

各島へのアクセス

西ノ島（西ノ島町）別府港	フェリー●七類港から約6時間30分。境港から約2時間40分 高速船●境港から約2時間5分。七類港から約2時間
中ノ島（海士町）菱浦港	フェリー●七類港から約4時間15分 高速船●境港から約6時間35分
知夫里島（知夫村）来居港	フェリー●七類港から約2時間。境港から約2時間25分 高速船●境港から約2時間15分

※時期によって運行しないルートあり

隠岐を代表する
圧倒的な迫力の景勝地

国賀海岸
くにがかいがん
西ノ島 **MAP** 付録P.2 A-2

断崖絶壁が東西約7kmにわたって続く、隠岐随一の名勝。海食により生まれた200m超の断崖や海の洞窟が見学できる。

☎08514-7-8888（西ノ島町観光協会）
所 島根県西ノ島町　交 別府港から町営バスで32分、国賀下車すぐ　P あり

国賀めぐり定期観光船
くにがめぐりていきかんこうせん
MAP 付録P.2 A-2

☎08514-7-8412（隠岐観光 別府営業所）
Aコース（浦郷港発着）
開 3〜10月（1日2〜3便）
料 3000円

摩天崖
まてんがい
MAP 付録P.2 A-2
高さ257mの大絶壁で、海食崖としては日本有数の高さを誇る。重なる縞模様が、火山活動の繰り返しを物語る。

通天橋
つうてんきょう
MAP 付録P.2 A-2
巨大な岩が日本海の強い北西風と荒波によって削られ、独特の形状を形成。アーチは海食洞の崖に地滑りが起きてできるとされ、浸食作用は今も続く。

↑自然がつくり出した架け橋。赤尾展望所から見える

赤尾展望所
あかおてんぼうしょ
MAP 付録P.2 A-2
摩天崖をはじめとする国賀海岸を一望できる。周辺は牛や馬が草を食む牧草地になっており、穏やかな景観が広がる。

↑日本の夕陽百選にも認定、夕景の撮影もおすすめ

⬆ 約1kmにわたって続く高さ50〜200mの断崖。夕日が赤壁を染める景観はとりわけダイナミック

色鮮やかな層をなす絶壁
国の名勝天然記念物

赤壁
せきへき
知夫里島 MAP 付録P.2 A-3

鉄分を多く含んだ溶岩が噴火の際に酸
化し赤くなり降り積もった。波に削られ
火山の内部が露わな貴重な地層。

☎08514-8-2272（知夫里島観光協会）
🏠島根県知夫村 🚗来居港から車で20分
🅿️あり

島前3島を巡る内航船

島前の観光には、3島間を行く内
航船が便利。西ノ島の別府港、中
ノ島の菱浦港、知夫里島の来居港
を結ぶ。朝7時台から夜10時台ま
で運航。船は「いそかぜ」「フェリ
ーどうぜん」がある。

☎08514-7-8412（隠岐観光 別府営業所）、
08514-0-2272（隠岐観光 菱浦営業所）、
08514-7-8901（島前町村組合）
🅿️全区間大人各300円

島前3島周遊パス：2daysパス1000円、
1dayパス600円　購入できる場所：西ノ島
町観光協会（別府港）、知夫里島観光協会
（来居港）、海士町観光協会（菱浦港）

赤壁遊覧船
せきへきゆうらんせん
MAP 付録P.2 A-2（来居港）

☎08514-8-2272（知夫里島観光協会）
🕐通年（13時以降出航、前日12:00までに要予約）
💴ガイド付2名1万7000円、ガイドなし2名1万
3000円〜

4つの島が一望できる
のどかな景勝地

赤ハゲ山
あかはげやま
知夫里島 MAP 付録P.2 A-2

標高325mの知夫里島最高峰。春にな
ると一面に野大根の花が咲き、牧歌的
な景観をつくり出す。隠岐の島々だけ
でなく、はるか島根半島まで望める。

☎08514-8-2272（知夫里島観光協会）
🏠島根県知夫村 🚗来居港から展望所まで車
で20分 🅿️あり

⬆ 展望所からは360度の大パノラマが楽しめる

焼火神社
たくひじんじゃ
西ノ島 MAP 付録P.2 A-2

海上安全の神として信仰される
後鳥羽上皇が遭難しかけた際に
御神火で導かれたと伝わる。18
世紀に改築された社殿は隠岐最
古のもので、国の重要文化財。

☎08514-7-8888（西ノ島町観光協会）
🏠島根県西ノ島町美田 🕐休料参拝自
由 🚗別府港から焼火山登山口まで車で
20分、境内まで徒歩25分 🅿️あり

⬆ 付近は焼火神社神域植物群として保存

由良比女神社
ゆらひめじんじゃ
西ノ島 MAP 付録P.2 A-2

隠岐四大社のひとつ

神社前の入り江
には秋から冬に
かけてイカが押
し寄せるため、
別名イカ寄せの
浜と呼ばれる。

⬆ イカの伝説が残
る島前の浅瀬

☎08514-7-8888（西ノ島町観光協会）
🏠島根県西ノ島町浦郷 🕐休料参拝自
由 🚗浦郷港から徒歩10分 🅿️あり

赤壁が映えるエメラルドの海
夏は海水浴場としても賑わう

明屋海岸
あきやかいがん
中ノ島 MAP 付録P.2 A-2

赤い岩は溶岩のしぶきが高温酸化し
てできた岩石。海岸の島にハートの形
の岩穴がある。

☎08514-2-0101（海士町観光協会）🏠島根
県海士町豊田 🚗菱浦港から車で20分 🅿️あり

💙 海面に見える屏風岩はハート岩とも呼ばれる

2人の天皇の命運を大きく分けた島
配流の島 —— 後鳥羽上皇と後醍醐天皇

配流地の隠岐で和歌に打ち込み、都を想い続けた後鳥羽上皇。配流後、じきに脱出して、
再び権威奪回に邁進した後醍醐天皇。同じ流刑の身ながら、2人の天皇の運命は大きく分かれた。

遠流の島としての歴史

島根半島の沖合に浮かぶ隠岐島は、神亀元年(724)に聖武天皇が定めて以来、流刑の地として長い歴史を刻んできた。江戸時代中期に一般罪人の流刑地となるまでは、天皇や公家、僧侶など、身分の高い人々の配流の地とされた。高貴な人々によって、都から遠い島へともたらされた芸能や祭りの文化は、今も島民たちに受け継がれている。平安時代には歌人の小野篁、鎌倉時代には後鳥羽上皇や後醍醐天皇が隠岐へと流された。

隠岐で生涯を閉じた後鳥羽上皇

朝廷の権威回復を目指した後鳥羽上皇は、鎌倉幕府の執権・北条義時を追討するため、承久3年(1221)に倒幕の兵を挙げる(承久の乱)。しかし、幕府の軍勢に鎮圧されて、42歳で隠岐の中ノ島へ配流される。

中世屈指の歌人と謳われた上皇は、荒海を越えて島へ到達した折、「我こそは 新島守よ おきの海の 荒き波風 心して吹け」の歌を詠んでいる。島に到着し、源福寺の行在所(仮御所)に落ち着いてからも、和歌を詠み、『新古今和歌集』を編纂した。いつしか都へ戻れる日を心待ちにしていたという上皇であったが、その思いは叶わず、19年間の配流生活の末、60歳で生涯を閉じる。

隠岐を脱出した後醍醐天皇

後鳥羽上皇の逝去から約100年後に、再び公家政権の回復に立ち上がったのは後醍醐天皇だった。元弘元年(1331)に元弘の乱を起こしたものの鎌倉幕府に敗れ、後醍醐天皇も隠岐へ配流の身となる。

行在所があったのは、島後の国分寺あるいは、西ノ島の黒木御所のいずれかではないかとされている。島での後醍醐天皇は、鎌倉幕府滅亡の護摩祈願をするなど、幕府打倒の志を捨ててはいなかった。山陰諸国の武士たちの協力を得て、翌年、島からの脱出に成功。その後、幕府方であった足利尊氏をも味方につけ、鎌倉幕府を倒して建武の新政を行った。ところが、足利尊氏の離反もあって、新政権はわずか2年半で崩壊する。尊氏は室町幕府を開き、後醍醐天皇は、身を寄せた吉野の地で52年の生涯を閉じた。

後鳥羽上皇行在所跡
ごとばじょうこうあんざいしょあと

中ノ島 **MAP** 付録P.2 A-2

後鳥羽上皇が隠岐の御殿とした源福寺の跡。明治時代の廃仏毀釈の際に建物は失われ、現在は、礎石と石標があるのみ。
☎08514-2-0101(海士町観光協会)
所海士町海士1784
開休見学自由
交菱浦港から車で10分 Pあり(後鳥羽院資料館)

↑小高い丘の上の鬱蒼とした杉木立の中にある

後鳥羽上皇御火葬塚
ごとばじょうこうごかそうづか

中ノ島 **MAP** 付録P.2 A-2

行在所跡の近くにある、後鳥羽上皇の火葬地。白塀に囲まれ、現在は宮内庁が管理している。
☎08514-2-0101(海士町観光協会)
所島根県海士町中里 開休料見学自由 交菱浦港から車で10分 Pあり(後鳥羽院資料館)

後鳥羽院資料館 開9:00〜17:00(3/1〜11/30) 休期間中無休 料300円

↑御神霊は大阪の水無瀬神宮に祀られた

黒木御所阯
くろきごしょあと

西ノ島 **MAP** 付録P.2 A-2

後醍醐天皇が過ごした行在所の跡とされる場所で、西ノ島の海に突き出た丘の上にある。石碑の近くに、後醍醐天皇を祀る黒木神社があり、後醍醐天皇を紹介する資料館の碧風館も建つ。
☎08514-7-8888(西ノ島町観光協会)
所島根県西ノ島町別府
開休料見学自由
交別府港から徒歩10分 Pあり

碧風館 開9:00〜17:00(4〜11月)
休無休 料300円

↑後醍醐天皇にまつわる伝承も残されている。県の史跡

隠岐国分寺・後醍醐天皇行在所跡・蓮華会之館(史料館)
おきこくぶんじ・ごだいごてんのうあんざいしょあと・れんげえのやかた(しりょうかん)

島後 **MAP** 付録P.2 B-1

昭和9年(1934)、後醍醐天皇行在所として国の指定を受け、2018年10月、国指定史跡に追加指定された。
☎08512-2-2934 所島根県隠岐の島町池田風呂前 開8:30〜18:00(11〜3月は事前に要予約) 休無休 料400円 交西郷港から車で10分 Pあり

↑境内の行在所跡の石碑。寺は伝統芸能の蓮華会舞(れんげえまい)でも有名

島後
どうご

ローソク島に代表される奇跡の風景や、由緒ある神社仏閣を訪れたい。牛突きや隠岐の古典相撲、隠岐民謡など、島に伝わる歴史・文化にもふれてみたい。

MAP 付録P.2

←島の北部にある白島海岸

島後(隠岐の島町)へのアクセス

西郷港		フェリー	●七類港から約2時間25分。境港から約4時間25分
		高速船	●七類港から約1時間10分。境港から約1時間25分
隠岐世界ジオパーク空港			出雲縁結び空港から約30分、1日1便。大阪(伊丹)空港から約50分、1日1便

※時期によって運行しないルートあり

ローソク島展望台 P.143 ⭐
崎山
御崎
ローソク島遊覧船 ⭐ P.143
白島崎
白島海岸
海苔田ノ鼻
久見崎
大峯山 ▲
485
水若酢神社 P.143 ⛩
浄土ヶ浦海岸 ⭐ P.142
村上家隠岐しゃくなげ園 ⭐ P.142
岩倉の乳房杉 P.143 ⭐
隠岐の島町
大満寺山 ▲
横尾山 ▲
壇鏡の滝 ⭐ P.142
隠岐国分寺・後醍醐天皇行在所跡・蓮華会之館(史料館) P.141 ⭐
隠岐モーモードーム・観光牛突き P.142 ⭐
油井の池 ⭐ P.143
那久岬 ●
玉若酢命神社 P.143 ⛩
億岐家住宅・宝物殿 ⭐ P.143
西郷港 🚢
隠岐自然館 ⭐ P.143
N
0　　3km
隠岐世界ジオパーク空港 ✈
白崎
鷹取崎
松島

↑静かな杉並木の参道を行くと滝に出会える

日本の滝百選にも選出
島のパワースポットのひとつ
壇鏡の滝
だんきょうのたき
MAP 付録P.2 B-1

壇鏡神社の両側に、40mの高さから流れ落ちる滝。右側が雄滝、左側が雌滝で、雄滝は後ろへまわることも可能。

☎08512-2-0787(隠岐の島町観光協会) 🏠島根県隠岐の島町那久 🚗西郷港から車で50分 🅿あり

多様な植物や地質が見られる
浄土ヶ浦海岸
じょうどがうらかいがん
MAP 付録P.2 C-1

島後の東に広がる、約1kmの海岸。一休和尚が極楽浄土のようだと詠んだ地で、澄んだ海と岩礁との対比も見もの。

☎08512-2-0787(隠岐の島町観光協会) 🏠島根県隠岐の島町布施 🚗西郷港から車で40分 🅿あり ※遊歩道は一部通り抜け不可

↑名のとおり独特の世界が広がる。キャンプ場もある

山の斜面を花の色が染める
4月下旬~5月中旬が見頃
村上家隠岐しゃくなげ園
むらかみけおきしゃくなげえん
MAP 付録P.2 B-1

隠岐の固有種オキシャクナゲ約1万株を村上家の裏山に植栽。隠岐を代表する山の花の女王が、遊歩道を桃色に染める。

☎08512-5-2211 🏠島根県隠岐の島町郡 🕐4月下旬~5月中旬の9:00~16:00 💴無料 🚗西郷港から隠岐一畑交通バスで40分、水若酢神社前下車、徒歩10分 🅿あり(25台)

←花弁の先が7つに分かれているのが、花の特徴(隠岐の島町提供)

日本最古の伝統を持つ闘牛 —— 牛突き

約800年の伝統を誇る、日本最古の闘牛、隠岐の牛突き。施設では迫力満点の闘牛が見学できる。

隠岐モーモードーム・観光牛突き
おきモーモードーム・かんこううしづき
MAP 付録P.2 B-1

☎08512-2-0787(隠岐の島町観光協会) 🏠島根県隠岐の島町池田 🕐開催日は要問い合わせ (所要約15分) 💴1500円 🚗西郷港から車で10分 🅿あり

↑承久の乱で流された後鳥羽上皇を慰めるために始まった

火を灯したろうそくのように見える奇岩
ローソク島展望台
ローソクじまてんぼうだい

MAP 付録P.2 B-1

島の北西沖合に立つ巨大な岩。展望台では眼下にその姿を見ることができ、夕日が島の先端に灯る瞬間は遊覧船から見える。

☎08512-2-0787（隠岐の島町観光協会）　㋐島根県隠岐の島町久見　㋟西郷港から車で50分　㋫あり
※2023年11月現在遊歩道の立入禁止

ローソク島遊覧船
ローソクじまゆうらんせん

MAP 付録P.2 B-1（重栖港）

☎08512-2-0787（隠岐の島町観光協会）　㋐島根県隠岐の島町五箇地区　㋥要予約（出航時間は当日直連絡あり）
㋠12月〜3月14日　㋣3000円　㋟西郷港から車で40分　㋫あり

⤴船の上からベストショットを狙ってみたい

樹齢約800年の巨杉 垂れる乳根が目を引く
岩倉の乳房杉
いわくらのちちすぎ

MAP 付録P.2 B-1

樹高約40m、幹囲11mの巨木。主幹の分岐点から乳房状の根が下がる。山中にたたずむ姿が神秘的だ。

☎08512-2-0787（隠岐の島町観光協会）　㋐島根県隠岐の島町布施
㋟西郷港から車で65分　㋫あり

⤴乳根は長いもので2.6mにもなる

自然観察に最適な湿性草原 多様なトンボも見られる
油井の池
ゆいのいけ

MAP 付録P.2 B-1

海抜約50mに位置する円形の池。湿性草原になっており、貴重な動植物が生息する。秋にはトンボが飛び交う。

⤴遊歩道や展望台も完備

☎08512-2-0787（隠岐の島町観光協会）　㋐島根県隠岐の島町油井　㋟西郷港から車で50分　㋫あり
※2023年11月現在木道と一部展望台は利用不可

隠岐の自然を学ぶ施設
隠岐自然館
おきしぜんかん

MAP 付録P.2 C-1

隠岐諸島の成り立ちと、その大地の上で育まれた独自の動植物や歴史文化とのつながりを展示している。

☎08512-2-1583　㋐島根県隠岐の島町中町目貫4-61 隠岐ジオゲートウェイ2F　㋠9:00〜17:00（最終受付16:45）㋡第2・4火曜　㋣500円　㋟西郷港からすぐ　㋫あり（有料）

島後の史跡を巡る
玉若酢命神社
たまわかすみことじんじゃ

MAP 付録P.2 B-1

隠岐国の由緒ある総社
寛政5年（1793）造営。本殿は隠岐の神社のなかでは最古のもの。毎年6月に島後の三大祭りのひとつ、御霊会風流が行われる。

☎08512-2-7170　㋐島根県隠岐の島町下西701　㋠㋡参拝自由
㋟西郷港から車で5分　㋫あり

⤴隠岐造といわれる威厳ある建物

億岐家住宅・宝物殿
おきけじゅうたく・ほうもつでん

MAP 付録P.2 B-1

玉若酢命神社の神職邸
藁葺き屋根と隠岐造が特徴的な、国指定の重要文化財。宝物殿には貴重な文化財を所蔵。

⤴日本で唯一現存する駅鈴を展示

☎08512-2-7170（玉若酢命神社）
㋐島根県隠岐の島町下西713　㋠9:00〜16:00　㋡無休　㋣大人300円　㋟西郷港から車で5分　㋫あり

水若酢神社
みずわかすじんじゃ

MAP 付録P.2 B-1

隠岐古典相撲の映画の舞台にも
水若酢命を主祭神とする、隠岐国の一の宮。神社内にある土俵は格式高く、映画にも使われた。

☎08512-5-2123　㋐島根県隠岐の島町郡723　㋠㋡参拝自由
㋟西郷港から車で25分　㋫あり

⤴隠岐造の本殿は国指定重要文化財

島後

米子城跡から旧加茂川沿いの下町へ

米子
よなご

江戸時代、鳥取藩の重要な拠点の
ひとつだった街。商業都市として栄えた
面影が、昔ながらの街並みに残っている。

街歩きのポイント

米子駅から湊山公園へは路線バス
が運行しているが、米子城跡や旧加
茂川沿いへは徒歩でもまわれる範
囲。レンタサイクルも利用できる。

米子
●

城を中心につくられた
商都としての美しい街

江戸時代には、米子城の城下町を中心と
した町の整備が行われ賑わった米子。以
来、商工業の発達に伴い企業や工場がで
き、鉄道も整備され、商都として繁栄した。
歴史ある街並みと、海、山、川の豊かな自
然に囲まれた散策を楽しみたい。

⤴江戸時代から明治にかけての
たたずまいが随所に残される

⤴米子城跡・天守台跡からの
展望。海や街を一望できる

山陰でいち早く築かれた近世城郭
米子城跡
よなごじょうあと

MAP 付録P.23 D-3

応仁～文明年間（1467～87）に、山名宗幸
により砦として築かれたのが始まりと伝えら
れる。天守台跡からは360度見渡せる。

☎0859-23-5437（米子市文化振興課）⑯鳥取県米
子市久米町 ⑭⑭⑭見学自由 ⑯JR米子駅から徒歩
20分 ℗あり

⤴当時の姿をとどめる石垣などに注目

加茂川沿い ★
P.145

Bレストラン皇 P.145

●公会堂

加茂川・中海遊覧船 ★
P.145

米子市立山陰歴史館 ★
P.145

米子市国際観光案内所

P.145 おみやげ楽市
シャミネ米子店 A

米子城跡 ★
P.144

↑遊覧船に乗れば船上からの風情も格別

↑商家や白壁の土蔵など下町情緒にあふれる

米子の歴史を感じる散策へ

市役所として親しまれた建築
米子市立山陰歴史館
よなごしりつさんいんれきしかん
MAP 付録P.23 E-2

昭和5年(1930)建築の赤レンガ色のモダンな洋館。米子城の復元模型や鯱瓦、米子の民俗資料や鉄道関連資料などを展示している。

☎0859-22-7161　所鳥取県米子市中町20
時9:30〜18:00(入館は〜17:30)
休火曜、祝日の翌日　料無料(企画展は有料の場合あり)　交JR米子駅から徒歩15分　Pあり

↑タイル張りの大型の建物は建築当時山陰随一

江戸から明治にかけての面影
加茂川沿い
かもがわぞい
MAP 付録P.23 E-2

大正時代初期まで小舟が通った運河。米子城跡の外堀に合流し中海に注ぐ。土蔵や川べりに下る石段、小橋などが今も残り、往時の面影を感じられる。

☎0859-22-6317(米子市国際観光案内所)
所鳥取県米子市尾高町・岩倉町
交JR米子駅から徒歩20分　Pなし

城下町をクルーズ

加茂川・中海遊覧船
かもがわ・なかうみゆうらんせん
MAP 付録P.23 E-2

水面から楽しむ城下町情緒

白壁土蔵前の天神橋付近を出発点に、下町の景色を楽しみながら中海へ。桜の季節やサンセットクルージングなどもおすすめ。

☎090-6837-2731　所鳥取県米子市中町
時要予約(10:00、14:00の2便。時間外は要相談)　休12〜3月は天候が良く予約があれば運航(雨雪の場合欠航)　料1500円
交JR米子駅から徒歩20分　Pあり

↑米子城跡なども遠望できる

駅で楽しむショッピング＆グルメ

日本初の画期的な押し鮓が人気
A おみやげ楽市
シャミネ米子店
おみやげらくいちシャミネよなごてん
MAP 付録P.23 F-3

先代の「吾左衛門」から由来した押し鮓が有名。一60℃で急速冷凍後に、保管・特許技術による熟成解凍を行う。魚の旨みが余すことなく味わえる。

☎0859-31-6630　所JR米子駅構内　時7:15〜19:30(変更の場合あり)　交JR米子駅構内　Pあり(JR米子駅周辺の駐車場を利用)

◆吾左衛門鮓鯖2100円。蟹や鱒、穴子、鯛などもある

◆鶏三昧弁当1296円。開山1300年を迎える「大山」をイメージ

蔵の中で贅沢なひとときを楽しむ
B レストラン皇
レストランすめらぎ
MAP 付録P.23 E-2

厳選された旬の食材を独創的な料理に落とし込む老舗フレンチレストラン。蔵を改装した個室とくつろげる和室には気品と風格が漂う。

◆風情ある古い街並みに溶け込む門構え

☎0859-34-5748
所鳥取県米子市尾高町25　時18:00〜22:00
(LO21:00)　休日曜、祝日　交JR米子駅から車で5分　P4台
※前日までに要予約、1日2組限定。電話での受付は13:00〜21:00

◆ウチワエビのポシェアメリカンソース添え。濃厚なエビとソースがマッチ

◆築約140年の2つの蔵をモダンにリノベーション

ひと足のばして立ち寄りたい

伝統に新しい感覚を織り込む
ごとう絣店
ごとうかすりてん
MAP 付録P.21 E-2

伯耆地方に伝わる藍染め手紡ぎ手織りの「弓浜絣」。伝統的な絣の織物から現代的な感覚を取り入れたさまざまな手作り製品まで並ぶ。

◆織機も店内に置かれている

☎0859-21-9063　所鳥取県米子市彦名町4261-1　時10:00〜18:00　休木曜
交JR米子駅から車で15分　Pあり

◆トートバッグ1万6500円。使うほど美しくなる藍

◆コースター各1320円。柄がかわいくて若者にも人気

大山ドライブ

↪鮮やかな花が風景を彩る

爽やかな高原の空気に包まれる
大山蒜山スカイライン
だいせんひるぜんスカイライン

伯耆富士と呼ばれる名峰・大山と、
麓に広がるブナ林を望む爽快なルート。
四季折々の美しい自然と、点在する名所を楽しんで。

所要◆約1時間30分
おすすめドライブルート

米子をスタートして、岡山県側の蒜山高原へ。大山の展望地や、ブナ林の中のルートなど、爽快なドライブが楽しめる。

米子IC
よなごインターチェンジ

⬇ 県道53・159・36・52・284号
16km/約25分

1 桝水高原
ますみずこうげん

⬇ 県道45・114号
19km/約30分

2 鬼女台展望休憩所
きめんだいてんぼうきゅうけいじょ

⬇ 県道114・422号・国道482号
24km/約35分

蒜山IC
ひるぜんインターチェンジ

1 桝水高原
ますみずこうげん

MAP 付録P.4 A-2

大山西側の裾に位置するリゾート

空中散歩を楽しむ天空リフトをはじめ、冬はスキー場として利用できる。開放感ある高原は、山陰初の恋人の聖地に選定されている。

☎0859-52-2228（天空リフト）🚉鳥取県伯耆町大内桝水高原1069-50 ⏰4月～11月中旬9:00～17:00（天空リフト）🚫荒天時運休あり💴天空リフト往復4歳以上1000円🚗米子自動車道・溝口ICから車で10分🅿あり

↑アクティブに過ごせる、なだらかな丘陵地帯

↑鍵掛峠から見たダイナミックな大山の南壁

2 鬼女台展望休憩所
きめんだいてんぼうきゅうけいじょ

美瑛 **MAP** 付録P.4 B-3

山々を眺めながらひと休み

大山、烏ヶ山、擬宝珠山などの山並みを背に、蒜山高原を一望できる。星空、雲海のスポットとしても人気があり、ススキの穂が輝き、紅葉が見頃となる時季も必見だ。

↑雄大な山々を望む人気スポット。澄んだ空気も心地よい

☎0867-66-2512（真庭市役所蒜山振興局）🚉岡山県真庭市蒜山下徳山1109 ⏰4月上旬～11月下旬（冬季は通行止）🚫無休（荒天時など臨時休業あり）💴無料🚗米子自動車道・蒜山ICから車で20分🅿あり

↑美保湾 大山口駅 START 米子本線 山陰本線 淀江 大山 孝霊山 船上山 千丈渓 加勢蛇川 鱒返しの滝 植田正治写真美術館 卍大山寺 大山 1 桝水高原 大山高原S 大山滝 溝口 岸本駅 鍵掛峠 鳥取県 伯耆溝口駅 上蒜山 中蒜山 江府 蒜山高原 江尾駅 482 伯耆街道 米子自動車道 GOAL 蒜山IC 武庫駅 ●日本一の石の鳥居 金ヶ谷山 毛無山 愛宕山 根雨駅 宝仏山 五段山 岡山県 N 0 5km

立ち寄りスポット

植田正治写真美術館
うえだしょうじしゃしんびじゅつかん

MAP 付録P.4 A-2

鳥取県出身の世界的写真家、植田正治(1913-2000年)の作品を収蔵・展示。山陰の自然を背景に被写体をオブジェのように配する独自の手法が用いられ、国内外で高い評価を得ている。

↑世界的建築家・高松伸氏が設計

↑偉大な写真家の軌跡をたどることができる

☎0859-39-8000 🚉鳥取県伯耆町須村353-3 ⏰9:00～17:00（入館は～16:30）🚫火曜（祝日の場合は翌日休）、展示替え期間、12月中旬～2月💴1000円🚗米子自動車道・大山高原スマートICから車で3分🅿あり

鳥取

❖

鳥取県東部に位置する、
山陰地方の東の玄関口・鳥取市。
山陰を象徴する鳥取砂丘は
城下町の面影を残す街の中心部から
車で30分ほど。
郊外にも浦富海岸や白兎神社など
見どころが点在している

刻々と
姿を変える日本
最大級の砂丘に
感動

エリアと観光のポイント ❖

鳥取はこんなところです ❖

**日本最大級の海岸砂丘鳥取砂丘など、豊かな自然に恵まれた鳥取県東部。
白兎や天照大神などの語り継がれる伝説や、ゆかりの神社も有名だ。**

　県庁所在地であり、中枢都市として栄える鳥取市。鳥取砂丘がこのエリアの象徴であり、多くの観光客を集める。また、因幡の白兎神を祀る神社や伝説の残る海岸も人気。市内には新鮮な魚介類を提供する食事処が多く、日本海の幸を堪能することができる。

　鳥取市から車を1時間ほど走らせると、県中部の倉吉市にたどり着く。街には、江戸〜明治時代に建てられた白壁土蔵や赤煉瓦が点在。これら蔵造りの建物を利用したレストランやショップ、カフェ巡りがおすすめだ。

石垣や城門が残るかつての城下町

鳥取市街
とっとりしがい

江戸時代、鳥取藩32万石の城下町として発展した街。まずは鳥取城跡・久松公園を散策したい。近くに建つ旧藩主池田家の別邸でもある仁風閣には、レトロモダンな雰囲気が漂っている。

> **観光の
> ポイント** メインスポットは、ツツジの名所でもある鳥取城跡・久松公園だ

↑鳥取城跡は桜の名所として地元で愛されている

風情ある街並みをのんびり散歩

倉吉
くらよし

白壁土蔵と町屋造りの商家が立ち並び、歴史を感じさせる。三朝温泉や、東郷湖畔のはわい温泉・東郷温泉にもほど近い。

> **観光の
> ポイント** 観光の中心となる打吹地区には、おしゃれなカフェやショップも多い

↑打吹玉川伝統的建造物群保存地区

■ レンタサイクル・観光タクシー
砂丘巡りと併せて市街地観光を楽しみたいなら、自由にまわれる自転車や、観光タクシーのツアーガイドがおすすめ。
● **観光レンタサイクル**
☎0857-21-8899（鳥取駅高架下第2駐輪場）　🕐8:30〜18:30　🅱無休　💴1回普通自転車500円、電動アシスト1000円
● **倉吉レンタサイクル くらりん**
☎0858-24-5370
（JR倉吉駅内観光案内所）　🕐9:00〜17:00　🅱元旦　💴1回500円
● **鳥取観光マイスターがご案内する
タクシー観光地めぐり**
☎0857-22-3318（鳥取市観光案内所）
💴プランにより異なる

日本海

長尾鼻

尾後鼻　青谷鼻　浜村温泉

9

浜村駅

天神川

はわい

泊駅

山陰道

浜村鹿野温泉

北条

9

倭文神社🏯

泊郷

鳥取県

北条倉吉道路

北栄南

179

東郷池

東郷温泉♨

松崎駅

鉢伏山

鹿野温泉

倉吉

倉吉駅

山陰本線

湯梨浜町

鳥取市

備作街道

美作中国街道

川上峠

鷲峰山

三朝町

179

■ 鳥取市街を巡るループバス
砂丘をはじめ、市内の観光スポットなどを循環するバス。1日乗車カードや100円循環バスを利用して、お得に旅を楽しみたい。
● **ループ麒麟獅子バス**
🗓土・日曜、祝日（元日は除く）、振替休日、夏期（8月1〜31日）　💴1回乗り降りごとに300円、子供（小学生）150円／1日乗車カード（乗り放題）600円
● **100円循環バスくる梨**
🗓赤コース／8:10〜18:43、青コース／8:00〜18:33、緑コース／8:05〜18:48　💴1回乗り降りごとに100円

● **鳥取藩乗放題手形**
鳥取県内の路線バスが3日間乗り放題。手形タイプは、観光スポットのイラストが描かれ、旅の思い出にもぴったり。
💴1800円　利用期間3日間（発行日を含む）　URL http://www.nihonkotsu.jp/bus_local/tegata/

鳥取

日本海沿岸に広がる海岸砂丘

鳥取砂丘
とっとりさきゅう

10万年以上もの歳月をかけて形成されたという砂丘。歩くだけでももちろん楽しいが、体験型のアクティビティも充実しており、思い思いの過ごし方ができる。海沿いのドライブも心地よい。

観光ポイント 砂丘は広大なので、時間をかけて観光を。近くの美術館もおすすめ

↑鳥取砂丘から望む日本海に沈む夕日が美しい

道の駅
神話の里 白うさぎ
★白兎海岸
开白兎神社
鳥取砂丘
鳥取砂丘★
★鳥取砂丘
コナン空港
鳥取大学前駅
湖山駅
山陰本線
末恒駅
湖山池
鳥取市街
鳥取駅
吉岡温泉
吉岡温泉
鳥取西
鳥取
53
石仏の道
鳥取自動車道
因美線
鳥取市
宇倍神社
雨滝渓谷★
大茅山▲
雨滝街道
殿ダム
29
鳥取南
東郡家駅
郡家駅
八頭高校前駅
因幡船岡駅
八頭町
因州 中井窯 S
河原
河原駅
隼駅
安部駅
若桜鉄道SL・DL運転体験★
482
482
国英駅
徳丸駅
丹比駅
鷹狩駅
29
八東駅
若桜鉄道
若桜駅
用瀬
浦富海岸
鴨ヶ磯展望所★
浦富海岸島めぐり遊覧船
山陰近畿自動車道
大谷
岩美
浦富
岩美駅
田後港
東浜駅
居組駅
居組
東浜
クラフト館
岩井窯 S
岩井温泉
福部駅
立岩山
山陰本線
岩美町
9

足をのばしてのどかな若桜町へ

機関士の気分が味わえる

若桜鉄道SL・DL体験運転
わかさてつどうエスエル・ディーエルたいけんうんてん

若桜鉄道・若桜駅には、SLやディーゼル機関車が展示され、冬期を除く毎月第3土曜に体験運転が可能。※要事前予約

MAP 付録P.5 F-3
☎0858-82-0919（若桜鉄道）所鳥取県若桜町若桜345-2 時4〜11月（開催日はHPで要確認）料構内見学300円（体験運転1万2000円〜）交JR鳥取駅から車で40分Pあり

↑体験運転の申し込みはHPで要確認

お役立ち information

主要エリア間の交通

鉄道・バス

JR松江駅

| 山陰本線特急で約1時間 | 山陰本線特急で約25分 | 山陰本線特急で約1時間30分 |

JR米子駅
山陰本線特急で約30分

JR倉吉駅

| 山陰本線特急で約30分 | 空港連絡バスで約45分 |

鳥取砂丘コナン空港
空港連絡バスで約20分

JR鳥取駅
↑スーパーはくとで約2時間30分

JR大阪駅

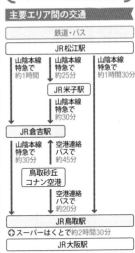

車

松江
↻国道9号経由約85km ／ 国道9号経由約120km

倉吉
↻国道9号経由約45km

鳥取

問い合わせ先

鳥取をスムーズに旅するため当日はもちろん事前に電話やメールで確認もおすすめ。

●鳥取市観光案内所 **MAP** 付録P.26 A-3
☎0857-22-3318 **URL** www.torican.jp
●倉吉観光マイス協会 **MAP** 付録P.27 E-1
☎0858-24-5371
URL www.kurayoshi-kankou.jp
●JR倉吉駅内観光案内所
MAP 付録P.27 F-2 ☎0858-24-5370
●倉吉白壁土蔵群観光案内所
MAP 付録P.27 E-1 ☎0858-22-1200
●大山町観光案内所 **MAP** 付録P.4 B-2
☎0859-52-2502

鳥取はこんなところです

鳥取
とっとり

県のシンボルである鳥取砂丘をはじめ、白兎海岸や浦富海岸など、絶景が広がるエリア。海を眺めながら主要スポットを巡り自然の造形美を楽しんで。

海と風がつくりあげた雄大な芸術

鳥取砂丘
とっとりさきゅう

⬆日本が誇る貴重な自然財産として、国の天然記念物にも指定。年間130万人もの観光客が訪れる名所だ

⬆馬の背からは日本海が眺められる。夕焼けと砂丘とのコントラストも見事

時々刻々と変化する砂の表情
日本最大の砂丘に圧倒される

鳥取県東部の日本海沿岸に位置する。東西16km、南北2.4km、日本最大規模の砂丘として知られている。風が砂に刻んだ風紋や、高さ47mもの「馬の背」など見どころも多く、また季節によって異なる表情も魅力的だ。水平線に沈む夕日や、沿岸を幻想的に包み込むイカ釣り漁船の漁火など、夕暮れどきの風情もまたいい。

鳥取 **MAP** 付録P.25 D-1
☎0857-22-0021（鳥取砂丘ビジターセンター）
⊕鳥取県鳥取市福部町湯山 働休料見学自由 ⊗鳥取自動車道・鳥取ICから車で20分／ループ麒麟獅子バス・砂丘会館（鳥取砂丘）下車すぐ ⓟあり（有料）

鳥取砂丘

日本海

風紋ができやすい場所

ラッキョウ畑

鳥取砂丘（砂丘会館）

★らくだや P.153
★鳥取砂丘パラグライダースクール P.153
★砂丘YOGA P.153
★鳥取砂丘サンドボードスクール P.153
★砂丘観光リフト P.152
砂丘センター展望台
Ⓡ鯛喜 P.156

●第一砂丘列
ハマヒルガオの大群落
オアシス
第三砂丘列 ●
火山灰露出地
第二砂丘列（馬の背）
砂の美術館
★鳥取砂丘砂の美術館 P.152

P.150 鳥取砂丘★

P.151山陰海岸国立公園鳥取砂丘ビジターセンター★

鳥取砂丘入口

●合せヶ谷スリバチ
こどもの国
●高浜虚子句碑
国民宿舎ニュー砂丘荘Ⓗ こどもの国入口
与謝野晶子歌碑
鳥取砂丘こどもの国
護国神社 卍
多鯰ヶ池

お役立ちinformation

鳥取砂丘の成り立ち

砂丘の歴史は10万年以上前に遡るという。砂は、中国山地の岩石が風化し大雨により川に流入したもの。千代川によって、いったん日本海の沖合に流されるが、海の流れで陸地に近づき浅海底に蓄積する。そして波浪により打ち上げられ、主に北西の季節風によって陸地に運ばれる。こうして大量の砂が内陸に積もり、海岸砂丘が形成された。日本海側は砂丘形成の条件に恵まれており、鳥取砂丘はその代表的存在だ。

歩き方のポイント

広大で起伏もかなりある鳥取砂丘。さらに風が強いと、歩くのにかなりの体力を使う。砂丘に設置された杭の番地を見て位置を確認し、時間と体力に合わせて散策しよう。なお、砂の持ち帰りや車両の乗り入れは禁止。マナーを守り、ゴミや愛犬の糞などもきちんと持ち帰ろう。

鳥取砂丘の魅力をわかりやすく紹介

山陰海岸国立公園
鳥取砂丘ビジターセンター

さんいんかいがんこくりつこうえん とっとりさきゅうビジターセンター

鳥取砂丘の成り立ちや見どころ、砂の波模様「風紋」のでき方などをガイドが紹介。鳥取砂丘を訪れる前に立ち寄りたい施設。

MAP 付録P.25 E-1

☎0857-22-0021 所鳥取県鳥取市福部町湯山2164-971 閉9:00〜17:00 休無休 料無料 交日本交通／日ノ丸自動車バス・鳥取砂丘(砂丘会館)下車すぐ Pあり(有料)

砂丘観光のポイント さまざまな表情を見せる砂丘の姿を眺める。

季節ごとに美しい

ハマゴウ、ウンランなど、多彩な植物が群生し、可憐な姿を見せてくれる。特産のラッキョウの花や、ハマヒルガオの群落は見応えがある。

ハマヒルガオの大群落
ピンク色の花。見頃は5〜6月頃

ラッキョウ畑
10月下旬には、赤紫色の花が咲く

雪景色
雪が一面を覆う真っ白な冬の砂丘

必見! 砂丘スポット

広大なエリアに3列の丘があるが、第二砂丘列である馬の背がおすすめ。秋から春にかけて出現するオアシスや日本海と合わせた眺望も見逃さずに。

馬の背
標高約47m。起伏が大きい

オアシス
雨や雪解け水が地下から湧き出す

日本海
馬の背頂上に登ると海が一望できる

風紋 ふうもん
乾いた砂に風速5～6mの風が吹くと現れる、砂丘を象徴する景色。別名「砂の波模様」

砂簾 されん（左）
砂の斜面で、湿った砂が乾いていくときに流れ落ちてできる。遠くから見ると名前のとおり簾のよう

砂柱 さちゅう（右）
降雨のあと、12m以上の強い風が吹くと形成される特異な地形。晩秋から早春に多い

（注目ポイント）
鳥取砂丘を空中から眺める
鳥取砂丘と砂丘センターを結ぶ観光リフトがあり、空中から風紋や日本海を見渡すことができる。
砂丘観光リフト
MAP 付録P.25 E-1
☎0857-22-2111
🈯片道300円、往復400円
➡リフトの利用で砂丘までの移動も楽々

心揺さぶられる情景に、美しさと神秘を感じて

砂の造形・砂の彫刻

そのときにしか見られない、ドラマチックで刹那的な砂のアート。
訪れるたびに異なる風景、異なる作品群が、私たちを待ち受けている。

繊細さとはかなさに満ちた
砂像作品を目の前にする

鳥取砂丘 砂の美術館
とっとりさきゅう すなのびじゅつかん

砂を素材にした彫刻作品、砂像を展示。基本コンセプトは「砂で世界旅行」で、毎年異なるテーマの作品が見られる。世界最高レベルの砂像は精巧で迫力がある。会期終了後は砂に戻るため、期間中にしか見られない貴重なものばかりだ。

MAP 付録P.25 E-1
☎0857-20-2231 🈔鳥取県鳥取市福部町湯山2083-17 🈺9:00～17:00（土曜は～18:00、入館は各30分前まで）イベントにより変動あり 🈳不定休 🈪600円 🚌ループ麒麟獅子バス・砂の美術館下車すぐ 🅿あり

➡➡第13期チェコ＆スロバキア編全景（左）とリブシェの予言（下）。海外から砂像彫刻家を招聘し、作品を制作、展示している

➡第2期アジア編の兵馬俑

➡第1期サンピエトロ大聖堂

➡砂丘を一望する展望広場もある

砂の大地のアクティビティ
砂丘の感動体験

日本一の砂遊び場である広大な鳥取砂丘は、
大人も楽しめる体験型のアクティビティが充実。

↑SUP ヨガで体幹を
鍛えながら精神統一

砂丘ヨガ
大地の上でヨガ体験を

早朝の朝ヨガや夕方のサンセット
ヨガ、夏の夜の星空ヨガ、SUPヨガ
など、コースはさまざま。大地の
力と爽やかな風を感じながら、心
身ともにリフレッシュできる。

砂丘YOGA
さきゅうヨガ
MAP 付録P.25 E-1
☎080-5756-4450 所鳥取県鳥取市
福部町湯山2164-804(集合場所) 料プ
ログラムにより異なる
休火・水曜 交ループ麒麟獅子バス・鳥
取砂丘(砂丘会館)下車すぐ Pあり
URL www.sand-dunes-yoga.com/

体験データ
実施期間 3月中旬～10月
料 金 7000円～(コースにより異なる)
所要時間 約2時間
予 約 HPから申し込み

↑宇宙を感じる神秘的な空間は
ヒーリング効果もある

↑スイレンが咲く鳥取砂丘の
水辺のオアシスは癒やし空間

ラクダライド体験
砂丘で異国情緒を楽しもう

日本では珍しいラクダライド体験が楽
しめる。異国の砂漠地帯を進む商人を
気取りながら、背の高いラクダの上か
ら砂丘を遊覧しよう。ラクダにまたが
って撮影することも可能。

らくだや
MAP 付録P.25 E-1
☎0857-23-1735
所鳥取県鳥取市福部町湯山
2164-806 時8:30～17:00
(土・日曜、祝日は延長営業)
休期間中無休 交ループ麒麟獅子バス・鳥取
砂丘(砂丘会館)下車すぐ P
あり

パラグライダー
初心者に最高の条件が揃う

はじめての挑戦でも安
心してフライトでき、
砂地にふわっと着陸す
る感覚はクセになる。
空と山陰海岸、日本海
のマリンブルーそして
広大な砂丘のコントラ
ストは旅を豊かにする。

鳥取砂丘パラグライ
ダースクール
MAP 付録P.25 E-1
☎0120-963-798(砂丘本舗)
所鳥取市浜坂1390-239 時9:30
～、12:30～、15:30～ 休不定
休 交鳥取砂丘こどもの国バス
停下車、徒歩5分 Pあり

↓小学生以上なら誰でも気軽に体験できる

↑鳥取砂丘ならではの体験。天候に
よるため、予約は受け付けていない

体験データ
実施期間 3～11月9:30～16:30 12～2月10:00～16:00
(悪天候時は中止の場合あり)
料 金 1人乗り1500円、
2人乗り(大人と子ども)2600円
所要時間 約5分 予 約 不可

体験データ
実施期間 通年
料 金 半日体験コース1万円
所要時間 約2時間
予 約 要

サンドボード
高速で砂丘を滑走

30度の急勾配をスノーボード
の要領で滑り降りる。西オー
ストラリアで生まれたスポー
ツで、日本でレッスンが行わ
れているのはここのみ。小学5
年生以上対象。

鳥取砂丘サンドボードスクール
とっとりさきゅうサンドボードスクール
MAP 付録P.25 E-1
☎0857-30-1991 所鳥取県鳥取市福部町
湯山2164-806 らくだや前(集合場所)
時9:00～18:00(10～12月は～17:00)
休期間中無休(荒天時は中止)
交ループ麒麟獅子バス・鳥取砂丘(砂丘会館)
下車すぐ Pあり

体験データ
実施期間 通年
料 金 5000円～
(保険、用具代込み)
所要時間 約2時間
予 約 要

↑砂のゲレンデで
ボードを満喫

鳥取シーサイドドライブ

青く輝く海辺の光景に出会う
奇観つらなる
海岸線をたどって

弓なりに続く白浜や複雑なリアス海岸。青い空と
澄んだ海、そして白波が見事なコントラストをなす。

⬆白ウサギが渡ったとされる白兎海岸の淤岐ノ島(おきのしま)。
海岸にはサメの背に似た岩礁も見られる

白兎海岸
はくとかいがん

鳥取 **MAP** 付録P.5 E-1

「因幡の白兎」伝説の地

白い砂浜と大海原が一面に広がる
海岸。騙したワニ(サメ)に皮をむ
かれた白ウサギが大国主神に助け
られ、のちに大国主神は神代の美
女・八上比売と結ばれた「因幡の白
兎」伝説の舞台で、恋人の聖地とし
ても知られている。

⬆地元出身の作曲家による『大黒さま』
の歌碑もある

☎0857-22-3318(鳥取市観光案内所)
所鳥取県鳥取市白兎 時休料散策自
由 交山陰自動車道・鳥取西ICから車
で20分 Pあり

縁結びの白うさぎゆかりの地

『古事記』や『日本書紀』にも
その名が見られる、由緒ある
神社。境内には、神話のなか
で白ウサギが傷を洗ったとさ
れる御手洗池がある。神話に
ちなんで皮膚病などに効くと
信仰されてきたが、近年は縁
結びの神社として多くの人が
訪れる。

⬆大国主神と八上比売の縁を結んだ白
ウサギは、縁結びの神様として人気

白兎神社 はくとじんじゃ 鳥取 **MAP** 付録P.5 E-1
☎0857-59-0047 所鳥取県鳥取市白兎603 時9:00～16:00 休無休
料無料 交山陰自動車道・鳥取西ICから車で20分 Pあり

⬆古い歴史を誇る。恋愛成就を願う人が参詣

立ち寄りスポット

道の駅 神話の里 白うさぎ
みちのえき しんわのさと しろうさぎ

鳥取 **MAP** 付録P.5 E-1

白兎海岸の目の前に立
地。地元の特産品を販
売するほか、2階のレス
トランでは生け簀の活魚
料理が楽しめる。

⬆海岸ドライブの休憩に最適

☎0857-59-6700 所鳥取
県鳥取市白兎613 時8:
00～19:00(12～2月8:30～
18:00) 休無休 交山陰自
動車道・鳥取西ICから車で
20分 Pあり
⬆紅白の愛らしい白兎
ジンジャー最中300円

鳥取砂丘
とっとりさきゅう

MAP 付録P.25 D-1

日本最大級の砂地で見る絶景 ➡P.150

鳥取県東部に位置する鳥取砂丘は東西約16km、南北約
2.4kmにわたる海岸砂丘。風と砂が織りなす砂の造形美
はまさに自然が生み出す芸術。
⬇夏は日差しが強いので水分補給や日焼け対策を

⤴階段が整備され海岸まで下りていくことができる

遊覧船でゆったり周遊

浦富海岸島めぐり遊覧船
うらどめかいがんしまめぐりゆうらんせん

水深25mの透明度を誇る浦富海岸を周遊。迫力ある自然美を間近に体感できる。遊覧船コースと、狭い航路を通る小型船コースがある。夏季にはグラスボートの運航も。

岩美 MAP 付録P.5 F-1
☎0857-73-1212(山陰松島遊覧)
所鳥取県岩美町大谷2182 営9:30〜15:30、1時間おきに運航(不定期)
休12〜2月 料1500円 交山陰自動車道・鳥取ICから車で20分 Pあり

⤴小型船コース(2500円)では、洞門や洞窟にも入っていく(予約優先)

3 鴨ヶ磯展望所
かもがいそてんぼうじょ

岩美 MAP 付録P.5 F-1

浦富海岸きっての景勝地

リアス海岸の入り江に小島が浮かぶ鴨ヶ磯を望む。石英が輝く浜と海の景色はまるで絵に描いたよう。

☎0857-72-3481(岩美町観光協会) 所鳥取県岩美町網代 営休料見学自由 交山陰自動車道・鳥取西ICから車で25分 Pあり

4 浦富海岸
うらどめかいがん

岩美 MAP 付録P.5 F-1

地形が織りなす自然美

日本海の荒波によって削られた、特異な地形や奇岩が見られる。島崎藤村も愛した名勝で、遊歩道からその絶景が楽しめる。

☎0857-72-3481(岩美町観光協会) 所鳥取県岩美町浦富 営休料散策自由 交山陰自動車道・鳥取ICから車で30分 Pあり

⤴通り抜けができる千貫松島

⤴険しい崖が印象的な菜種五島は、海岸のなかでも代表的な見どころ。4月中旬には、崖に野生の菜の花が咲く

所要◆約2時間
おすすめドライブルート

鳥取西ICから鳥取砂丘コナン空港前までは、県道264号経由で約8km、所要時間は約15分。海岸に沿って走る国道9号で西側の白兎へ、その後は北東に進み浦富海岸の絶景を目指そう。

鳥取西IC
とっとりにしインターチェンジ

⬇ 県道49・21号
13km／約20分

1 白兎海岸
はくとかいがん

⬇ 国道9号、県道265号
12km／約20分

2 鳥取砂丘
とっとりさきゅう

⬇ 県道265・155号
12km／約20分

3 鴨ヶ磯展望所
かもがいそてんぼうじょ

⬇ 県道155号
3km／約5分

4 浦富海岸
うらどめかいがん

⬇ 国道9号、県道264号
20km／約30分

鳥取西IC
とっとりにしインターチェンジ

鳥取シーサイドドライブ

155

GOURMET
食べる

ほっと落ち着く故郷のよう
地元に愛される気取らぬ味

更科
さらしな

MAP 付録P.24 A-2

| 予約 | 不可 |
| 予算 | L D 1500円～ |

創業から45年余、地元で親しまれる料理店。定食や丼もの、麺類、一品料理など、昼も夜も変わらぬメニューが味わえる。なかでも塩サバメニューは特に人気で、塩鯖定食、塩鯖重など合わせて年間1万食以上を提供している。

☎0857-28-1708
所鳥取県鳥取市湖山町北5-245-2 営11:30～14:00 17:30～21:00 休火曜 交JR鳥取大学前駅から徒歩15分 Pあり

⬆ハタハタの塩焼き600円

⬆シックな装いの店内

塩鯖重 1500円
2日間塩をなじませるという自家製の塩サバと、刺身などを彩り豊かに盛り付けた味わい深い一品

魚介類がおいしい名店を選りすぐり
日本海で獲れたごちそう

地元の市場から仕入れた鮮魚を贅沢に使用して、料理人が腕をふるう。
甘く芳醇な茹でたてのカニや、磯の香りを感じる丼ものなど、至福の味わいを堪能したい。

鮮魚のプロだからできる
別格の丼は必食の一杯

| 予約 | 要 |
| 予算 | L 1400円～ |

鯛喜
たいき

MAP 付録P.25 E-1

以前は鮮魚店を20年以上営んでいたという店主の魚介専門店。その目利きと技が光る海鮮丼は、ホタテなど一部を除いて、多くの食材が地元産。器にたっぷりと盛られた鯛や〆サバなどを豪快にほおばりたい。仕込みから1食ずつ作るため50食限定。早めの予約がおすすめだ。

☎0857-26-3157
所鳥取県鳥取市福部町湯山2164-449 営10:00～14:00(LO13:30) 休木曜 交JR鳥取駅から車で15分 Pなし

⬆シンプルな店内で食に集中

⬆鳥取砂丘を目の前に望む

海鮮丼 1400円～
1日50食限定。10種類の海鮮がのったオーソドックスなもの。カニ、エビ、イクラが付く丼(2300円)も選べる

鳥取●食べる

鳥取の地ならではの
味わい深い一流フレンチ

ビストロフライパン

MAP 付録P.26A-2

フランス「カフェドパリ」での修業や、多くの有名店で総料理長の経験を経て、故郷に店をオープン。カニやイカなど、当地ならではの食材を使った味わい深いメニューが豊富。目にも鮮やかなシェフの繊細な手さばきを堪能したい。

☎0857-29-1324
🏠鳥取県鳥取市栄町204-12
🕐11：30〜14：00（予約のみ）18：00〜24：00
🚫日曜　🚃JR鳥取駅から徒歩10分
Ⓟなし

松葉ガニの
ライスオムレツ 3000円
ふっくらとした食感と、カニの旨みがたっぷりと凝縮されたソースのハーモニー

予約	望ましい
予算	Ⓛ2000円〜 Ⓓ5000円〜

🔄街の喧騒を忘れさせてくれる落ち着いた空間

🔄シェフのもてなしの心が詰まった心地よい店内

古い歴史ある港町・賀露港で
因幡料理と松葉がに三昧

味覚のお宿山田屋
みかくのおやどやまだや

MAP 付録P.24B-1

江戸時代中期から300年余続く料理旅館として親しまれてきた「味覚のお宿山田屋」。鳥取県の東部に受け継がれてきた因幡料理をはじめ、日本海で水揚げされた松葉がにを昼夜ともに（要予約）宿泊者以外でも堪能できる。お宿からは日本海が一望できる。

☎0857-28-1004
🏠鳥取県鳥取市賀露町北1-5-36
🕐11：30〜、17：30〜（4日前までに昼・夜ともに要予約）
🚫不定休
🚃JR鳥取駅から車で15分
Ⓟあり

予約	要
予算	ⓁⒹ6600円〜 5万円〜

🔄賀露港の目の前にある

タグ付松葉がにフルコース「雪みやび」
5万8300円〜
昼夜ともにコース料理を用意。松葉がにを、さまざまな料理で提供してくれる

🔄おまかせ海席因幡の宴

鳥取温泉 しいたけ会館 対翠閣

とっとりおんせん
しいたけかいかん たいすいかく

MAP 付録P.26 A-4

きのこ会席
6700円
シイタケの絶品ステーキや海の幸などが贅沢に盛られた会席料理

戦後から茸菌の開発に着手し、全国の栽培者に菌販売も行う茸類の総本山。シイタケ本来の旨みが感じられ、認識が変わるほどの驚きがあるだろう。

☎0857-24-8471
🏠鳥取県鳥取市富安1-84
🕐11:30〜14:00 17:00〜21:00(夜は会席のみ、各完全予約制)❌無休 🚃JR鳥取駅から徒歩7分 Ｐあり

予約	要(3日前まで)
予算	Ⓛ2500円〜(5名以上〜) Ⓓ5800円〜(2名以上〜)

→天然温泉入浴付き

鳥取に来たら一度は食べたいご当地メニュー
地元自慢のグルメを味わう

長年愛される老舗の洋食店や、見た目も驚くご当地食材を使用したピンク色のカレー。
懐かしさの残る店構えと、飾らない雰囲気の店主が作る、とっておきのレシピ。

大榎庵

おおえのきあん

MAP 付録P.26 C-1

←和洋折衷で独特の店内

城下町鳥取の象徴、洋館・仁風閣をテーマとし、華麗な貴婦人をイメージした食事や商品を提供。予約では貴婦人のドレスを着ての食事も可。

☎0857-30-4891
🏠鳥取県鳥取市大榎町3-3
🕐11:00(ランチは11:30〜)〜14:30 17:00〜20:00
(LO19:30)❌不定休
🚃JR鳥取駅から車で10分 Ｐあり

予約	可(夜は要予約)
予算	Ⓛ1500円〜 Ⓓ3000円〜

ピンク華麗セット
1650円
ピンク色の素は鳥取県産のビーツ。店のイメージの貴婦人は4姉妹で、絵本もある

喫茶 ベニ屋

きっさ ベニや

MAP 付録P.26 A-2

予約	不可
予算	ⓁⒹ900円〜

昭和23年(1948)創業の味わいある喫茶店。カレーやチキンライス、ミックスジュースなど昔ながらの味や、冬も人気のかき氷「インドミルク」600円も並ぶ。

☎0857-22-2874
🏠鳥取県鳥取市末広温泉町129
🕐8:00〜18:00(LO17:30)
❌水曜
🚃JR鳥取駅から徒歩5分
Ｐなし

↑平日も朝から常連客で賑わいをみせる

チキンカツカレー
900円
10日間寝かせたカレーに、サクッとした食感のササミのカツは相性抜群

買う 海鮮や銘菓を
お持ち帰り

美味みやげ

鳥取に来たなら、まずはカニを
はじめとする魚介を持って帰りたい。
特産品にも注目だ。

食べられる&買える
11店舗が一堂に揃う

鳥取港海鮮市場 かろいち

とっとりこうかいせんいちば かろいち

MAP 付録P.24 A-1

鳥取港のすぐそばにある鮮魚市
場。日本海の獲れたて海の幸が
豊富に並ぶ。もちろん食事処も
充実しており、食べて買って漁
港の雰囲気を堪能したい。

☎0857-38-8866
所鳥取県鳥取市賀露町西3-27-1
営9:00〜16:00(店舗により異なる)
休不定休 交JR鳥取大学前駅から車
で10分 Pあり

↑季節の新鮮な鮮魚や干物がずらりと並ぶ。
店員さんに調理方法を尋ねてみるとよい

↑松葉ガニ(茹で)
鳥取産6000円〜
(網浜水産)

↑かにちくわ(生)、
鳥取和牛とうふち
くわなど270円〜
(ちむら)

↑干しエテカレ
イ(1束)小600円
〜、大1000円〜
(若林商店)

↑市場ならではのかけ声など、賑わいも楽しい

地元自慢のグルメ／美味みやげ

鳥取県全域から集まる
農産物や特産品

地場産プラザ わったいな

じばさんプラザ わったいな

MAP 付録P.24 A-1

大勢の観光客で賑わう農産物直売所で、旬
の新鮮な農産物が揃う。人気の梨は8〜12月
頃、6〜7月には鳥取スイカが旬を迎え、売場
に所狭しと並ぶ。

☎0857-50-1771
所鳥取県鳥取市賀露町3-323
営9:00〜17:00
休臨時休業あり 交JR湖山駅か
ら車で10分 Pあり

↑特産品の梨150
円〜は芳醇な香り
が特徴。8〜12月
末が旬の目安

↑ねばりっこ(1
箱)3600円〜。
鳥取県独自品種
の長芋で強い粘
りが特徴

伝統の味を守る心と
冒険心を兼ね備える

宝月堂

ほうげつどう

MAP 付録P.26 A-1

明治35年(1902)創業、現店主
で5代目となる。伝統的な菓子
を大切にしながらも、珈琲蕨
餅(夏限定)などの新作も次々
と生み出している。

☎0857-22-3745
所鳥取県鳥取市二階町3-121
営9:00〜18:30 休日曜、祝日
交JR鳥取駅から徒歩6分 Pあり

↑生姜せんべい(27枚入
り)。鳥取市で昔から親
しまれる菓子。1620円

↑砂の丘 和三盆(1
箱)702円。ほろほろ
とした口どけが良い

↑染分角鉢(中)4400円。
小、大サイズもある

←掛分ポット(小)1万3200円、掛分コーヒー碗皿5500円。軽くて使いやすい

↑終戦の年で物のない当時、近所の協力も得て築かれた窯元

鮮やかな染め分けが人気
因州 中井窯
いんしゅう なかいがま
MAP 付録P.5 E-2

↓染分三色皿(7寸)9900円。
5寸～1尺まである

←緑、黒、白など
釉薬の組み合わせ
が特徴

終戦の年である昭和20年(1945)に窯を築き、鳥取民藝運動の父・吉田璋也氏の指導により新作民芸に取り組んできた。現在は3代目の坂本章氏が、洗練されたなかに親しみを感じる、暮らしに役立つ器作りに励む。

☎0858-85-0239 ㊟鳥取県鳥取市河原町中井243-5
⌚9:00～17:00 ㊡不定休
🚗鳥取自動車道・河原ICから車で5分 ㋕なし

継承される手仕事に鳥取の美意識を見る
美しいデザインがある毎日

民藝運動の流れを受け継ぎながら、今もていねいな手仕事の逸品が作り続けられている。
陶芸、木工、和紙など、「用の美」を追求したアイテムにふれてみたい。

食卓に花を添える食器
クラフト館 岩井窯
クラフトかん いわいがま
MAP 付録P.5 F-1

日常の食卓が暮らしに大切という考えのもと、家族で使う日用品を中心に作り続ける窯。小さな子どもにも物を大切にする心を学んでほしいという思いから、子どもの名入れ茶碗のオーダーにも積極的だ。

☎0857-73-0339 ㊟鳥取県岩美町宇治134-1 ⌚10:00～16:00
㊡月・火曜(祝日の場合は営業)
🚃JR岩美駅から車で10分 ㋕あり

↑暮らしにしっかりとフィットした品々が並ぶ

←ミルク沸かしピッチャー1万2000円
(税別)。直火で使用できる

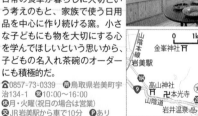

↑両手付平土鍋(大)
4万円(税別)

↑象嵌角鉢5万円(税別)
匠の技が光る

鳥取●買う

吉田璋也氏のデザインが並ぶ

鳥取たくみ工芸店
とっとりたくみこうげいてん

MAP 付録P.26 A-2

鳥取民藝美術館を訪れ、吉田璋也氏のデザインにふれたあとに立ち寄りたい店。吉田璋也氏プロデュースした陶器が買えるほか、大分、沖縄など各地の民芸品も扱っている。

☎0857-26-2367
🏠鳥取県鳥取市栄町651
🕙10:00～18:00　🈲水曜(祝日の場合は翌日休)　🚉JR鳥取駅から徒歩5分　🅿なし

⬆延興寺窯で制作される白釉面取ポット9350円

⬆国造焼白飛鉋コーヒーカップ＆ソーサー3850円

⬆所狭しとディスプレイされた民芸品は眺めるだけでも心躍る

⬆山根窯の白流しポット9900円。

立ち寄りスポット

表情豊かな民芸の器で割烹を味わう

たくみ割烹店
たくみかっぽうてん

昭和37年(1962)に吉田璋也氏プロデュースで開店した割烹。美術館で作品を見て、工芸店で手に取り、割烹で使って食べる「生活的美術館」のくつろぎの空間だ。

MAP 付録P.26 A-2

☎0857-26-6355　🏠鳥取県鳥取市栄町652　🕙11:30～14:00(LO13:30) 17:00～21:00(LO20:00)　🈲水曜(変更の場合あり)　🚉JR鳥取駅から徒歩5分　🅿なし

⬆たくみ定食(福)1500円。地元産の郷土料理が堪能できる

⬆落ち着きある席で食事がいただける

併せて訪れたい

⬆1階は吉田璋也氏が考案した多数の民芸品が展示されている

民藝の歴史と美を知る

鳥取民藝美術館
とっとりみんげいびじゅつかん

MAP 付録P.26 A-2

鳥取民藝運動の父とも呼ばれる吉田璋也氏が創設した美術館。才能は多岐にわたり、70歳までは医者を続けながら、民芸、建築などのプロデュースを行っていた。秀でた才能と、民芸作品が並ぶ、素朴ながらも温かい雰囲気を感じ取りたい。

☎0857-26-2367　🏠鳥取県鳥取市栄町651
🕙10:00～17:00　🈲水曜(祝日の場合は翌日休)　🈸500円　🚉JR鳥取駅から徒歩5分　🅿なし

⬆左から美術館、工芸店、割烹店と並ぶ

⬆吉田医院診療椅子。吉田氏は医療器具など独自に考案していた

⬆緑釉黒釉染分皿。吉田氏がデザインし、窯元に依頼したもの

⬆伸縮式中折傘木製電気スタンド。手元に当たる光量を上下で調整

⬆慶事に使われた絵漆宝尽くし重箱

手にフィットする書き心地

万年筆博士
まんねんひつはかせ

MAP 付録P.26 A-2

一人一人のカルテを作成し、カスタムメイドする万年筆専門店。書き癖、速度などあらゆる面から考えたベストを作り出してくれる。

🕙非公開　🏠鳥取県鳥取市栄町605
🕙9:30～18:00
🈲水曜(祝日の場合は営業)
🚉JR鳥取駅から徒歩5分　🅿なし

⬆軸の長さ、重さなどでも書き味が変わる。100年以上は使い続けられる逸品に仕上がる

⬆黒水牛27万円～(税別)。東南アジア諸国の水牛の角から採り、つやのある仕上りが特徴

⬆メキシコ産のココボロウッド18万円～(税別)。文様に特徴があり、長く愛用すると色合いが濃く変化していく

江戸・明治の風が吹く白壁土蔵の街

倉吉
くらよし

穏やかな時間が流れるレトロな街。
玉川沿いに連なる白壁土蔵と鮮やかな
赤い瓦が、城下町の風情を漂わせる。

⬅昔ながらの雰囲気を大切にしたカフェやショップに立ち寄りたい

⬅玉川沿いの白壁土蔵群は江戸・明治に建てられたものが多い

街歩きのポイント

伝統的な商家と土蔵の街並みが、国の重要伝統的建造物群保存地区に指定されている。のどかな玉川沿いをゆっくり散歩しよう。

倉吉

江戸・明治期の面影を残す風情ある街並み ゆっくり流れる時間が旅人の心を癒やす

　鳥取県の中央に位置し、温泉地に囲まれた緑豊かな倉吉市。その歴史は古く、城下町、陣屋町として発展した。当時の面影は、今でも玉川沿いの白壁土蔵群や商家の建物に見ることができる。玉川に架けられた石橋や、赤い瓦に白い漆喰壁の落ち着いた街並みを歩けば、風情ある時間を過ごせ、旅人の心も癒やされる。

赤瓦・白壁土蔵
赤瓦十八号館
倉吉市役所第2庁舎
P.162 赤瓦一号館 ★　赤瓦十一号館 P.162
P.162 赤瓦五号館 ★　　赤瓦二号館 P.162
赤瓦三号館
P.163 赤瓦六号館 ★　赤瓦十二号館 P.163
桑田醤油醸造場 Ⓐ　　　　　P.162　大岳院
赤瓦十五号館
Ⓒ　　★赤瓦十三号館 P.162
赤瓦十六号館 ●　オークランド
赤瓦八号館　　　　　　　P.163
●赤瓦十号館
★倉吉白壁土蔵群観光案内所 P.149
裁判所　成徳小
Ⓑ　★赤瓦七号館
元帥酒造本店 P.163
◎倉吉市役所
検察庁
倉吉博物館・
倉吉歴史民俗資料館 P.163
打吹公園 P.21
★

赤瓦二号館
あかがわらにごうかん

MAP 付録 P.27 E-1

建築年 不明
現在 ワイン蔵(ショップ)

西日本を中心とした日本ワインの専門店。ワンコインで試飲も楽しめる。

赤瓦一号館
あかがわらいちごうかん

MAP 付録 P.27 E-1

建築年 大正2年(1913)
現在 特産品ショップ

醤油仕込蔵を改装した一号館。地元の特産品や工芸品など幅広い品揃え。

赤瓦五号館
あかがわらごうかん

MAP 付録 P.27 D-1

建築年 大正末期〜昭和初期
現在 久楽(カフェ)

石臼で挽く特製コーヒーに小豆館を混ぜていただく「石臼珈琲」が人気。

赤瓦十一号館
あかがわらじゅういちごうかん

MAP 付録 P.27 E-1

建築年 大正10年(1921)
現在 陶芸体験、陶芸館

町家を改装した施設。予約なしで、誰でも気軽に陶芸を体験することができる。

赤瓦十二号館
あかがわらじゅうにごうかん

MAP 付録 P.27 E-1

建築年 明治34年(1901)頃
現在 久和(雑貨、食品)

手作りの小物や絵はがき、地元の名産品や手作りのリフォーム服も取り扱う。

赤瓦十三号館
あかがわらじゅうさんごうかん

MAP 付録 P.27 E-1

建築年 明治41年(1908)
現在 白壁倶楽部(レストラン)

地元の食材を使用した洋食が味わえるレストラン。建物は国の登録有形文化財。

醤油を使ったスイーツが人気

A 赤瓦六号館 桑田醤油醸造場

あかがわらろくごうかん くわたしょうゆじょうぞうじょう

MAP 付録P.27 D-1

白壁土蔵群で醤油を造り続けて140年余り、今も昔ながらの製法を守る。各種醤油製品のほか、醤油を使った加工品も多く、観光客に好評だ。

↑住時の面影をとどめる京風の商家造り

☎0858-22-2043
🏠鳥取県倉吉市東仲町2591
🕐9:00～17:30
🈺不定休
🚌日本交通／日ノ丸自動車バス・赤瓦・白壁土蔵下車、徒歩3分
🅿なし

↑醤油スイーツは店内でも食べられる

↑アイスやゼリー、マカロンなど醤油の香りと甘辛さが楽しめる

幕末、嘉永年間創業の山陰の老舗

B 赤瓦七号館 元帥酒造本店

あかがわらななごうかん げんすいしゅぞうほんてん

MAP 付録P.27 E-1

嘉永年間（1848～54）から酒造りを続ける酒蔵。米の旨みを大切に爽やかな含み香を持つ酒を生み出している。すっきりした飲み心地が人気。

↑格子戸の残る街並みの一角をなす

☎0858-22-5020
🏠鳥取県倉吉市東仲町2573
🕐9:00～17:30
🈺無休
🚌日本交通／日ノ丸自動車バス・市役所打吹公園入口下車、徒歩3分
🅿なし

↑大吟醸から季節のお酒まで揃う

↑純米大吟醸くらよし白壁土蔵 2880円

↑やや辛口で香り豊かな大吟醸元帥 斗瓶囲い5500円

アンティークが囲む上質な空間

C オークランド

MAP 付録P.27 E-1

オーナーが直接買付した英国アンティークやイタリアのインテリア小物などを展示・販売。130年前の建物と同年代の英国アンティークが、和と洋の調和のとれた美しさを醸し出している。

☎0858-22-3221
🏠鳥取県倉吉市魚町2522
🕐11:00～16:00
🈺水曜、不定休
🚌日本交通／日ノ丸自動車バス・赤瓦・白壁土蔵下車、徒歩3分
🅿あり

↑家具や小物など多彩な商品が揃う店内（左）。明治22年（1889）に建築された由緒ある建物。梁や柱が歴史を物語る（右）

↑インテリア小物やアクセサリーも並ぶ

打吹山の麓で倉吉の歴史を知る

倉吉博物館・倉吉歴史民俗資料館

うつぶきやま

くらよしはくぶつかん・くらよしれきしみんぞくしりょうかん

MAP 付録P.27 E-2

打吹山の麓にある倉吉博物館は、郷土ゆかりの画家の作品や重要文化財などを展示。隣接する歴史民俗資料館では、明治・大正時代の民俗資料などが見られる。

☎0858-22-4409
🏠鳥取県倉吉市仲ノ町3445-8
🕐9:00～17:00（入館は～16:30）
🉐220円、高校・大学生110円、中学生以下無料
🚌日本交通／日ノ丸自動車バス・市役所打吹公園入口下車、徒歩3分
🅿あり

↑森の中に建つ博物館は、玉川と白壁土蔵群をモチーフにした造り

『南総里見八犬伝』ゆかりの寺

大岳院

なんそうさとみはっけんでん

だいがくいん

MAP 付録P.27 F-1

慶長10年（1605）に開創された曹洞宗の名刹。安房国館山城最後の城主のち倉吉藩に転封となった里見忠義公と8人の家臣が葬られている。

けいちょう

あわのくにたてやま

☎0858-22-4541
🏠鳥取県倉吉市東町422
🕐8:00～17:00
🉐無料
🚌日本交通／日ノ丸自動車バス・市役所打吹公園入口下車、徒歩3分
🅿あり

↑入口に立つ打吹観音

↑現在の本堂は1995年に改築されたもの

↑鐘楼門横に里見忠義と八賢士の墓がある

名湯が揃っています
山陰の温泉地で癒やされる

温泉郷エリアガイド

島根県、鳥取県には歴史ある温泉街が点在している。
優れた泉質や湯宿のもてなしは、上質な時間を演出する。

◎皆生温泉から望む美しい夕日

壮麗な景観と名物料理を堪能
松江しんじ湖温泉 ➡P.165
まつえしんじこおんせん

宍道湖の湖畔にあり、77℃の高温天然温泉が湧く。湖に面したそれぞれの宿では、宍道湖の情景と宍道湖七珍料理が楽しめる。

アクセス JR松江駅から、ぐるっと松江レイクラインバスで25分、松江しんじ湖温泉駅下車

体を温めてくれる「塩の湯」
皆生温泉 ➡P.167
かいけおんせん

美保湾海底から湧く、含土類食塩泉の温泉。湧出量は鳥取県下一で、塩分が高いことから保温効果も期待できるという。

アクセス 米子鬼太郎空港から車で20分。JR米子駅から日本交通バスなどで20分、皆生温泉観光センター下車

日本を代表するラジウム温泉
三朝温泉 ➡P.168
みささおんせん

ラドンとミネラルを含む放射能泉で、新陳代謝が活性化される「ホルミシス効果」が自慢。公衆浴場や足湯もあり、温泉街散策も楽しい。

アクセス JR倉吉駅から日ノ丸自動車バスで20分、温泉入口下車。米子自動車道・湯原ICから車で約45分

肌がツルツルになると評判
玉造温泉 ➡P.114
たまつくりおんせん

奈良時代に発見されたと伝わり、美肌の湯として知られる。

古くから有名な湯治場
湯泉津温泉 ➡P.128
ゆのつおんせん

約1300年続くといわれる伝統の湯。2カ所の外湯がある。

日本三大美人の湯のひとつ
湯の川温泉 ➡P.166
ゆのかわおんせん

大国主神話に登場にする八上比売にまつわる伝説が残る、閑静な温泉街。出雲市の山あいにあり、出雲大社へのアクセスも便利。

アクセス JR松江駅から山陰本線普通またはアクアライナーで26分、荘原駅下車、徒歩15分

問い合わせ先
松江しんじ湖温泉組合
☎0852-21-7889
松江観光協会 玉造温泉支部
☎0852-62-3300
玉造温泉旅館協同組合
☎0852-62-0634
大田市観光協会
温泉津観光案内所 ☎0855-65-2065
皆生温泉旅館組合 ☎0859-34-2888
三朝温泉観光協会 ☎0858-43-0431

松江しんじ湖温泉

まつえしんじこおんせん

MAP 付録P.18 上図

宍道湖の北側に位置し、眺望自慢の宿が立ち並ぶ。天然温泉に癒やされ湖の恵みを生かした料理も味わえる。

皆美館

みなみかん

MAP 付録P.14 C-4

**静かに時が流れる老舗宿
松を配した枯山水も見事**

明治21年(1888)創業。ラウンジに展示された書や絵画が、多くの文人墨客、芸術家の逗留を今に伝える。客室は湖や庭を望む個性あふれる16室。季節の山海の幸の料理や宍道湖を一望する展望風呂、スタッフのもてなしが心身の疲れを癒やしてくれる。

☎0852-21-5131
所島根県松江市末次本町14
交一畑電車・松江しんじ湖温泉駅から徒歩15分
Pあり in14:00(2階客室15:00)
out11:00 客16室
予約1泊2食付2万7980円〜

1.別邸「美文・水の彩」の展望温泉風呂　2.山陰の食材を使った家伝料理の数々。朝食も充実している　3.メゾネットタイプの客室「水の彩」リビング　4.老舗宿の雰囲気を映すエントランス。枯山水の湖畔庭園も

なにわ一水

なにわいっすい

MAP 付録P.18 B-2

**モダンな客室でゆったり
四季の湖を全室から一望**

水の都・松江の宍道湖のほとりにたたずむ宿。全室露天・展望風呂付の特別フロアや、デザインフロアなどがあり、くつろぎを大切にした客室から刻々と表情を変える湖を一望。ゆるやかな時が過ごせる。

1.温泉を給湯した信楽焼浴槽の露天風呂　2.季節の食材を使った会席料理の一例　3.デザインフロア「MINAMO」の露天風呂付和洋室。開放感あふれる癒やしの空間

☎0852-21-4132
所島根県松江市千鳥町63
交一畑電車・松江しんじ湖温泉駅から徒歩7分 Pあり
in16:00(露天・展望風呂付客室15:00)
out10:00(露天・展望風呂付客室11:00)
客23室 予約1泊2食付2万440円〜
(入湯税別途150円)

※2024年1月9〜18日までリニューアル工事のため休館

夕景湖畔
すいてんかく

ゆうけいこはん すいてんかく

MAP 付録P.18 B-2

**湖畔からの眺望と
季節の料理が自慢の宿**

目の前に広がる宍道湖をはじめ、山陰の山の幸、境港で水揚げされる松葉ガニなど旬の食材が堪能できる料理が自慢。温泉露天風呂付の客室からは湖を望む。

☎0852-21-4910
所島根県松江市千鳥町39
交一畑電車・松江しんじ湖温泉駅から徒歩5分 Pあり
in16:00 out10:00 客50室
予約1泊2食付2万5000円〜

1.宍道湖を一望する温泉露天風呂付客室フロア「畔」は畳とツインベッドのくつろぎの空間
2.檜の香り漂う温泉大浴場

温泉郷 松江しんじ湖温泉

165

静かな山あいの古湯に浸かる

湯の川温泉

ゆのかわおんせん　　MAP 付録P.11 下図

「日本三美人の湯」とも呼ばれる歴史ある源泉と、山に囲まれた静けさの残る温泉街。湯宿の貸切風呂や心尽くしの料理など、贅沢な空間でくつろげる。

島根・鳥取 ● 泊まる

湯宿 草菴
ゆやど そうあん
MAP 付録P.11 E-4

和洋の伝統美が融合した
全16室の特別な宿

豊かな自然のなかにたたずむ日本の古民家と、ヨーロッパのアンティーク家具が調和した空間。素材の味わいを引き出した料理や、源泉かけ流しの温泉で疲れが癒やされる。

☎0853-72-0226
🏠島根県出雲市斐川町学頭1491　🚗山陰自動車道・宍道ICから車で10分　🅿あり　in15:00
out10:00　🛏全16室　📋1泊夕食付2万7800円〜

1.和洋の文化を融合し、新たな価値を創出する洗練された客室「明治」　2.料理は季節の新鮮な山海の幸を厳選した和食がベース　3.出雲でしか採掘できない来待石を使った貸切風呂　4.四季折々に豊かな表情を見せる庭園

日本三美人の湯
湯元 湯の川
にほんさんびじんのゆ ゆもと ゆのかわ
MAP 付録P.11 E-4

湯上がり美人をつくる
温泉と厳選素材の料理

明治10年(1877)創業の老舗旅館。源泉かけ流しの美肌の湯とともに大切にしているのが、心尽くしのもてなし。当時の女将から受け継ぐ手作りの玉子焼は、山陰の季節の料理とともに供されて、気持ちを和ませてくれる。

☎0853-72-0333
🏠島根県出雲市斐川町学頭1329-1　🚗山陰自動車道・宍道ICから車で10分　🅿あり　in16:00　out10:00
🛏11室　📋1泊2食付1万6500円〜

1.ゆったりくつろげる貸切風呂。浴槽は石とタイル、檜の3種類ある　2.和室がメインとなる客室。女性には色浴衣の貸し出しも行っている　3.地元産の野菜やしまね和牛、ノドグロを使った料理の数々

白砂青松の海辺に並ぶ湯宿

皆生温泉

かいけおんせん　MAP 付録P.22 下図

地元の漁師が、海中から湧く温泉を発見したことで栄えた温泉街。
オーシャンビューの客室や、開放感あふれる露天風呂も多く、
打ち寄せる日本海の白波を眺めながら、旅の疲れを癒やしたい。

皆生温泉 東光園
かいけおんせん とうこうえん
MAP 付録P.22 B-3

**アルカリ自家温泉に入れる
健康と効能に期待の温泉宿**

当地唯一の弱アルカリ泉が湧出しているのが魅力。岩盤浴や整体ベッドなど健康にこだわった設備も多数用意している。境港で水揚げされた日本海の幸を中心とした旬の味覚が満喫できる。

☎0859-34-1111
所鳥取県米子市皆生温泉3-17-7
交米子自動車道・米子ICから車で10分
Pあり　in15:00〜19:00
out10:00　室70室
予算1泊2食付1万5000円〜

1.冬には松葉ガニが登場する会席料理　2.海側のスタンダードな和室のほか特別室や離れもある　3.出雲大社をモチーフにした斬新なデザインの本館「天台」　4.約43度に設定された岩盤浴は冷え性の改善にも

皆生 菊乃家
かいけ きくのや
MAP 付録P.22 A-3

**潮風香る海辺の宿
源泉かけ流しの温泉も**

美保湾沿いに建ち、日本海の大パノラマが広がる眺望自慢の宿。社長こだわりの生け簀のアワビなど、新鮮な魚介料理を提供する。毎週土・日曜の夜は社長のフォークソングライブも開催。

1.10畳の海側客室はバス・トイレ付きで日本海が一望できる　2.生け簀から取り出す新鮮なアワビを使った活アワビの踊り焼会席　3.日本海を望む源泉かけ流しの大浴場

☎0859-22-6560
所鳥取県米子市皆生温泉4-29-10
交米子自動車道・米子ICから車で10分　Pあり
in15:00　out10:00
室29室　予算1泊2食付2万1450円〜

いこい亭 菊萬
いこいてい きくまん
MAP 付録P.22 A-3

**癒しの宿で
安らぎのひとときを**

境港で水揚げした旬の魚介のほか、大山黒毛和牛、豚、鳥などの地元の食材を提供する。館内にはジャズが流れ、3代目豊国の浮世絵なども展示。全室マッサージチェアが付くなど、癒やしの空間が広がる。

1.落ち着いた雰囲気で迎えてくれるエントランス。ロビーには絵画や書を展示している　2.霊峰・大山や日本海を望む庭園付特別室　3.男女ともに露天風呂と大浴場があり、心地よいジャズが流れる

☎0859-38-3300
所鳥取県米子市皆生温泉4-27-1
交米子自動車道・米子ICから車で15分
Pあり　in15:00　out10:00
室41室　予算1泊2食付1万7600円〜(入湯税別途150円)

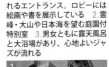

懐かしの情緒が漂う湯の街

三朝温泉

みささおんせん　**MAP** 付録P.27 下図

世界に誇るラジウム泉の良質な湯で、自然治癒力を高める湯治場として親しまれる。広々とした露天風呂で心身ともに安らぐ。和のしつらえを残す客室や、趣ある建築も見どころ。

島根・鳥取 ● 泊まる

三朝館

みささかん
MAP 付録P.27 E-3

千坪の庭園風呂で楽しむ自家源泉かけ流しの湯

多くの文人も訪れた湯治場にある宿は、三朝温泉随一の湯量を持ち、世界有数のラドン泉が12種の湯処から潤沢にあふれる。館内には日本庭園があり、四季の景色が楽しめる。鳥取の旬の味覚を味わえる会席料理など、心尽くしのもてなしを随所に感じ取れる。

☎0858-43-0311
所鳥取県三朝町山田174
交JR倉吉駅から車で20分　Pあり
in15:00 out10:00 室81室
予算1泊2食付2万3100円～

1.鳥取和牛やサザエ、アワビなどが楽しめる贅沢味覚会席　2.本館和室の一例。三徳川に面した部屋や日本庭園を眺めることのできる部屋もある　3.毎日15～22時には露天風呂「こもれびの湯」に約200輪のバラを浮かべたばら風呂

斉木別館

さいきべっかん
MAP 付録P.27 E-3

日本庭園を望む客室と露天風呂で癒やされる

和の情緒あふれる客室は3つの建物で特色が異なり、好みのタイプが選べる。露天風呂付客室もある。温泉で疲れを癒したあとは、山陰の旬の食材を使ったバイキングを堪能したい。

☎0570-200-445
所鳥取県三朝町山田70
交JR倉吉駅から車で20分　Pあり
in15:00 out12:00 室77室
予算1泊2食付1万4000円～

1.客室「さつき苑」は懐かしい民芸調の落ち着いた空間　2.日本庭園を望む岩造りの露天風呂。季節や時間によって変わる景色も贅沢

旅館 大橋

りょかん おおはし
MAP 付録P.27 E-3

古き良き昭和の雰囲気と匠の技が光る創作料理

昭和7年(1932)築の純和風旅館は国の登録有形文化財に指定され、館内は古き良き昭和初期にタイムスリップしたかのよう。自家源泉が5つあり、うち3つは自噴泉という贅沢さ。素材の良さを生かした創作料理も自慢。

1.源泉露天風呂付の「ひさごの間」　2.全国の銘木を集め建てられた伝統と格式あるたたずまい　3.「ひさごの間」はくつろげる2間続きの広々とした空間

☎0858-43-0211
所鳥取県三朝町三朝302-1
Pあり in15:00 out10:00
室20室 予算1泊2食付2万6600円～
（別途入湯税150円）

快適な滞在 素敵な時間 | 島根・鳥取のホテル

観光の拠点に便利な駅周辺の宿泊や、華やかな料理が並ぶオーベルジュなど、ニーズに合わせてホテルを選びたい。

島根県・出雲
ツインリーブスホテル出雲
ツインリーブスホテルいずも

朝食バイキングが人気

JR出雲市駅前という抜群の立地。朝食では宍道湖で採れた大和シジミをふんだんに使用。

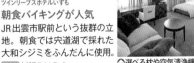
↑選べる枕や空気清浄機を用意

MAP 付録P.11 D-2

☎0853-30-8000 🏠島根県出雲市駅北町4-1
🚃JR出雲市駅からすぐ Ｐあり in15:00 out10:00 🛏150室
予約1泊朝食付8900円〜

島根県・出雲
グリーンリッチホテル 出雲
グリーンリッチホテルいずも

寝具はオリジナルブランド

快適性とリッチ感が融合したホテル。スタイリッシュな客室と温泉大浴場がうれしい。

↑広々としたツインルーム

MAP 付録P.11 E-2

☎0853-25-3300 🏠島根県出雲市今市町1489-2
🚃JR出雲市駅から徒歩5分 Ｐあり
in15:00 out11:00 🛏153室 予約1泊素泊まり7200円〜

島根県・松江
松江エクセルホテル東急
まつえエクセルホテルとうきゅう

客室は全室が禁煙

女性専用フロアなど充実の設備とレストランのバラエティに富んだ食事メニューが人気。

↑爽やかなコーディネイト

MAP 付録P.17 E-1

☎0852-27-0109 🏠島根県松江市朝日町590
🚃JR松江駅から徒歩4分 Ｐあり in15:00 out10:00 🛏163室
予約1泊朝食付1万2000円〜

島根県・松江
ドーミーインEXPRESS 松江
ドーミーインエクスプレス まつえ

松江駅から至近のホテル

テレビ付きのユニットバスを全室に完備。ご当地料理の朝食セミバイキングも好評。

↑シモンズ社製ベッドで快眠

MAP 付録P.17 D-2

☎0852-59-5489 🏠島根県松江市朝日町498-1
🚃JR松江駅から徒歩3分 Ｐあり
in15:00 out11:00 🛏137室 予約1泊朝食付7800円〜

鳥取県・鳥取
ホテルニューオータニ 鳥取
ホテルニューオータニ とっとり

プランに合った客室をセレクト

鳥取の山海の幸を使ったオリジナリティあふれる料理と高品質のサービスが自慢。

↑落ち着きあるラージツイン

MAP 付録P.25 D-4

☎0857-23-1111 🏠鳥取県鳥取市今町2-153
🚃JR鳥取駅から徒歩3分 Ｐあり
in15:00 out11:00 🛏134室 予約1泊素泊まり1万1000円〜

鳥取県・鳥取
ホテルモナーク 鳥取
ホテルモナーク とっとり

料理と温泉大浴場が自慢

駅に近く、鳥取砂丘など観光に便利な立地。自家源泉の温泉と地産地消の料理が特徴。

↑大浴場のおしどりの湯

MAP 付録P.26 A-3

☎0857-20-0101 🏠鳥取県鳥取市永楽温泉町403
🚃JR鳥取駅から徒歩7分 Ｐあり in15:00 out10:00 🛏108室
予約ルームチャージ(シングル)7000円〜(入湯税別途150円)

鳥取県・大山
オーベルジュ天空
オーベルジュてんくう

美しい景観を眺める休日

大山の大自然に囲まれた環境。アンティークの輸入家具を備えた客室は全8室の贅沢さ。

↑松葉ガニなど美食のもてなし（写真はイメージ）

MAP 付録P.4 A-2

☎0859-48-6002 🏠鳥取県伯耆町金屋谷2-1
🚃米子自動車道・米子ICから車で20分 Ｐあり in15:00 out11:00
🛏8室 予約1泊2食付(2名1室の場合)2万8600円〜

ホテル予約サイトの利用法

予約サイトは多数あるが、まずは掲載施設が多い大手の「じゃらんnet」「楽天トラベル」などで目星を付け、その後ほかのサイトでより魅力的なプランがないか探すのが早道。直接予約限定のプランを提供していることがあるので、ホテルの公式HPもぜひ確認を。高価格帯に絞った「一休.com」や女性向けのプランが多い「オズモール」のような特化型サイトもある。少しでも安い料金を求めるなら、「フォートラベル」「トラベルコ」のような比較サイトで複数サイトを一括検索できる。

温泉郷 三朝温泉／島根・鳥取のホテル

169

発着エリアに応じて最適な交通手段を選んで向かう

山陰地方主要都市へのアクセス

全国の主要都市から、島根県、鳥取県へ飛行機が発着する。近・中距離のアクセスなら鉄道を活用して。
空港からの連絡バスや街を走るバス路線が複数あるので、目的地に合わせて事前に調べておきたい。

鉄道でのアクセス

山陰へのアクセス起点は岡山駅と広島駅

主要都市からは本数が多い新幹線を利用。山陰へは、岡山駅・広島駅まで新幹線で移動し、そこから各地に向かう特急列車またはバスに乗り換えるのが一般的だ。

出雲へ

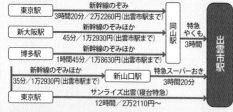

米子へ ※米子から境港、隠岐へのアクセスは➡P.131を参照

松江へ

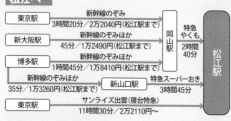

鳥取へ

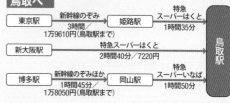

大田市（石見銀山）へ

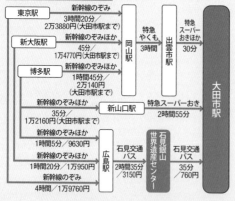

お得な割引プラン・きっぷに注目

●レール＆レンタカーきっぷ（JR）
目的のエリアの起点となる駅までの移動はJRを、到着後は駅レンタカーを利用することで、JRの乗車券や特急券が割引になり、レンタカーもお得に利用できる。
JR駅レンタカー www.ekiren.co.jp/

●松江・出雲ぐるりんパス
松江・出雲自由周遊区間までの往復新幹線・特急の普通車指定席をWEB早特で予約すると、エリア内ではJR・路線バスが乗り放題。さらに、対象の観光施設の入場券がセットになっている松江・出雲ぐるりんパスを購入できる。大人4500円、こども2200円。JR西日本ネット予約（e5489）で販売。

●問い合わせ先
JR西日本お客様センター ☎0570-00-2486
JR東海テレフォンセンター ☎050-3772-3910
石見交通（大田営業所） ☎0854-82-0662

アクセスと交通

飛行機でのアクセス

主要都市からは飛行機が便利で早い

東京、大阪、福岡など主要都市からは直行便が出ているので飛行機も利用できる。便数は少ないが、仙台、静岡からの路線もある。空港からは、空港連絡バスを利用して目的地へ。

出発地	到着地	運航会社	便数	所要時間	料金
羽田	出雲	JAL	5便／日	1時間30分	3万3550円～
	米子	ANA	6便／日	1時間25分	3万1700円～
	鳥取	ANA	5便／日	1時間20分	3万300円～
伊丹	出雲	JAL	4便／日	50分	2万2330円
福岡	出雲	JAL	2便／日	1時間5分	2万9370円～
小牧	出雲	FDA	2便／日	1時間5分	3万4300円～
仙台	出雲	FDA	1便／日	1時間35分	3万6500円～
静岡	出雲	FDA	1便／日	1時間25分	3万2300円～

※ ANA…全日空、JAL…日本航空、FDA…フジドリームエアラインズ

空港からの主なアクセス

出雲縁結び空港
- 出雲一畑交通／空港連絡バス　約30分／720円 → 出雲市駅
- 松江一畑交通／空港連絡バス　約35分／1050円 → 松江駅

米子鬼太郎空港
- 日ノ丸自動車／空港連絡バス　約25分／600円 → 米子駅
- はまるーぷバス　約30分／100円 → 境港駅

鳥取砂丘コナン空港
- 日ノ丸自動車／空港連絡バス　約20分／470円 → 鳥取駅
- 日ノ丸ハイヤー／空港連絡バス　約50分／1220円 → 倉吉駅

● 問い合わせ先
ANA（全日空）☎0570-029-222
JAL（日本航空）／ JAC（日本エアコミューター）☎0570-025-071
FDA（フジドリームエアラインズ）☎0570-55-0489
出雲一畑交通☎0853-21-1144
松江一畑交通☎0852-22-3681
日ノ丸自動車（米子）☎0859-32-2121
はまるーぷバス（境港市内循環バス）運行事務所☎0859-44-1140
日ノ丸自動車（鳥取）☎0857-22-5155
日ノ丸自動車（倉吉）☎0858-26-4111
日ノ丸ハイヤー倉吉営業所☎0858-22-3155

車でのアクセス

各方面から続く自動車道を経由する

山陰には、都市の名前を冠した主要な自動車道がある。関西方面から鳥取市内には、東西に走る中国自動車道を経由し、鳥取自動車道で北上。岡山県からは米子自動車道を、広島県からは松江自動車道を北上し、各市街地へ。

高速バスでのアクセス

充実したバス路線で移動コストを抑えて

大阪、広島、博多から、各地へ高速バスや夜行バスが運行しており、目的地まで直接アクセスできる。飛行機や鉄道利用より料金が安いのもうれしい。

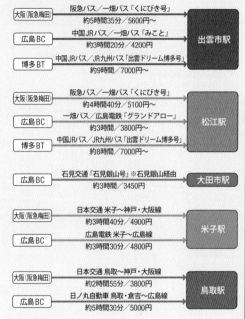

大阪（阪急梅田）→ 阪急バス／一畑バス「くにびき号」　約5時間35分／5600円～ → 出雲市駅
広島BC → 中国JRバス／一畑バス「みこと」　約3時間20分／4200円 → 出雲市駅
博多BT → 中国JRバス／JR九州バス「出雲ドリーム博多号」　約9時間／7000円～ → 出雲市駅

大阪（阪急梅田）→ 阪急バス／一畑バス「くにびき号」　約4時間40分／5100円～ → 松江駅
広島BC → 一畑バス／広島電鉄「グランドアロー」　約3時間／3800円～ → 松江駅
博多BT → 中国JRバス／JR九州バス「出雲ドリーム博多号」　約8時間／7000円～ → 松江駅

広島BC → 石見交通「石見銀山号」※石見銀山経由　約3時間／3450円 → 大田市駅

大阪（阪急梅田）→ 日本交通 米子～神戸・大阪線　約3時間40分／4900円 → 米子駅
広島BC → 広島電鉄 米子～広島線　約3時間30分／4800円 → 米子駅

大阪（阪急梅田）→ 日本交通 鳥取～神戸・大阪線　約2時間55分／3800円 → 鳥取駅
広島BC → 日ノ丸自動車 鳥取・倉吉～広島線　約5時間30分／5000円 → 鳥取駅

● 問い合わせ先
中国JRバス 電話予約センター ☎0570-666-012
阪急バス予約センター ☎0570-089006
一畑バス予約センター ☎0852-20-5252
JR九州バス 高速予約センター ☎092-643-8541
広島電鉄 バステレホンセンター ☎082-207-1073
石見交通（大田営業所）☎0854-82-0662
日本交通 大阪 予約センター☎06-6576-1181

（ 隠岐へのアクセス ）

島前（西ノ島町、海士町、知夫村）へは、島根県の七類港・鳥取県の境港から高速船かフェリーを利用する。島前には主要な港が3カ所あるので、行き先に注意したい。島後（隠岐の島町）には隠岐世界ジオパーク空港があり、大阪と出雲からの直行便が1日1便就航する。島後の西郷港には、七類港・境港からの高速船やフェリーも発着している。ただし、高速船やフェリーは季節により運航便数が異なる。また天候により運休することもあるので、事前の問い合わせは必須だ。
隠岐汽船 ☎08512-2-1122

※飛行機は2023年10月の料金、鉄道は通常期に指定席を利用した場合の料金です。

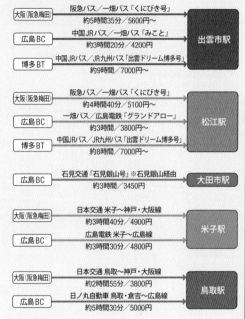

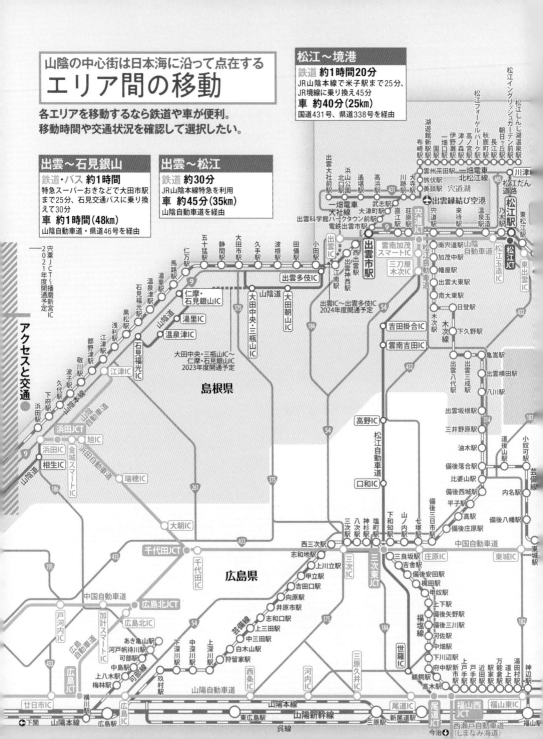

エリア間の移動

山陰の中心街は日本海に沿って点在する

各エリアを移動するなら鉄道や車が便利。
移動時間や交通状況を確認して選択したい。

出雲〜石見銀山
鉄道・バス 約1時間
特急スーパーおきなどで大田市駅まで25分、石見交通バスに乗り換えて30分
車 約1時間（48km）
山陰自動車道・県道46号を経由

出雲〜松江
鉄道 約30分
JR山陰本線特急を利用
車 約45分（35km）
山陰自動車道を経由

松江〜境港
鉄道 約1時間20分
JR山陰本線で米子駅まで25分、JR境線に乗り換え45分
車 約40分（25km）
国道431号、県道338号を経由

アクセスと交通

島根県

広島県

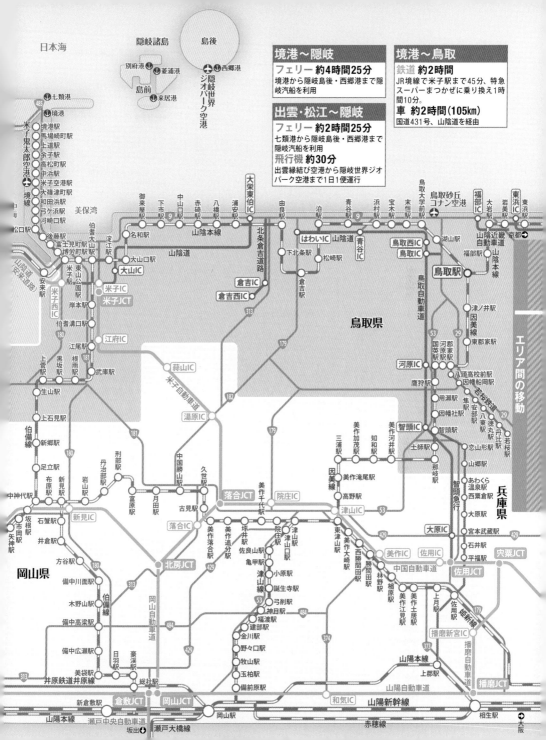

日本海

隠岐諸島　島後

別府港　菱浦港　隠岐世界ジオパーク空港
島前　来居港　西郷港

境港～隠岐
フェリー 約4時間25分
境港から隠岐島後・西郷港まで隠岐汽船を利用

出雲・松江～隠岐
フェリー 約2時間25分
七類港から隠岐島後・西郷港まで隠岐汽船を利用
飛行機 約30分
出雲縁結び空港から隠岐世界ジオパーク空港まで1日1便運行

境港～鳥取
鉄道 約2時間
JR境線で米子駅まで45分、特急スーパーまつかぜに乗り換え1時間10分。
車 約2時間(105km)
国道431号、山陰道を経由

七類港　境港
米子鬼太郎空港
境港駅　馬場崎町駅　上道駅　余子駅　高松町駅　中浜駅　米子空港駅　大篠津町駅　弓ヶ浜駅　弓ヶ浜駅　河崎口駅　松口駅

美保湾

後藤駅　富士見町駅　博労町駅　米子駅　東山公園駅　大山口駅　淀江駅　名和駅

大栄東伯IC

御来屋駅　下市駅　中山口駅　赤碕駅　八橋駅　浦安駅　由良駅　泊駅　青谷駅　浜村駅　宝木駅　末恒駅　鳥取大学前駅　湖山駅　鳥取砂丘コナン空港

福部IC　大岩駅　岩美駅　東浜駅　東浜IC　居組

山陰本線　山陰道

山陰道　安来道路

米子西IC　米子IC　米子JCT

岸本駅　伯耆溝口駅　江尾駅　江府IC

上菅駅　黒坂駅　根雨駅　武庫駅

生山駅　上石見駅　伯耆溝口駅

新郷駅　足立駅

中神代駅　布原駅　新見駅　岩山駅

坂根駅　市岡駅　矢神駅　石蟹駅　井倉駅　方谷駅　新見IC

備中川面駅　木野山駅

備中高梁駅　備中広瀬駅

日羽駅　美袋駅

井原鉄道井原線

岡山県

伯備線

刑部駅　丹治駅　富原駅　月田駅　古見駅　久世駅

蒜山IC　米子自動車道

湯原IC

中国勝山駅　落合JCT　落合IC

北房JCT

岡山自動車道

豪渓駅　総社駅

倉敷JCT　岡山JCT

新倉敷駅

山陽本線　瀬戸中央自動車道　坂出　瀬戸大橋線

北条倉吉道路
伯耆大山駅　大山IC

大山口駅　下北条駅　倉吉IC　倉吉駅　倉吉西IC

鳥取県

179

はわいIC　青谷IC　松崎駅

179

智頭急行

鳥取西IC　鳥取駅　鳥取IC

津ノ井駅　因美線　東郡家駅

鳥取自動車道

53　河原家駅　国英駅　郡家駅　河原IC

鷹狩駅　八頭高校前駅　因幡船岡駅　用瀬駅　隼駅　安部駅　因幡社駅

美作加茂駅　三浦駅　知和駅　美作河井駅　士師駅　智頭IC　智頭駅

美作滝尾駅　那岐駅

高野駅　因美線

美作千代駅　坪井駅　院庄IC　院庄駅　津山駅　東津山駅　美作大崎駅　勝間田駅　西勝間田駅　林野駅　楢原駅　美作江見駅

佐良山駅　津山線　津山口駅

亀甲駅　小原駅

誕生寺駅

弓削駅

福渡駅　神目駅　484

建部駅

金川駅

野々口駅

牧山駅

玉柏駅

備前原駅

美作落合駅　美作追分駅

院庄IC

53

大原IC

宮本武蔵駅

佐用IC　美作IC

中国自動車道

石井駅　平福駅

美作土居駅　上月駅

智頭急行

あわくら温泉駅　西粟倉駅　大原駅

兵庫県

恋山形駅　山郷駅　若桜駅　八東駅　徳丸駅　安部駅

若桜鉄道

宍粟JCT

佐用JCT

姫新線

美作江見駅　上月駅　佐用駅　播磨新宮IC

播磨新宮駅

山陽本線　上郡駅

山陽自動車道　山陽自動車道

和気IC　山陽新幹線

岡山駅　相生駅

赤穂線　大阪

INDEX

175

STAFF

編集制作 Editors
(株)K&Bパブリッシャーズ

取材・執筆・撮影 Writers & Photographers
(株)メリット(永井高幸　高見真理子　長谷川拓也
持田大樹　上田麻未　佐々木七海)
(株)フレーム(石飛裕二　小林由紀子)
ライツ(和泉早織)　井田裕子　的射博史

執筆協力 Writers
内野究　遠藤優子　伊藤麻衣子　蟹澤純子
I&M(山崎則子　岩下宗利)

編集協力 Editors
(株)ジェオ

本文・表紙デザイン Cover & Editorial Design
(株)K&Bパブリッシャーズ

表紙写真 Cover Photo
PIXTA

地図制作 Maps
トラベラ・ドットネット(株)　DIG.Factory
フロマージュ(石川香織)

写真協力 Photographs
朝山神社　足立美術館　出雲かんべの里　出雲大社
出雲文化伝承館　一畑電車　絲原記念館
石見銀山資料館　植田正治写真美術館
億岐家住宅・宝物殿　隠岐自然館　奥出雲 おろち号
奥出雲たたらと刀剣館　月山富田城跡
加茂岩倉遺跡ガイダンス　カラコロ工房　吉兆館
京都国立博物館　月照寺　小泉八雲記念館
荒神谷博物館　国立公文書館　佐太神社
山陰海岸国立公園　鳥取砂丘ビジターセンター
島根県立古代出雲歴史博物館　島根県立美術館
島根県立八雲立つ風土記の丘　島根大学附属図書館
たたら角炉伝承館　田部美術館　手銭記念館
鳥取砂丘サンドボードスクール　鳥取砂丘 砂の美術館
中野晴生　松江市立出雲玉作資料館
松江フォーゲルパーク　松江歴史館　八重垣神社
安来市教育委員会　山口県立山口博物館　由志園
米子市立山陰歴史館　若桜鉄道　和鋼博物館
関係各市町村観光課・観光協会　関係諸施設　PIXTA

総合プロデューサー Total Producer
河村季里

TAC出版担当 Producer
君塚太

TAC出版海外版権担当 Copyright Export
野崎博和

エグゼクティヴ・プロデューサー
Executive Producer
猪野樹

おとな旅 プレミアム

出雲・松江 石見銀山・境港・鳥取　第4版

2024年1月6日　初版　第1刷発行

著　者　TAC出版編集部
発行者　多田敏男
発行所　TAC株式会社　出版事業部
　　　　（TAC出版）

〒101-8383 東京都千代田区神田三崎町3-2-18
電話　03(5276)9492(営業)
FAX　03(5276)9674
https://shuppan.tac-school.co.jp

印　刷　株式会社　光邦
製　本　東京美術紙工協業組合

©TAC 2024　Printed in Japan　　ISBN 978-4-300-10984-7
N.D.C.291　　　　落丁・乱丁本はお取り替えいたします。